A Caminho de um Direito Trabalhista-Constitucional

Luiz Marcelo Figueiras de Góis

Mestre em Direito do Trabalho pela Pontifícia Universidade Católica de São Paulo. Especialista em Direito Civil-Constitucional pelo CEPED/UERJ. Professor dos cursos de MBA e de pós-graduação lato sensu da Fundação Getúlio Vargas. Membro do Instituto Brasileiro de Direito Social Cesarino Junior. Advogado no Rio de Janeiro.

A Caminho de um Direito Trabalhista-Constitucional

Editora LTr
SÃO PAULO

Dados Internacionais de Catalogação na Publicação (CIP)
(Câmara Brasileira do Livro)

Góis, Luiz Marcelo Figueiras de
A caminho de um direito trabalhista-constitucional / Luiz Marcelo Figueiras de Góis. – São Paulo : LTr, 2010.

ISBN 978-85-361-1593-1

1. Direito constitucional 2. Direito do trabalho 3. Direito do trabalho – Brasil I. Título.

10-04729 CDU-342:331(81)

Índice para catálogo sistemático:

1. Brasil : Direito constitucional do trabalho
342:331(81)

© Todos os direitos reservados

LTr

EDITORA LTDA.

Rua Jaguaribe, 571 – CEP 01224-001 – Fone (11) 2167-1101
São Paulo, SP – Brasil – www.ltr.com.br

LTr 4213.3 Agosto, 2010

À minha família, razão de tudo na minha vida.

Àqueles que, mesmo por mim desconhecidos, mas sempre presentes, inspiraram-me na elaboração deste trabalho.

Agradeço à minha esposa, Amanda, companheira de alma, o incentivo para o ingresso na vida acadêmica, a compreensão nos momentos de ausência motivada na imersão nos estudos, o carinho com que comigo compartilha os conhecimentos de Direito do Trabalho, a paciência e amor na leitura e na revisão deste trabalho, que gerou críticas construtivas, enriquecedora do seu conteúdo. Cada linha reflete sua alma generosa.

Aos meus pais, à minha irmã e à Dina, sempre companheiros e amigos; primeiros incentivadores e entusiastas; ouvintes de angústias e conquistas. Conselheiros da vida. Em especial, agradeço à minha mãe, Claudia, as primeiras lições de Direito do Trabalho.

À Adriana Calvo, nem todas as linhas deste trabalho seriam suficientes para agradecer tudo o que fez por mim. Esteve ao meu lado desde o início da minha viagem à academia. Foi o rosto amigo, o ponto de apoio e a mão generosa que impulsionou a publicação desta obra.

Ao professor Renato Rua de Almeida – exemplo de caráter, desprendimento e dedicação irrestrita à vida acadêmica – o acolhimento em São Paulo, as lições no curso de mestrado e por servir de guia na minha imersão na academia. Agradecimento este estendido aos professores da PUC/SP, Pedro Proscurcin, Maria Hemília Fonseca e Fabíola Marques, esta última por enriquecer com seus sempre pertinentes comentários a banca de minha dissertação de mestrado.

Ao professor Arion Sayão Romita, farol que ilumina atualmente o Direito do Trabalho fluminense. Sua erudição só aparentemente contrasta com sua simplicidade. Sua ajuda desinteressada marcou-me sobremaneira, não só pelos conhecimentos transmitidos na banca do mestrado e na revisão posterior deste trabalho, mas, principalmente, pela prova que me deu de que os grandes mestres só são verdadeiramente grandes quando ajudam o próximo.

Ao escritório Barbosa, Müssnich & Aragão e, em especial, aos companheiros da área trabalhista (de hoje e de ontem), aqui materializada na pessoa do sócio, amigo e incentivador Dr. Luiz Felipe Tenório da Veiga, por me oferecerem a estrutura necessária para conciliar os afazeres de advogado à vida acadêmica. Gratidão aqui estendida à Dra. Camilla Ribeiro Cunha, pela ajuda nas pesquisas doutrinárias de alguns dos temas abordados neste trabalho, e à Dra. Cibelle Linero Goldfarb, pelas dicas bibliográficas.

Ao Centro Acadêmico Cândido Oliveira, o CACO da Faculdade Nacional de Direito da UFRJ, pela oportunidade de expor as ideias deste trabalho no Curso de Férias ministrado no verão de 2009.

Sumário

Apresentação – Renato Rua de Almeida 11

Prefácio – Arion Sayão Romita 13

Introdução 19

Capítulo I – Do nascimento à crise do Direito do Trabalho: a identificação do problema ..23

1. Pré-história do Direito do Trabalho 23
2. O nascimento do Direito do Trabalho 24
3. A consolidação do Direito do Trabalho 30
4. A crise do Direito do Trabalho 33
5. A experiência brasileira 37
6. O problema: centralidade da crise do Direito do Trabalho brasileiro 41

Capítulo II – A constitucionalização do Direito do Trabalho como solução para crise: premissas para a constitucionalização do Direito do Trabalho 44

1. Notas introdutórias 44
2. Premissas para construção de um Direito Trabalhista-Constitucional 47
3. A Constituição como vértice valorativo do ordenamento trabalhista 51
4. Os princípios como normas 57
5. A vinculação dos direitos fundamentais aos particulares 60

Capítulo III – Vértices axiológicos do Direito Trabalhista-Constitucional 67

1. Notas introdutórias 67
2. Pleno emprego, valor social do trabalho, primado do trabalho e livre-iniciativa ..68
3. Dignidade da pessoa humana 72
4. Boa-fé objetiva 75
5. Função social 79

Capítulo IV – A releitura do Direito Trabalhista sob a perspectiva constitucional ..84

1. Notas introdutórias 84
2. A nova função do Direito do Trabalho 85

3. A releitura do paradigma da proteção..90
    3.1. O paradigma da proteção 90
    3.2. Crise do paradigma tradicional de proteção.......................................91
    3.3. A flexibilização como saída? 94
    3.4. A superação da proteção tradicional 99
    3.5. O princípio da proteção na perspectiva Trabalhista-Constitucional 102
4. Aplicações práticas de um Direito Trabalhista-Constitucional......................105
    4.1. Despatrimonialização e remuneração digna.....................................105
    4.2. Deveres anexos ao contrato de trabalho..113
        4.2.1. Deveres anexos pré-contratuais, contratuais e pós-contratuais 113
        4.2.2. Classificação dos deveres anexos...118
        4.2.3. Non venire contra factum proprium..120
    4.3. Rescisão contratual arbitrária...123
    4.4. Alterações ao contrato de trabalho em situações-limite............129
        4.4.1. A ameaça à conservação do emprego...................................129
        4.4.2. Situações-limite: caracterização e tratamento jurídico 135
            4.4.2.1. Caracterização: crise econômica e boa-fé objetiva 135
            4.4.2.2. Conduta funcionalizada empresarial.....................135
            4.4.2.3. Perifericidade, minimalidade e precariedade........137
            4.4.2.4. Controle jurisdicional 138
        4.4.3. Vantagens do tratamento Trabalhista-Constitucional às situações-limite.... 139
Conclusão 141
Bibliografia 145

Apresentação

É com satisfação que faço a apresentação de Luiz Marcelo Figueiras de Góis nesse momento importante de sua vida profissional e acadêmica, em que publica obra pela Editora LTr sobre a sua dissertação de mestrado, intitulada *A caminho de um direito trabalhista-constitucional*, e defendida com brilhantismo em outubro de 2009 na Pontifícia Universidade Católica de São Paulo, quando obteve a aprovação com nota 10, perante banca por mim presidida, na condição de orientador, composta ainda pelos professores Arion Sayão Romita e Fabíola Marques.

A temática desenvolvida por Luiz Marcelo Figueiras de Góis na dissertação do mestrado e no livro ora publicado revela, de um lado, sua preocupação com a eficácia social do Direito do Trabalho, isto é, uma normatização trabalhista voltada para a realidade das relações trabalhistas no mercado de trabalho, em que a pequena empresa ocupa papel preponderante em relação à grande empresa, necessitando-se, para tanto, como, aliás, preconizado pela própria Organização Internacional do Trabalho, de uma legislação diferenciada para as micro e pequenas empresas, e, do outro lado, a necessidade de serem assegurados os direitos fundamentais sociais consagrados constitucionalmente.

Essa síntese apresentada pelo autor é resultado de sua formação humanista forjada desde os bancos escolares do Colégio Santo Agostinho do Rio de Janeiro, cidade em que nasceu e foi criado, e completada na consagrada Universidade do Estado do Rio de Janeiro, onde se bacharelou em 2001, bem como de sua já relativamente expressiva experiência profissional em escritórios renomados da Cidade Maravilhosa.

Ao selecionar Luiz Marcelo Figueiras de Góis no final do segundo semestre de 2006, entre inúmeros candidatos à vaga concorrida do mestrado em Direito do Trabalho da Pontifícia Universidade Católica de São Paulo, pude sentir que se tratava de candidato que certamente traria inestimável contribuição para o curso, não só pela formação humanista e pela experiência profissional, mas também pelo fato de ter sido aluno assíduo, aplicado e integrado no espírito acadêmico, contribuindo com os colegas de classe no repasse semanal pelos meios eletrônicos da internet dos textos de leitura obrigatória do curso. Pude constatar, portanto, que foi decisão acertada tê-lo selecionado para o mestrado em Direito do Trabalho da Pontifícia Universidade Católica de São Paulo.

É de se ressaltar ainda, como exemplo a ser seguido, o esforço de Luiz Marcelo Figueiras Góis para concluir o mestrado, pois, sem medir sacrifícios, sobretudo no período em que completou os créditos do mestrado, quando cursou as diversas disciplinas obrigatórias, semanalmente se deslocava do Rio de Janeiro para São Paulo, uma vez que não se afastou de suas atividades profissionais, necessitando, para tanto, abdicar, o que imagino ter sido bem difícil para um carioca da gema, ainda que provisoriamente, das ensolaradas praias guanabarinas de fim de semana, em razão das leituras obrigatórias e semanais do curso.

Mas com o apoio da família, em especial de sua esposa, Luiz Marcelo Figueiras de Góis soube superar todas as dificuldades para concluir galhardamente o mestrado e, assim, modular sua têmpera de pessoa determinada e vencedora, cumprindo, desta feita, com a publicação do livro, mais uma etapa de sua vida profissional e agora também acadêmica, uma vez que, para tanto, inicia os primeiros passos no magistério universitário.

Concluo, pois, esta apresentação de Luiz Marcelo Figueiras de Góis, na esperança de ter retratado, ainda que parcialmente, sua personalidade cativante, e com o sentimento de que pude contribuir, ainda que modestamente, para sua formação intelectual, na certeza de que os méritos são todos seus.

Professor Doutor Renato Rua de Almeida
Coordenador da subárea de Direito do Trabalho do Programa de Pós-Graduação em Direito da Pontifícia Universidade Católica de São Paulo.

Prefácio

A realidade de hoje é feita de farrapos de sonhos de ontem[1]

O *punctum saliens* da obra de Luiz Marcelo Figueiras de Góis consiste na afirmação segundo a qual aquilo que ele denomina "paradigma" da proteção (entenda-se: princípio da proteção) reclama atualmente um novo entendimento, mercê da releitura das regras do Direito do Trabalho pelo prisma da Constituição, sem a necessidade de alterar a legislação vigente. Esta visão doutrinária deflui da consciência de que se torna imperioso interpretar e aplicar as normas trabalhistas segundo os princípios constitucionais, os quais salientam a dignidade da pessoa humana, a exigência de uma sociedade justa e solidária, os valores sociais do trabalho e da iniciativa privada, a função social da propriedade.

O princípio da proteção é decantado em prosa e verso pela doutrina praticamente unânime. Sem ele, não existiria o Direito do Trabalho ou, dito de outra forma, é ele que explica a própria função da legislação trabalhista: proteger o empregado. Sim, só o *empregado*, porque do desempregado não há que cogitar. Aquele que não tem emprego, o que perdeu o emprego ou o que ainda não conseguiu emprego não se credencia à proteção da legislação do trabalho.

Ao ver do autor da obra, não é possível afirmar que o princípio da proteção deixou de existir. Entretanto, cabe considerar que o Direito do Trabalho da civilização pós-industrial prescinde do princípio da proteção, invocado de modo unilateral, com o intuito de beneficiar unicamente um dos sujeitos da relação de trabalho subordinado.

Entende o Prof. Luiz Marcelo ser imperioso reformular o princípio da proteção, por força da introjeção das normas constitucionais no âmago da disciplina trabalhista. Realmente, as transformações experimentadas pelo Direito do Trabalho em tempos recentes, em toda parte (não apenas no Brasil), conferem uma nova feição à disciplina.

Aperfeiçoa-se, assim, a nova fisionomia do Direito do Trabalho, que seria a do Direito do Trabalho pós-moderno. Falar de direito pós-moderno, em tema de Direito do Trabalho, encerra um convite a pensar em um Direito do Trabalho clássico defunto. As raízes do Direito do Trabalho tradicional estão mortas já há algum tempo e já é hora de passar a uma redefinição das novas raízes, aptas a permitir a regulação atualizada das relações de trabalho do nosso tempo, adequadas à realidade do pós-modernismo.

---

(1) MORAES FILHO, Evaristo de. *Introdução ao Direito do Trabalho*. Rio de Janeiro: Forense, 1956. v. II, p. 210.

Quando se fala em crise do Direito do Trabalho, adota-se um discurso superado, inútil, estéril. Mais importa identificar as causas do mau funcionamento do sistema de regulação das relações de trabalho. Ou o sistema anteriormente estabelecido era defeituoso ou a ideia de um Direito do Trabalho protetor do assalariado era errônea: eis aí o fim do Direito do Trabalho pertinente apenas à era industrial, já ultrapassada. Agora, o Direito do Trabalho é um direito pós-industrial, pós-moderno.

Quem assim se expressa não vê a história como eivada de lenidade, e sim como asséptica lealdadora da realidade mutante. E o papel do jurista? O jurista, como diz André-Jean Arnaud, não é um controlador de avental branco encarregado de manter e vigiar uma máquina prevista para funcionar sem problemas para toda a eternidade, imune à ação do tempo. O jurista do pós-modernismo se vê obrigado a introduzir a dúvida sistemática no centro da observação do fenômeno jurídico[2]. A marcha para o Direito do Trabalho pós-moderno inicia-se com um passo no rumo de uma concepção do direito mais aberta do que a que nos legou o Direito do Trabalho clássico.

É pela interpretação das leis trabalhistas à luz da Constituição que o profissional do direito se dará conta de que o Direito do Trabalho, realmente, mudou. Se, de fato, esta mudança é possível, desnecessária seria a invocação do princípio da proteção.

Quem, com mais acuidade e sensibilidade social, tratou deste assunto no plano doutrinário foi, indiscutivelmente, Mario de La Cueva.

Segundo a lição do mestre mexicano, quando surgiram as primeiras leis do trabalho no século XIX, os civilistas declararam, sem discrepância, que se estava diante de um direito protetor da classe trabalhadora. A afirmação, embora continuamente repetida, carece de explicação satisfatória e na realidade contradiz a essência do Direito do Trabalho de nossos dias. O direito civil e o penal do século XIX eram os instrumentos utilizados pela burguesia para melhor explorar o trabalho, o que explica que as leis daquela época tenham nascido com o nome de leis protetoras do trabalho, e na verdade o eram, por serem normas de exceção destinadas a evitar que o trabalho prematuro impedisse o desenvolvimento das crianças e que as jornadas excessivas minassem a saúde dos homens. A lei francesa de acidentes do trabalho, de 1898, tinha por objeto a reparação dos danos sofridos pelas "vítimas do progresso".

O direito coletivo do trabalho, particularmente depois de sua constitucionalização, alterou a perspectiva, já que, desde então, ficou estabelecida não só a igualdade entre trabalho e capital para a criação do direito coletivo nos contratos coletivos, mas também, em muitos aspectos, a supremacia do trabalho, porque os sindicatos dispõem da greve para lutar com o capital sem intervenção do Estado, enquanto os empresários carecem de direito equivalente. O direito coletivo do trabalho não foi uma concessão da burguesia ou do Estado, mas sim um direito imposto pelo trabalho ao capital.

---

(2) ARNAUD, André-Jean. *Entre modernidad y globalización*. Tradução: Natália González Lajoie. Bogotá: Universidad Externado de Colombia, 2000. p. 262-263.

Aqueles que acalentam a ideia do direito do trabalho como um ordenamento protetor pressupõem a inferioridade da classe trabalhadora, que reputam a necessidade de tutela, mas, na verdade, ela não necessita de proteção, porque possui força suficiente para enfrentar o capital de igual para igual e, mais ainda, para lutar com o Estado, que protege a burguesia.

Sustenta Mario de La Cueva que o Estado, nesta fase histórica do mundo ocidental (coincidindo com o pensamento de Marx), é um aparelho protetor do capital. A classe trabalhadora deve dar-se conta de que o Direito do Trabalho não pode obstruir seus objetivos na luta contra o capital.

A regra de acordo com a qual "em caso de dúvida, prevalecerá a interpretação mais favorável ao trabalhador" não deve ser considerada uma norma protetora contra o mais forte, pois sua essência é mais formosa: ela nos informa que, na oposição entre os valores humanos e os interesses materiais da economia, a justiça impõe a supremacia dos primeiros. Uma consideração final: a ideia de proteção da classe trabalhadora pelo Estado burguês ofende a dignidade do trabalhador, porque este não é uma criança que deve ser protegida por seu tutor. A classe trabalhadora constitui um conjunto de seres humanos que deve impor tudo o que deflui da ideia de justiça social[3].

No fundo, o pensamento do Prof. Luiz Marcelo não discrepa da lição de Mario de La Cueva, porque tanto um autor como o outro partem do pressuposto da necessidade de valorizar a dignidade do trabalhador, despicienda a invocação do princípio da proteção, em sua versão clássica, tradicional.

Na sua versão clássica, veiculada pela doutrina brasileira praticamente unânime, o Direito do Trabalho protege os trabalhadores, *tout court*. Esta visão, hoje ultrapassada, não escapa à crítica mais percuciente, em um quádruplo aspecto: 1º – a crítica ideológica; 2º – a extensão subjetiva; 3º – a pertinência temática; 4º – a visão diacrônica.

Do ponto de vista ideológico, é certo que, de acordo com a crítica marxista, o Direito do Trabalho protege o empregador, porque legitima a extração da mais-valia, representando fator de mediação e exploração da força de trabalho, instrumento de proteção das relações sociais capitalistas, sem embargo de seu caráter ambivalente, porque ao mesmo tempo limita aquela exploração e assegura alguns meios de defesa e de luta à classe operária[4].

Quanto à extensão subjetiva, força é reconhecer a insuficiência conceitual do princípio da proteção, já que ele só encontraria oportunidade de afirmação quando em foco o trabalhador *empregado*, isto é, sujeito de uma relação contratual de trabalho subordinado. Deixa de lado a legião de desempregados. Sabe-se que mais da metade (56%, segundo os dados mais otimistas, havendo quem fale em 60%) da PEA está mergulhada na informalidade e não dispõe do instrumento que a credenciaria à proteção

---

(3) DE LA CUEVA, Mario. *El nuevo derecho mexicano del trabajo*. 2. ed. México: Porrúa, 1974. p. 102-104.
(4) COLLIN, F. et al. *Le doit capitaliste du travail*. Grenoble: Presses Universitaires de Grenoble, 1980. p. 21.

trabalhista (a CTPS assinada pelo empregador). Por outro lado, cabe observar que, se o contrato de trabalho é sinalagmático (gera direitos e deveres para ambos os contratantes), igual dose de proteção deveria ser proclamada em favor também do empregador (a liberdade de contratar, o poder de direção, o instituto da falta grave e o direito potestativo de despedir são apanágio do empregador, assegurados pelo Direito do Trabalho).

Relativamente à pertinência temática, há que se sustentar que o princípio em foco só apresenta adequação no campo do direito individual do trabalho. O direito coletivo do trabalho dispensa o princípio da proteção, ou, melhor dizendo, é com ele incompatível. Como o Direito do Trabalho constitui disciplina unitária, abrangendo os dois aspectos (o individual e o coletivo), não se pode admitir que um princípio aplicável apenas a um dos setores em que se subdivide a disciplina seja elevado a princípio privativo do Direito do Trabalho. Irrecusável é que, em nenhum dos três aspectos abrangidos pelo direito coletivo do trabalho (o direito à sindicalização – ou liberdade sindical, a negociação coletiva e a greve), o princípio da proteção encontra oportunidade de manifestação. O direito de greve, especialmente, serve para desmentir a pressuposta aplicação do princípio à totalidade da disciplina, pois o que os fatos demonstram é exatamente o contrário: a greve é quase sempre reprimida, ao longo da história, aqui como alhures.

Finalmente, a visão diacrônica: a evolução histórica da disciplina, no Brasil em especial e em diversos outros países, demonstra a necessidade de flexibilizar a legislação do trabalho. Os ordenamentos jurídicos cedem à tendência de abrir espaço à erosão da noção de inderrogabilidade da norma trabalhista, antes tida por imperativa ou cogente. Ao tempo em que impõem restrições aos poderes do empregador, justificadas pela implicação da pessoa do empregado na execução do contrato de trabalho, privilegiam as manifestações autônomas fincadas na contratação coletiva, à qual atribuem eficácia derrogatória do ordenamento estatal. Com o declarado propósito de impor a flexibilização na organização do trabalho, adota-se a derrogabilidade como nova técnica reguladora aplicada aos contratos individuais de trabalho. Altera-se a velha noção de prevalência da norma mais favorável (princípio de favor), ou seja, ocorrendo a possibilidade de se aplicar à hipótese vertente duas normas jurídicas (qualquer que seja a hierarquia observada entre elas), aplica-se a mais favorável ao trabalhador. Agora, a estipulação *in peius* autoriza a derrogação da norma de mais alta hierarquia. O princípio de favor é substituído pela regra *specialia generalibus derogant* (a regra especial prevalece sobre a regra geral). Assim, no Brasil, se, antes da Constituição de 1988, era possível falar em princípio da proteção, depois da promulgação da Lei Maior tal possibilidade desaparece, porque expressamente permitida a *stipulatio in peius*, incompatível com o princípio da proteção.

Seja como for, inegável é que a posição doutrinária defendida com galhardia pelo Prof. Luiz Marcelo merece acatamento, mormente nos dias que correm, em que a tendência a interpretar as normas infraconstitucionais conforme o texto da Lei Maior encontra espaço cada vez mais amplo, justificando-se plenamente o realce atribuído à dignidade do trabalhador.

É bem verdade que a ênfase dada à dignidade do homem não constitui novidade alguma. Em 1959, Ernesto Krotoschin se permitia afirmar que "considerando a dignidade do homem como ponto de partida e tema central das preocupações que agora se dedicam ao assunto, o direito do trabalho se impregna de valores e de sentido ético"[5]. A inclusão da "dignidade da pessoa humana" entre os fundamentos do Estado Democrático de Direito em que se constitui o Brasil pela Constituição de 1988 (art. 1º, inciso III) em muito contribuiu para a abertura dos novos rumos que o Direito do Trabalho vem trilhando nos últimos tempos.

O acesso à Constituição como norte para a atividade do profissional do direito na tarefa cotidiana de interpretar e aplicar as normas trabalhistas também exerce decisivo papel. Mas este fenômeno não é tão novo assim. Ao tratar do "constitucionalismo social" e do "direito constitucional do trabalho", Evaristo de Moraes Filho escreveu, em 1956, que "já agora não se pode estudar o direito do trabalho sem emprego da técnica constitucional"[6].

Em 1944, Egon Felix Gottschalk já assinalava as "íntimas relações do direito corporativo com o direito constitucional" (à época, o direito corporativo abrangia, como um de seus ramos, o próprio direito do trabalho) e acrescenta que, sem se confundir com o direito constitucional, o direito do trabalho dele participa, "absorvendo-lhe elementos substanciais"[7].

Só mais recentemente, porém, é que se generalizou o entendimento de que os institutos de direito privado (*y compris* o Direito do Trabalho) devem ser apreciados pela ótica constitucional, caracterizando-se o fenômeno do neoconstitucionalismo. A consagração, pelo texto da Lei Maior, de direitos fundamentais gera fecundas consequências. Como explica Luis Prieto Sanchís, a consequência mais básica da constitucionalização dos direitos consiste em conceber os direitos como normas supremas, efetiva e diretamente vinculantes, que podem e devem ser observados em toda operação de interpretação e aplicação do direito. Os direitos fundamentais, por incorporarem a moral pública da modernidade, não pairam sobre o direito positivo: na verdade, emigraram decididamente para o interior de suas fronteiras; exibem uma extraordinária força expansiva que inunda, impregna ou se irradia pelo conjunto do sistema; já não disciplinam unicamente determinadas esferas públicas de relação entre o indivíduo e o poder e se tornam operativas em qualquer tipo de relação jurídica, de tal maneira que – pode-se dizer – não há um problema razoavelmente sério que não encontre resposta ou, pelo menos, orientação de sentido na Constituição[8].

A nova hermenêutica constitucional, forjada nos arraiais do pós-positivismo, edifica-se sobre o conceito de dignidade humana. Como esta é erigida pela própria

---

(5) KROTOSCHIN, Ernesto. *Tendencias actuales en el derecho del trabajo*. Buenos Aires: Ediciones Jurídicas Europa-América, 1959. p. 36.
(6) MORAES FILHO, Evaristo de. *Introdução ao Direito do Trabalho, cit.*, p. 226. .
(7) GOTTSCHALK, Egon Felix. *Norma pública e privada no Direito do Trabalho*. São Paulo: Saraiva, 1944. p. 46 e 48.
(8) PRIETO SANCHÍS, Luis. El constitucionalismo de los derechos. In: CARBONELL, Miguel (ed.). *Teoría del neoconstitucionalismo*. Madri: Trotta, 2007. p. 216.

Constituição em fundamento do Estado Democrático de Direito em que se constitui o Brasil, a Constituição, dela toda impregnada, passa a ser "um modo de olhar e interpretar todos os ramos do Direito", como quer Luís Roberto Barroso[9]. A constitucionalização do Direito do Trabalho não deve ser entendida apenas como o resultado da inclusão de normas trabalhistas no corpo da Lei Maior, mas impõe a impostergável tarefa de reinterpretá-las pela ótica constitucional.

É a esta tarefa que se entrega o Prof. Luiz Marcelo Figueiras de Góis, quando nos depara o caminho de um novo Direito Trabalhista-Constitucional.

Arion Sayão Romita
Presidente do Instituto Brasileiro de Direito Social Cesarino Jr.

---

(9) BARROSO, Luís Roberto. Fundamentos teóricos e filosóficos do novo Direito Constitucional brasileiro. In: BARROSO, Luís Roberto (org.). *A nova interpretação constitucional*. 2. ed., Rio de Janeiro: Renovar, 2006. p. 44.

Introdução

O estudioso que se debruça sobre as relações de trabalho travadas nos dias atuais vê uma imagem turbada, nebulosa, acinzentada. De um lado, ele vê uma massa de pessoas sem ocupação formal. De outro, vê gente que, embora tenha uma ocupação, não tem reconhecido um vínculo de emprego que lhe garanta os direitos da legislação social. E, ainda, um terceiro olhar revela pessoas formalmente empregadas, mas integradas apenas pela metade a um sistema previdenciário e trabalhista por força da não observância, por parte de seus empregadores, da gama de direitos previstos em nossa legislação.

O Direito do Trabalho – entendido em toda a sua plenitude de direitos e garantias ao trabalhador – transformou-se em um direito de minoria. Basta analisar com cuidado os dados revelados pela Pesquisa Nacional por Amostra de Domicílios (PNAD) divulgada pelo IBGE[1] que toma como base o período entre a segunda metade de 2007 e o primeiro semestre de 2008. Mesmo sem considerarem o período de crise econômica desencadeada a partir do segundo semestre de 2008, os dados demonstram que quase 25 milhões de brasileiros trabalhavam sem carteira assinada ou estavam subempregados. Somam-se a essa quantidade outros 18,7 milhões que, embora tenham sido considerados formalmente "ocupados" pelos dados oficiais, informaram àquele Instituto de Pesquisa que trabalham "por conta própria".

Isto relega a quantidade de empregados com vínculo reconhecido a meros 36,4% da população tida pelo Governo Federal por "ocupada".

Além disso, a mesma PNAD revelou que 33,4% das pessoas entrevistadas – inclusive aqueles que se declararam empregados registrados – cumprem jornada superior a 44 horas semanais. Ou seja, o fato de se trabalhar sob vínculo empregatício no Brasil não assegura ao indivíduo as garantias mínimas estabelecidas na legislação.

Essa radiografia, aqui retratada em linhas gerais, evidencia que o Direito do Trabalho está em crise.

Em algum ponto do avanço das relações sociais, o Direito do Trabalho se perdeu. Divorciou-se de sua essência. Afastou-se do cidadão comum, passando a figurar como uma meta a ser alcançada pelos cidadãos – a população anseia por um trabalho "com carteira assinada" –, quando na verdade o natural seria que fosse o Direito quem buscasse os trabalhadores.

---

(1) Disponível em: <http://www.ibge.gov.br/home/estatistica/populacao/trabalhoerendimento/pnad2008> Acesso em: 9 dez. 2009.

A sua capacidade de proporcionar aos indivíduos uma real estrutura de proteção encontra-se em xeque: não se consegue proteger quem não se insere no sistema.

Inquieta àqueles que se preocupam com essa realidade procurar saber como o Direito do Trabalho chegou a esse momento de crise e o que fazer para superá-la.

No presente trabalho, vamos procurar a resposta para ambas as questões.

Para tanto, ele será dividido em quatro Partes.

Na primeira delas, ocupar-nos-emos com a delimitação do problema: a crise do Direito do Trabalho. Trataremos da sua origem histórica e apresentaremos o panorama em que a disciplina se encontra atualmente no Brasil.

Na segunda Parte, sem qualquer pretensão de esgotar o tema ou de encontrar-lhe respostas definitivas, proporemos uma alternativa para combater a crise no anseio de trazer para a modernidade os institutos de Direito do Trabalho que se mostram ineficientes na tarefa de inclusão social do trabalhador. Para tanto, buscaremos na Constituição Federal de 1988 os sustentáculos para uma releitura do Direito do Trabalho.

Semelhante recurso se justifica na medida em que a Carta Magna – elaborada quase 50 anos depois da CLT – condensa as principais escolhas valorativas do ordenamento e reflete as expectativas normativas da comunidade jurídica. A leitura do Direito do Trabalho sob sua inspiração, portanto, pode resgatar essa disciplina para uma realidade mais contemporânea.

Desse modo, nesta segunda Parte, focaremos nossa atenção na delimitação de premissas metodológicas para a constitucionalização do Direito do Trabalho, destacando a centralidade que a Constituição Federal ocupa para a disciplina, a força normativa de seus princípios e a irradiação para as relações privadas de seus direitos fundamentais.

Estabelecidas tais premissas, passaremos à terceira Parte do estudo, mergulhando mais a fundo no tecido constitucional e nele buscando vetores axiológicos a serem transportados para a disciplina trabalhista na tentativa de modernizá-la.

Uma vez embebidos nos princípios e nos valores consagrados constitucionalmente, voltaremos finalmente nossa atenção para o ramo trabalhista na quarta Parte deste trabalho, para analisarmos os reflexos da apreensão de tais regras na função do Direito do Trabalho enquanto disciplina moderna, o qual, como se verá, tem sua razão de existir ampliada para novos horizontes.

A redefinição da função do Direito do Trabalho impõe, como consequência, a revisão do paradigma de proteção encampado pela disciplina, com o que nos ocuparemos em sequência.

Estabelecidos, então, os alicerces teóricos necessários à releitura do Direito do Trabalho sob a ótica principiológica constitucional – surgindo, dessa fusão, um

Direito Trabalhista-Constitucional –, procuraremos concluir o presente trabalho descendo ao plano prático e ilustrando-o com algumas situações laborais que reclamam solução do jurista a partir dessa nova lente constitucional.

Assim, sem outra intenção senão esta ilustrativa, escolhemos quatro tópicos onde a infusão de ditames constitucionais se mostra extremamente fértil para a disciplina trabalhista. Em primeiro lugar, discorreremos sobre a questão da despatrimonialização da relação de emprego e a correlação entre o princípio da dignidade humana e o conceito de remuneração. Em seguida, trataremos das consequências que o princípio da boa-fé objetiva impõe aos deveres decorrentes do contrato de trabalho. Posteriormente, proporemos a releitura da despedida arbitrária a partir dos princípios constitucionais do pleno emprego e da valorização social do trabalho. Finalmente, traremos como último exemplo as hipóteses de alteração do contrato de trabalho e a concretização do conceito de "prejuízo" a partir da nova lente constitucional.

Capítulo I

Do nascimento à crise do Direito do Trabalho: a identificação do problema

1. Pré-história do Direito do Trabalho

O trabalho é inerente ao homem. Ele sempre esteve presente na história da humanidade. Desde a convivência tribal, o ser humano busca no trabalho sua forma de subsistência.

As civilizações antigas exploravam o trabalho escravo para encontrar sustentação econômica, de modo que a escravidão foi o alicerce a partir do qual egípcios, mesopotâmios e gregos construíram suas pujanças civilizatórias e expandiram seus domínios. A cada conquista de novos territórios, os povos vencidos eram escravizados e passavam a integrar a base da economia de tais civilizações[1].

O trabalho livre somente começou a ser considerado importante para o direito na Antiguidade Romana. Embora também Roma tivesse encontrado grande sustentação financeira na escravidão de povos vencidos, os escravos e aqueles que não eram cidadãos encontravam maneiras de conseguir sua liberdade e alienar sua força de trabalho livre em troca de dinheiro.

Foi assim que surgiu a figura da *locatio conductio*, subdividia em *locatio conductio operarum*, *locatio conductio operis* e *locatio conductio rei*. A primeira – um contrato pelo qual determinada pessoa liberta alienava sua liberdade a título precário, mediante certa compensação a um locatário – guardava alguma semelhança com o contrato de trabalho desenvolvido nos moldes atuais, embora não possa ser com ele confundida em virtude justamente desse traço de perda parcial da liberdade, que não está presente na ideia de trabalho subordinado pós-industrial[2].

---
(1) Aristóteles, inclusive, defendia que a escravidão era algo natural e justa ao ser humano, dependendo de sua natureza.
(2) Em sentido contrário, Pedro Romano Martinez, para quem "no direito romano encontram-se as regras precursoras do atual contrato de trabalho na locatio conductio operarum, prevista no Digesto. (...) é na *locatio conductio operarum* que se encontra o ponto de partida do actual contrato de trabalho" (*Direito do Trabalho*, p. 77). No entanto, pensamos que o Direito do Trabalho encontra suas origens mesmo na Revolução Industrial. Compartilhamos, nesse sentido, o entendimento de José Augusto Rodrigues Pinto, para quem "a relação do trabalho humano prestado pessoalmente em proveito de outrem e retribuído como forma sistemática de utilização da energia produtiva só foi propiciada realmente pelo advento da chamada Revolução Industrial do início do século XVIII" (*Tratado de Direito Material do Trabalho*, p. 31).

Com a queda do Império Romano e o advento da Idade Média, a servidão passou a ser marco característico do trabalho desenvolvido. O centro econômico da vida medieval dependia essencialmente do campo e era nos feudos que se concentrava a maior parte da produção de riquezas. Nas cidades, começaram a ser criadas corporações de ofício, mas tampouco lá se desenvolveu um trabalho livre característico da disciplina do Direito do Trabalho. Na verdade, as corporações se assemelhavam a confrarias e os aprendizes estavam sujeitos aos desígnios de seus mestres, em um estado que muito mais se assemelha à sujeição pessoal da *locatio operarum* e da servidão do que ao estado de subordinação característico do trabalho livre e assalariado desenvolvido a partir do final do século XVIII.

Essa estrutura de relações de trabalho manteve-se a mesma, de um modo relativamente uniforme, após a unificação dos feudos em Estados, com o advento da era Moderna. O modelo absolutista não alterou significativamente a sustentação econômica da Europa Ocidental, que permanecia agrícola, embora a corrida colonialista tivesse proporcionado novas oportunidades mercantis aos reinos europeus.

Sem embargo, o Estado Moderno permitiu, ainda, um paulatino aumento da urbanização das cidades, onde se travavam as relações sociais das cortes. Nestas mesmas cidades a atividade artesanal e comercial também tiveram um acentuado incremento, tendo as corporações de ofício desempenhado importante papel nesse avanço.

Neste momento, já começam a se desenvolver relações de trabalho livre, principalmente nestas cidades, em moldes semelhantes aos tutelados pelo Direito do Trabalho. Nas tavernas, já se podia encontrar empregados que alienavam sua força de trabalho – e não mais parte de suas liberdades – em troca de dinheiro. Mas essa modalidade de trabalhadores não alcançou relevância no contexto socioeconômico da época, visto que a grande maioria da mão de obra ainda se localizava nos campos, em regime servil, por meio do cultivo da terra alheia em troca de uma parcela insignificante da produção.

2. O nascimento do Direito do Trabalho

A partir da segunda metade do século XVIII, o mundo sofreria uma transformação que alteraria toda a estrutura produtiva até então conhecida.

A Inglaterra de 1750 reunia as condições necessárias à Revolução Industrial. Sua organização política, embora baseada na monarquia, estava estruturada de forma a permitir uma maior circulação de riquezas, que se acumulavam graças à sua grande esquadra marítima. Ao lado da abundância de recursos, aquele país ficaria marcado por seu investimento em tecnologia, tendo sido fundadas inúmeras escolas e institutos de pesquisa, dos quais o mais famoso é o conhecido *Royal Society of London for the Improvement of Natural Knowledge* (*Royal Society*), que foi presidido por pessoas notáveis, como Sir. Isaac Newton.

Com recursos disponíveis para investir, novas técnicas produtivas foram desenvolvidas, inicialmente com aplicação voltada para a agricultura. A produção, assim, passou a ser mais facilmente obtida com menos recursos humanos, o que ampliou a prática dos *enclosures*, que já vinham sendo feitos pelos senhores das terras produtoras de lã.

Esta prática de cercamento dos campos, por seu turno, desencadeou um processo de expulsão dos camponeses de regiões pastoris para as cidades. Eles, que viviam nos até então "campos abertos" e nas "terras comuns", de onde extraíam sua subsistência por meio do plantio e da caça, passaram a não mais ter onde se estabelecer, migrando assim para as cidades em busca de sobrevivência.

Justamente nestas cidades se localizavam os centros pensantes da época, de modo que foi nelas que primeiro foram implementadas as novas invenções e técnicas resultantes da concentração tecnológica, como é caso do então recém-inventado tear mecânico, instrumento capaz de entrelaçar fios para produção de tecidos em velocidade espantosa para a época.

O exemplo desta invenção é revelador para a compreensão da profunda modificação do fenômeno trabalhista ocorrida na Europa recém-industrializada. Senão vejamos. O tear mecânico era operado manualmente; por este motivo os manufatureiros interessados em dele se utilizar necessitavam de mão de obra. E esta mão de obra estava batendo às portas da cidade, migrada, como visto, dos campos agora cercados, esfomeada e pronta para o trabalho em troca de qualquer trocado.

Foi um casamento da necessidade de subsistência com a oferta de trabalho: os camponeses passaram a ocupar-se nas fábricas de tecidos então criadas.

Ao lado do tear mecânico, surgiram posteriormente inúmeras outras invenções que contribuíram para a mecanização da produção manufatureira, com especial destaque para a máquina a vapor, criada em meados do século XIX e utilizada no desenvolvimento "de invenções industriais centradas no aço, no transporte ferroviário e na navegação a vapor, na maquinaria agrícola e nos produtos químicos"[3].

Não tardou para que as novas técnicas mecanizadoras se expandissem da Inglaterra para a Europa Continental. Vislumbrando a possibilidade de maximizar seus ganhos, os membros da burguesia expandiram seus negócios, investiram em tecnologia, aumentaram a produção. O mercado das colônias (ainda que independentes) absorvia a produção excedente, de modo que era possível produzir e crescer ainda mais.

Apareciam, enfim, as fábricas e indústrias, cada vez mais repletas de ex-camponeses que migravam para as cidades em busca de uma alternativa de subsistência.

A forma de produção estava revolucionada. Agora, ao invés do setor primário, a vida econômica mundial transferira-se para o setor secundário, para as indústrias. Daí qualificar-se esse fenômeno como verdadeira "revolução", uma Revolução Industrial, que modificou a estrutura produtiva mundial de forma inquestionável[4].

---
(3) HEILBRONER, Robert L. *A formação da sociedade econômica*, p. 132.
(4) "(...) cumpre-nos atentar para outro resultado imediato e visível da Revolução Industrial na Inglaterra. Podemos descrevê-lo como a transformação de uma sociedade essencialmente comercial e agrícola numa sociedade em que a

Todavia, paralelamente à crescente industrialização e à bonança financeira europeia, não existia qualquer preocupação com condições de segurança nas fábricas onde o trabalho era desenvolvido, ou com a saúde das pessoas que lá exerciam seus misteres. Da mesma forma, inexistia qualquer regra relativa à duração diária do trabalho ou à remuneração devida aos operários. A tutela da relação jurídica travada com o tomador dos seus serviços era feita pelo Direito Civil e pelo princípio da autonomia da vontade, próprio dessa disciplina.

Não é demais lembrar que esta época foi marcada por uma forte influência ideológica do Iluminismo, que pregava ideais como a liberdade e a igualdade, como forma de responder ao modelo perseguidor, tirano e concentrador praticado pelos Estados Modernos absolutistas até então.

Na virada para o século XIX, esses ideais iluministas já se haviam instalado no poder, prevalecendo, consequentemente, um franco liberalismo nas relações políticas, sociais e econômicas. A intervenção estatal no dia a dia privado fora transformada em diabólico pecado e todo o sistema jurídico construído após a ruptura com o Estado Absolutista tinha como preocupação evitar que o Leviatã voltasse a estender seus tentáculos sobre a vida cotidiana do cidadão. Tratava-se, enfim, de um sistema de resistência aos séculos de repressão absolutista nos países europeus[5].

Com efeito, desenhava-se o seguinte quadro pós-industrial na Europa Ocidental: camponeses famintos e despreparados, contratando com capitalistas industriais a prestação de serviços em suas fábricas a partir da lógica da legislação civil existente. O nome dado a essa relação jurídica – por influência da *locatio conductio* romana – era "locação de serviços", instituto previsto no *Code Napoléon* e importado para o art. 1.217 do nosso extinto Código Civil de 1916[6].

Nessa relação jurídica instaurada prevalecia o dogma insofismável da liberdade e da autonomia da vontade entre as partes, de modo que cabia ao Estado a única função de garantir-lhes a liberdade para pactuar as condições de acordo com as quais os serviços seriam prestados. Qualquer intervenção do Poder Público nessa tratativa de natureza privada representava inaceitável interferência nas liberdades individuais dos contratantes e afronta aos preceitos de igualdade de tratamento entre as partes.

---

manufatura industrial se tornou o modo dominante da organização da vida econômica. Em termos mais concretos, a Revolução Industrial caracterizou-se pela ascensão da fábrica ao centro da vida social e econômica. Depois de 1850, a fábrica era não só a instituição econômica fundamental da Inglaterra, mas a instituição econômica que moldava sua política, seus problemas sociais, o caráter de sua vida cotidiana, tão decisivamente quanto o senhorio feudal e a corporação haviam feito alguns séculos atrás". *Ibidem*, p. 114.

(5) Tome-se como exemplo maior dessa postura ideológica o Código Civil de Napoleão editado em 1804 na França, cujos arts. 1.780 e 1.781 francamente consagravam a liberdade (autonomia da vontade) e a igualdade entre os indivíduos.

(6) "De fato, no início da industrialização, o Direito do Trabalho foi normatizado pelo liberalismo jurídico da Revolução Francesa de 1789 e, por essa razão, a relação jurídica do trabalho subordinado regulada pelo contrato de locação de serviço de natureza civilista". ALMEIDA, Renato Rua de. Visão histórica da liberdade sindical. *Revista LTr*, São Paulo, 70-03, p. 363.

Não é difícil imaginar que, famintos e preocupados em conseguir meios de prover o sustento de suas famílias, os ex-camponeses aceitariam a primeira oferta patronal. Em troca de poucas moedas, concordavam em trabalhar às vezes mais de 16 horas por dia nas indústrias.

A ilustrar a situação dos operários da época, Segadas Vianna cita que "o trabalhador, na sua dignidade fundamental de pessoa humana, não interessava ou não preocupava os chefes industriais daquele período. Era a duração do trabalho levada além do máximo da resistência normal do indivíduo. Os salários, que não tinham, como hoje, a barreira dos mínimos vitais, baixavam até onde a concorrência do mercado de braços permitia que eles se aviltassem. Embolsando o trabalhador regularmente as prestações devidas pelo seu trabalho, julgavam os patrões que, assim procedendo, estavam cumprindo integralmente os seus deveres para com esse colaborador principal da sua fortuna crescente"[7].

Com a escassez de dinheiro, todos os membros da família buscavam emprego nas fábricas para complementar a renda. Crianças eram especialmente aproveitadas nas tecelagens, pois suas mãos pequenas eram mais aptas a desenrolar os fios que frequentemente se embolavam no tear mecânico. Idosos e mulheres também encontravam trabalho, mas recebiam vencimentos inferiores por terem menor resistência a uma jornada de trabalho extenuante.

No ambiente úmido, mal ventilado e mal iluminado, famílias conviviam com ratos e parasitas. Acidentes com decepamentos, lacerações e mutilações eram comuns diante do despreparo daqueles encarregados de operar as máquinas e do estágio de desenvolvimento ainda modesto destas.

A velhice, por seu turno, era entregue à sua própria sorte. Não existia um sistema de seguridade social para amparar os idosos e inválidos[8].

De outro lado, a figura do empregador era a do burguês recém-enriquecido, que fiscalizava de perto os acontecimentos de sua indústria, que geralmente se fazia presente, circulando entre as roldanas e engrenagens das máquinas, supervisionando o trabalho prestado e disciplinando empregados relapsos[9].

---

(7) *Instituições de Direito do Trabalho*, p. 34.
(8) É bastante ilustrativa a descrição de Oliveira Viana acerca das condições de trabalho dos empregados neste período histórico, trazida por Segadas Vianna, em suas Instituições: "No seu inframundo repululava a população operária: era toda uma ralé fatigada, sórdida, andrajosa, esgotada pelo trabalho e pela subalimentação; inteiramente afastada das magistraturas do Estado; vivendo em mansardas escuras, carecia dos recursos mais elementares de higiene individual e coletiva; oprimida pela deficiência dos salários; angustiada pela instabilidade do emprego; atormentada pela insegurança do futuro, próprio e da prole; estropiada pelos acidentes sem reparação; abatida pela miséria sem socorro; torturada na desesperança da invalidez e da velhice sem pão, sem abrigo, sem amparo. (...) Os capitães de indústria, ocupados com a acumulação e a contagem de seus milhões e o gozo dos benefícios de sua riqueza, não tinham uma consciência muito clara do que significava a existência deste inframundo da miséria, que fica do outro lado da vida, longe de suas vistas aristocráticas, e cujos gritos de ódio, cujas apóstrofes indignadas, cujas reivindicações de justiça eles não estavam em condições de ouvir e, menos ainda, de entender e atender". (*As novas diretrizes da política social* [s.l.: s.n.], 1939, p. 4-5 *apud ibidem*, p. 35).
(9) "Para além da avareza, os fabricantes foram descritos pelo historiador econômico Paul Mantoux, como 'tirânicos, duros, por vezes cruéis; suas paixões e cobiças eram as dos arrivistas. Tinham a fama de serem beberrões e terem

O trabalhador – agora finalmente reconhecido como "empregado" –, além de se ver empobrecido, enfraquecido diante do empregador, sem tempo para lazer e sem recursos para prover outras necessidades além de vestir-se e alimentar-se, passa, ainda, a ter que conviver com o mal da alienação. Porque antes, enquanto ainda camponês, via o dia amanhecer e o sol se pôr. Acompanhava a plantação desde a semente, reconhecendo o produto de seu trabalho na época da colheita[10].

Agora esse novo sistema de trabalho o privara de tudo isso. Ele não mais via o dia passar. Tampouco reconhecia, ao final da produção, o produto de seu suor. Tudo o que fazia era movimentar determinada máquina, apertar certa engrenagem, acionar dados dispositivos, tornando o trabalho "um processo singularmente melancólico e desprovido de significado"[11]. O produto, pronto e acabado, não era dele e não se identificava com todo o esforço despendido ao longo da jornada de trabalho[12].

Em pouco tempo, a Europa Ocidental estava tomada de indústrias. Dentro delas, trabalhadores. Centenas, milhares deles. A Revolução Industrial permitira tamanha concentração operária. Ao final do dia de trabalho, nos poucos momentos de convívio, eles identificavam uns nos outros suas agonias, seus problemas, suas insatisfações com as condições de trabalho praticadas. Dentro das fábricas, essa identificação recíproca continuava, e dela nasceu o que se convencionou chamar "consciência coletiva"[13].

Se sozinhos os trabalhadores eram frágeis para reivindicar melhores condições de trabalho, juntos formavam uma massa com corpo e capacidade de mobilização e negociação.

---

pouco respeito pela honra de suas empregadas. Orgulhavam-se de sua riqueza recém-adquirida e viviam em grande estilo, com lacaios, carruagens e belas casas na cidade e no campo'. Não surpreende, pois, que Adam Smith, embora reconhecesse a utilidade deles, olhasse com desconfiança para a 'rapacidade mesquinha, o espírito monopolista' de comerciantes e fabricantes, advertindo que 'eles não são nem devem ser os governantes da humanidade'". Apud HEILBRONER, Robert L., Op. cit., p. 112.
(10) De acordo com Heilbroner (ibidem, p. 137), o trabalho "consistia cada vez mais em movimentos repetitivos que, mesmo quando exaustivos após um dia inteiro, raramente envolviam mais que uma fração da capacidade muscular total de um homem. Em lugar da capacidade de julgamento e das aptidões requeridas para enfrentar as variações da natureza, exigia apenas habilidade para repetir uma só tarefa adaptada a uma imutável superfície de trabalho. Não mais sozinho na natureza, o trabalhador executava sua tarefa em vastos galpões, com regimentos de trabalhadores iguais a ele. E o mais doloroso de tudo, em lugar de 'seu' produto, o que ele via sair da fábrica era um objeto em que já não podia localizar, muito menos apreciar, sua própria contribuição".
(11) Idem.
(12) "A fábrica não proporcionava apenas uma nova paisagem, mas também um novo e destoante habitat social. Em nossos dias, acostumamo-nos tanto à vida industrial urbana que esquecemos até que ponto foi dolorosa e violenta a transição do campo para a cidade. Para o camponês, essa transferência requer um drástico ajustamento. Ele não trabalha mais no seu próprio ritmo, mas na cadência imposta por uma máquina. Já não existem períodos de inatividade determinados pelo clima, mas pelo estado do mercado. A terra deixa de ser, por mais insignificante que seja sua produção, uma eterna fonte de sustento ao alcance da mão, para se converter na terra compacta e estéril da zona industrial". Ibidem, p. 114-115.
(13) Para José Augusto Rodrigues Pinto, os efeitos da concentração operária nos centros urbanos "abriram duas perspectivas cruciais aos operários: a de que todos padeciam de um mal comum e a de que muitos eram subjugados por poucos detentores do capital indispensável para a instalação da fábrica, instrumento material de seu padecimento" (Tratado..., p. 36-37).

Desse modo, começaram a aparecer manifestações operárias organizadas coletivamente. A classe proletária, surgida como a "síntese da condição objetiva (grande concentração de trabalhadores) e da condição subjetiva (consciência de classe)"[14], estava formada e pronta para agir em prol, em um primeiro momento, de limites ao poder do empregador e, em uma segunda etapa, da criação de instrumentos jurídicos para a proteção dos empregados.

Não tardou para que o Poder Público dos países industrializados combatesse os movimentos sindicais, proibindo-os e colocando-os na clandestinidade. Tome-se o exemplo francês, onde a Lei *Le Chapelier* de 1791, embora não visasse, em princípio, a "restringir a ação coletiva dos trabalhadores organizados"[15], pôde ser utilizada para frear o avanço dos movimentos operários. Em 1810, também na França, criminalizou-se "toda forma de organização associativa ou ação coletiva dos trabalhadores"[16].

Paralelamente a essa consciência coletiva e à resistência oficial de coalizão, proliferavam-se na Europa doutrinas ideológicas sociais. Movimentos como o anarquismo e o socialismo, em suas diversas vertentes, influenciavam o pensamento operário na direção de contestações quanto à postura liberal e não intervencionista estatal.

O movimento social estimulou os trabalhadores a prosseguirem na luta por condições mais dignas de trabalho, luta esta abraçada também pela Igreja Católica, que editou Encíclicas enaltecendo o valor social do trabalho, das quais a mais marcante talvez tenha sido a *Rerum Novarum*, de 1891 (reforçada, posteriormente, pela *Quadragesimo Anno*, de 1931). Nelas a Igreja condena a situação degradante a que a relação de emprego relegava os trabalhadores, repudiando também os proprietários das fábricas (o capital) por terem permitido esse estado de coisas com a sua ganância de lucro, por meio da exploração dos trabalhadores.

Aos poucos, o movimento social encontrou ressonância nos parlamentos e leis de proteção ao trabalho começaram a ser editadas. Em 1802, a Inglaterra editou a chamada Lei de *Peel*, que visava a restringir a jornada de trabalho infantil para 12 horas e estabelecia deveres relacionados à higiene no trabalho. Em 1833, editou-se uma segunda lei naquele país que "proibiu o emprego de menores de 9 anos, limitou a jornada diária de menores de 13 anos a 9 horas, dos adolescentes de menos de 18 anos a 12 horas, proibiu o trabalho noturno"[17]. Entre 1844 e 1853, proibiu-se, ainda, na Inglaterra, o trabalho superior a 10 horas para mulheres e superior a 12 horas para os homens.

Na França, desde 1813, proibiu-se o trabalho de menores em minas e, a partir de 1814, proibiu-se também o trabalho em domingos e feriados. Em 1848, também ficou limitada naquele país a jornada de trabalho masculina em 12 horas diárias. Já na Alemanha, diversos diplomas foram editados para tutelar a duração do trabalho infantil entre 1839 e 1869.

---

(14) ALMEIDA, Renato Rua de. *Visão histórica*..., p. 363.
(15) *Idem*.
(16) *Idem*.
(17) Cf. NASCIMENTO, Amauri Mascaro. *Curso de Direito do Trabalho*, p. 38-39.

Como se vê, o processo legiferante de normas trabalhistas começou a tomar corpo na primeira metade do século XIX. Ainda que de forma esparsa, o Direito do Trabalho nascia como disciplina. As normas editadas até então tinham como foco a construção de uma gama mínima de garantias aos trabalhadores, como forma de equilibrar uma relação desigual por eles travada com os detentores do capital e dos meios de produção. A essa primeira etapa – de construção de alicerces – corresponde o que se convenciona chamar *fase de nascimento* do Direito do Trabalho, surgido em compasso com a Primeira Revolução Industrial.

É nesta etapa que o Direito do Trabalho se notabiliza como disciplina autônoma para o mundo jurídico. Cria-se um direito com o único propósito de defender a parte mais fraca de uma relação contratual, um direito de reequilíbrio de forças, construído em torno da parte hipossuficiente e sobre um paradigma de proteção favorável ao empregado (*favor laboratoris*).

3. A consolidação do Direito do Trabalho

A partir das últimas duas décadas do século XIX, a tecnologia industrial deu um novo salto significativo. Desenvolveu-se, à época, um motor que funcionava a partir da eletricidade. Este motor começou a ser utilizado na indústria de modo que a produção foi novamente impulsionada, o que trouxe como consequência uma acentuação das relações trabalhistas.

As técnicas de produção foram aperfeiçoadas de uma forma tão profunda nesta época que se convencionou dizer que teria havido uma Segunda Revolução Industrial a partir de então[18].

Mas foi na virada do século XX que um norte-americano de nome Frederick Taylor apresentou ao mundo uma nova técnica de produção, baseada na organização científica do trabalho. Essa técnica se baseava em uma profunda divisão de tarefas e estrito controle do trabalho prestado pelos empregados. Cada empregado tinha uma função determinada e a desempenhava repetidamente durante o dia de trabalho. Cada tarefa era cronometrada e se esperava que ela fosse executada naquele dado espaço de tempo. Sobre uma esteira rolante passava o produto e cada empregado aplicava essa sua fração de trabalho sobre a matéria-prima, até que, ao final da linha de montagem, saía o produto pronto e acabado.

---

(18) Heilbroner, todavia, defende que essa fase marcaria uma "Terceira" Revolução Industrial, já que a segunda teria sido verificada com o advento da máquina a vapor: "Podemos distinguir três ou mesmo quatro fases desse processo contínuo [de mudança tecnológica]. A 'primeira' revolução industrial concentrou-se amplamente na nova maquinaria têxtil, em métodos aperfeiçoados de produção de carvão e fabricação de ferro, em técnicas agrícolas revolucionárias e na produção de vapor como força motriz. Sucedeu-lhe nos anos intermédios do século XIX uma 'segunda' revolução industrial: um conglomerado de invenções industriais centradas no aço, no transporte ferroviário e na navegação a vapor, na maquinaria agrícola e nos produtos químicos. Nos primeiros anos do século XX, registrou-se nova onda de invenções: energia elétrica, automóveis, motor a gasolina. Em nossa própria época, uma quarta fase está em curso: a revolução da eletrônica, viagens aéreas, automação e, é claro, a energia nuclear" (*Op. cit.*, p. 132).

A técnica taylorista de produção, aperfeiçoada posteriormente por Henry Ford[19] – que logo se difundiu nos países industrializados –, pressupunha a conjugação de alguns elementos. Em primeiro lugar, era necessário um espaço físico suficientemente amplo para abrigar todas as fases da montagem do produto. Naturalmente, uma grande quantidade de empregados também era necessária, para que não só a esteira de montagem fosse mantida em funcionamento, mas também para que cada etapa da produção pudesse ser implementada ao longo da esteira. O investimento financeiro também era grande, diante dos custos com matéria-prima, insumos e mão de obra, mas era justificável diante do retorno em lucro que as vendas proporcionavam dado o aumento da produção e a redução de tempo de sua conclusão. Na verdade, a linha de montagem foi sinônimo de pujança financeira para aqueles que a implementavam – não é demais lembrar que o excedente da produção também poderia ser escoado para países da África e da Ásia, tendo em vista a fase histórica do neocolonialismo então vivenciada pela experiência dos países industrializados.

Foi neste contexto que o Direito do Trabalho entrou em sua segunda fase: a etapa do seu *desenvolvimento e consolidação* como disciplina, em que se incrementou a produção legiferante juslaboral e se consolidaram os princípios e arquétipos doutrinários desse ramo do direito. Avançou-se de uma fase embrionária e incipiente do Direito do Trabalho para uma desvinculação definitiva do contrato de trabalho dos esquemas de Direito Civil e para a construção de um ramo completamente autônomo. O Direito do Trabalho atingia, naquele momento, sua maioridade[20].

O paradigma utilizado pelo Direito do Trabalho para a construção de suas normas e princípios, como não poderia deixar de ser, foi o modelo empresarial existente àquela época. A relação de trabalho, foco da tutela do ordenamento, era aquela travada dentro da indústria – principalmente na grande indústria – onde a linha de montagem havia sido implementada, elevando-se tal paradigma de trabalho a um status de modelo "típico" para o Direito do Trabalho.

Tal modelo sustentava-se, basicamente, em três pilares.

Em primeiro lugar, é possível dizer que as figuras do empregado e da própria relação de emprego obedeciam a um *standard*. Os trabalhadores possuíam características socioeconômicas relativamente uniformes. Eles geralmente eram do sexo masculino, trabalhavam em um único emprego, que, como regra era duradouro, executado por prazo indeterminado e relativamente estável. Eram responsáveis pelo sustento da família e se ativavam em tarefas específicas que se diluíam na linha de montagem ao lado de outras tantas. Eram trabalhadores, de modo geral, sem muita qualificação, com forte dependência econômica do empregador, razão pela qual se

---

(19) Em 1914, Ford chocou o mundo ao pagar aos seus empregados da linha de montagem uma remuneração de impensáveis 5 dólares por hora e ao conseguir produzir um automóvel completo em apenas 98 minutos.
(20) RAMALHO, Maria do Rosário Palma (*Direito do Trabalho*, p. 50 e ss.) inclui neste período, que denominamos etapa de desenvolvimento e consolidação do Direito do Trabalho, as chamadas fases "de consolidação" e "de publicização" da disciplina.

encontravam sem poder de barganha individual frente a este, dando ensejo a um forte estado de subordinação. Daí o modelo típico ser construído em torno do que Maria do Rosário Palma Ramalho chama de "mito da incapacidade genética e permanente dos trabalhadores subordinados"[21].

Ao lado do modelo típico de trabalhador, erige o modelo típico de empregador como segundo pilar de sustentação da construção desse Direito do Trabalho em desenvolvimento. O empregador típico para o Direito do Trabalho é a empresa baseada, em regra, na linha de montagem e nas técnicas fordista e taylorista de produção, com forte hierarquização e divisão de tarefas. São empresas situadas no setor secundário da economia, de grande porte, centralizadoras da atividade econômica e com grande número de empregados. O empregador típico é autossuficiente, concentrando sua atuação não apenas no *core business*, mas também em atividades que, embora fossem periféricas, eram também úteis para seu empreendimento.

Toma-se como exemplo aquela grande indústria, com vários pavilhões. Em um deles, localiza-se parte da esteira por onde rola o material bruto que, aos poucos, ao ser processado por máquinas operadas por trabalhadores especializados, vai se transformando no material semiacabado. Deste pavilhão o produto é deslocado para outro, onde recebe tratamento e é refinado. Depois parte para um terceiro pavilhão, onde é embalado, colocado em containeres e empilhado para depois ser transferido a um depósito – que, logicamente, ainda fica fisicamente dentro das instalações do empregador – onde outros empregados carregarão caminhões pertencentes à própria empresa, os quais o entregarão diretamente aos clientes. Não há necessidade de o produto ir a distribuidores ou a atacadistas, pois as vendas – embora sejam atividades acessórias – são feitas também pela própria indústria, por meio de empregados localizados em outros andares. Há, ainda, nessa unidade fabril, espaço para creche dos filhos dos empregados, refeitórios, enfermaria, telefonista e sala para recreação. Estas, igualmente atividades acessórias que convém ao empregador típico realizar por agregar valor ao seu negócio.

Todo este modelo de empregado e de empresa típicos torna-se possível e justificado em virtude justamente do terceiro pilar sobre o qual se desenvolveu e consolidou o Direito do Trabalho: a crença na sustentabilidade econômica do modelo de tutela implementado.

O modelo de tutela em questão, como visto, é aquele construído em torno do trabalhador, com a proibição de retrocesso e a incorporação ao contrato de trabalho dos benefícios concedidos ao trabalhador. Trata-se do modelo protetivo clássico, sendo-lhe inerente o *favor laboratoris*. É, enfim, um sistema que mira o infinito no que diz respeito à melhoria do estatuto dos trabalhadores subordinados.

A crença na sustentabilidade desse modelo se deve em grande parte à pujança econômica experimentada na Europa imperialista e nos Estados Unidos pós-Primeira

---

(21) *Ibidem*, p. 55.

Guerra Mundial. O dinheiro existia. A produção se escoava, quando não para dentro do país, para fora de suas fronteiras. Com prosperidade financeira, o empresariado tinha maiores condições de manter o modelo de tutela trabalhista e de suportar os encargos que lhe vinham a reboque, como férias, gratificações, salários extras e o financiamento da seguridade social.

A fase de desenvolvimento do Direito do Trabalho, portanto, foi marcada pela conquista de um patamar privilegiado de direitos, pela construção de um vasto acervo legislativo de proteção ao empregado e pela consolidação da disciplina como ramo autônomo do direito.

4. A crise do Direito do Trabalho

O arquétipo típico do Direito do Trabalho começa a apresentar problemas a partir dos anos 1970, basicamente em virtude da conjugação de dois fatores: a crise econômica decorrente da escassez de petróleo e o novo surto de desenvolvimento tecnológico desencadeado a partir desse período.

Em 1973, estoura a chamada crise do petróleo no Oriente Médio, elevando fortemente os custos de produção, ante a alta do insumo provocada por esse fenômeno. Aquela foi, talvez, a primeira grande crise atravessada pelo capitalismo mundial desde a queda da bolsa de Nova York ocorrida pouco mais de quarenta anos antes.

A crise econômica naturalmente afetou os lucros empresariais. Os empregadores viram-se, de uma hora para outra, obrigados a aumentar preços, gerando processos inflacionários. Com o aumento dos preços, o salário dos trabalhadores passou a não mais ser suficiente para consumir a produção – advinda principalmente dos setores primário e secundário da economia – dando ensejo a recessões econômicas que se arrastaram por toda a década de 1970.

Com seus faturamentos reduzidos, empresas começaram a rever custos, revisão esta que trouxe duas consequências principais. De um lado, inicia-se um processo de descentralização empresarial, sendo jogadas para fora dos limites da empresa aquelas atividades cuja execução não se relacione estritamente com o objetivo econômico do empreendimento. De outro lado, o empresariado chega à constatação de que boa parte dos custos de sua produção deriva de encargos trabalhistas e previdenciários, dando ensejo a questionamentos político-ideológicos acerca do modelo de tutela até então existente.

Paralelamente à crise, foi justamente nesta época que a civilização humana passou por um novo salto tecnológico, com o desenvolvimento do microchip, da informática, da cibernética e da robótica. Trata-se da chamada Terceira Revolução Industrial ou Revolução Tecnológica[22].

---

(22) Esta última expressão é preferida por José Augusto Rodrigues Pinto (*Tratado...*, p. 32), pois o fenômeno tecnológico fez em pouco tempo com que a mão de obra novamente migrasse entre setores da economia. Tal como ocorrido

Este novo fenômeno naturalmente importou na internalização da tecnologia incipiente para as fábricas. O trabalho humano começou a ser substituído pelo de robôs e computadores.

Ao lado disso, os avanços do período também atingiram os meios de comunicação e de transporte, acarretando um verdadeiro "encurtamento de distâncias". O transporte de mercadorias ao longo do globo foi extremamente facilitado. Documentos eram recebidos na África do Sul e no Japão simultaneamente por um fac-símile. Negócios eram acelerados; aviões supersônicos atravessavam o Atlântico; informações eram franqueadas pelos computadores numa velocidade espantosa. O mundo, assim, se globalizava, acirrando-se a concorrência entre empresas e acentuando-se a pressão por melhor desempenho com menores custos e em menor tempo.

Então, aliando-se (I) a forte crise econômica desencadeada a partir da alta do preço do petróleo, (II) a inserção de tecnologia na produção, com a possibilidade de supressão do trabalho humano e dos encargos a ele inerentes, e (III) a crescente necessidade de redução de preços ante o acirramento da competição mundial decorrente da globalização, esfacelaram-se os pilares sobre os quais estava construído o modelo típico de relação de emprego a partir do qual se desenvolveu e se consolidou o Direito do Trabalho.

Tais fenômenos afastaram, em primeiro lugar, a crença na sustentabilidade econômica do modelo de tutela, na medida em que o empresariado estava agora forçado a rever custos e reduzir encargos para se manter competitivo. O modelo de não retrocesso deixava os atores[23] da relação de emprego sem outra saída que não fosse a eliminação de postos de trabalho.

Tendo em vista a saturação da oferta de postos de emprego no setor industrial, fruto da adoção de novas técnicas no processo produtivo[24], da mecanização

---

na Primeira Revolução Industrial, quando a principal forma de trabalho deslocou-se do campo (setor primário) para a indústria (setor secundário), agora a mão de obra deixaria a indústria para ser absorvida pelo setor de serviços. Aquele autor enfatiza que a tecnologia atual já estaria expulsando o trabalhador do setor terciário para um "quaternário", "comandado pelo conhecimento".

(23) A expressão "atores" é preferida por Héctor-Hugo Barbagelata, que propõe uma nova visão das pessoas envolvidas na relação de emprego para além do binômio empregado-empregador. Para aprofundamento, vide *O particularismo do Direito do Trabalho*, p. 45 e ss.

(24) O exemplo mais marcante das novas técnicas implementadas pós-Revolução Tecnológica é o toyotismo: "A guinada foi para mudar o procedimento. Primeiro é feita a venda do produto que o cliente quer e, em seguida, sua fabricação. Com isso, os estoques foram racionalizados, a matéria-prima passou a chegar na hora de aplicá-la. A produção passou a ser iniciada após a venda de determinado produto de tal modelo. Nesta síntese, estão as duas faces fundamentais das formas de gerenciamento da produção. Sem estoques, lucra-se com menos gastos e imobilizados. A empresa recebe o produto quando vai utilizá-lo (*just in time*). O local onde ficava o almoxarifado é alugado ao fornecedor, que terá de remunerar a locação do prédio. Conforme o caso, a venda do prédio é outra alternativa. A empresa fica mais enxuta e com menos manutenção, em suma, só vantagens. Depois, iniciar a produção pós-venda faz com que se receba capital antecipadamente. Não se financia o cliente, ele é quem financia, logo, a empresa começa a lucrar sem ter colocado um tostão do seu bolso, pensa o capitalista. Essa técnica, como a anterior, é oriental, levou o nome de 'produção com venda garantida', ou 'produção puxada' (*kanban*). (...) A essas técnicas o Ocidente denominou *toyotismo*, que segundo consta, e é verdadeiro, a Toyota foi uma das primeiras organizações multinacionais a delas

e da marcante terceirização de atividades não essenciais, os trabalhadores deslocaram-se para o setor terciário da economia, passando a se empregar em empresas prestadoras de serviços[25].

Ruía, assim, o segundo pilar do modelo de trabalho típico, pois o perfil do empregador modificou-se significativamente após a década de 1970[26]. Agora as empresas precisavam ser mais competitivas, enxutas e ágeis, concentrando seus esforços no *core business*. A descentralização e a redução de custos passam a ser traços característicos do novo modelo empresarial. A verticalização e a hierarquização de outrora dão lugar ao trabalho em grupo e ao compartilhamento de tarefas. As formas de remuneração tornam-se mais flexíveis e o local de trabalho poderia não ser mais dentro da empresa. De um modo geral, o porte das empresas reduz-se sendo, atualmente no Brasil, as micro e pequenas empresas responsáveis pela criação de mais de 22,7 milhões de empregos formais (que correspondem a aproximadamente 55% dos postos de trabalho subordinado existentes no país)[27].

Isso demonstra que também as características do empregado típico são transformadas. O modelo de subordinação típica dá lugar a outros formatos menos rígidos. O trabalhador, agora empregado em empresas de pequeno e médio porte, não é "apenas mais um" e muitas vezes tem sua voz ouvida ao emitir opiniões quanto aos rumos dos negócios. Paralelamente, a crescente capacitação da mão de obra a qualifica a fazer algumas exigências no momento da contratação, criando figuras parassubordinadas de trabalho. Nas empresas de porte mais elevados, o fenômeno da desverticalização exige do empregado maior envolvimento na condução da sua gestão[28], o que demonstra

---

fazer uso com absoluto sucesso". cf. PROSCURCIN, Pedro. *Compêndio de Direito do Trabalho*: introdução às relações de trabalho em transição à nova era tecnológica, p. 34 (grifos no original).
(25) "(...) a vaga de desemprego produzida pela informatização e pela automação industrial dos anos setenta coincidiria com o crescimento simultâneo da capacidade de absorção do setor de serviços, no decorrer do processo da assim chamada 'terciarização' econômica". cf. FREITAS JR, Antônio Rodrigues. *Direito do Trabalho na era do desemprego: instrumentos jurídicos em políticas públicas de fomento à ocupação*, p. 94-95.
(26) Arion Sayão Romita, atento a esse fenômeno, descreve a reestruturação empresarial moderna nos seguintes termos: "A fábrica tradicional, típica, resultado das primeiras revoluções industriais e que alcançou seu mais alto grau de organização baseada nas concepções taylorista e fordista é substituída por organizações flexíveis, baseadas em noções toyotistas, sem rigidez, à base de relações contratuais flexibilizadas entre capitalistas e trabalhadores". *O princípio da proteção em xeque e outros ensaios*, p. 210.
(27) De acordo com os dados constantes do mais recente Cadastro Central de Empresas, divulgado pelo IBGE em 2007 com referência ao ano-base de 2006. Disponível em: <http://www.ibge.gov.br/home/estatistica/economia/cadastroempresa/2006/cempre2006.pdf> Acesso em: 16 abr. 2009. Vale destacar que o Cadastro Central de Empresas divulgado pelo IBGE relativo ao ano-base 2007 (<http://www.ibge.gov.br/home/estatistica/economia/cadastroempresa/2007/cempre2007.pdf> Acesso em: 14 dez. 2009) não divulgou o número absoluto de empregos gerados por empresas de pequeno e médio porte. Sem embargo, aquela pesquisa revelou que, em média, as empresas nacionais empregam aproximadamente nove trabalhadores, dado este que confirma o perfil de o empregador moderno ser enxuto e de porte reduzido.
(28) "Os profissionais que sobraram, já que os cortes de pessoal em algumas atividades chegaram a noventa por cento, tiveram de se adaptar ao sistema do trabalho em grupo. A multifunção e polivalência são intensificadas. Os níveis de responsabilidades foram revolucionados. (...) Os grupos definem tarefas, programam qualificação, férias e rodízios, enfim, são semiautônomos, com orientação sociotécnica. (...) As funções foram enriquecidas, a utilização das ferramentas da chamada sociedade da informação com a telemática foi difundida e o trabalhador, além de ver aportar no seu posto de trabalho a sofisticação, teve de se adaptar a uma nova linguagem, a trabalhar em conjunto com colegas em outra parte do mundo (...)". PROSCURCIN, Pedro. *Op. cit.*, p. 34-35.

a fragilidade do "mito da incapacidade genética"⁽²⁹⁾ do trabalhador subordinado frente ao empregador.

O perfil do trabalhador também se modifica sensivelmente. Mulheres mergulham no mercado de trabalho e dividem, ombro a ombro com os homens, a responsabilidade de proverem o sustento do lar. Formas de trabalho pouco utilizadas e, por vezes, sequer imagináveis antes dos fenômenos da década de 1970 surgem como alternativa ao desemprego, como é o caso do trabalho a distância, do trabalho temporário, a termo, a tempo parcial etc.⁽³⁰⁾

O resultado dessas transformações no modelo sobre o qual o Direito do Trabalho fincou seus alicerces e desenvolveu-se enquanto ciência autônoma do mundo jurídico levou a que os institutos (agora) "tradicionais" da disciplina passassem a se mostrar insuficientes para explicar e tutelar os novos fenômenos sociais afeitos ao trabalho moderno.

Assim é que, por exemplo, fazer incidir o modelo clássico de subordinação e de contrato de trabalho nas situações em que o empregado muitas vezes domina as técnicas de produção muito melhor que seu empregador (fenômeno comum em empresas prestadoras de serviços de informática) pode acarretar distorções. Da mesma forma, a aplicação irrefletida do paradigma da proteção pensado de acordo com arquétipos ultrapassados pode trazer como consequência o desemprego, como acontece nos casos em que micro e pequenas empresas – que já despontam como as maiores criadoras de postos de trabalho na economia mundial – não têm condições de conceder a seus empregados os reajustes pactuados em convenções coletivas de trabalho que lhe são aplicáveis, para cujas confecções não foram consultados ou ouvidos.

A insuficiência de respostas e de instrumentos jurídicos para disciplinar as novas relações de trabalho, ou mesmo as antigas, transportadas para um contexto econômico, cultural, tecnológico e social diverso daquele em que o Direito do Trabalho tradicional foi concebido e se desenvolveu, faz nascer um cenário de incertezas.

Daí ser possível afirmar, sem medo de errar, que o Direito do Trabalho atravessa uma crise sem precedentes em sua ainda jovem história, crise essa que se caracteriza pela deficiência deflagrada da capacidade de tutela das relações de emprego modernas por meio dos institutos consagrados tradicionalmente na disciplina trabalhista, concebidos para atuar em outro contexto social e econômico.

Essa crise tende a importar na descredibilização do Direito do Trabalho junto ao próprio empregado, não só pelo fato de este não mais encontrar na disciplina

---
(29) Cf. RAMALHO, Maria do Rosário Palma. *Direito do Trabalho*, p. 55.
(30) "De fato, o trabalho regular em tempo integral e por tempo indeterminado foi o tipo ideal de trabalho, sobretudo no século XIX. A exclusividade dessa forma de trabalho subordinado está cada vez mais distante da realidade das relações de trabalho, na medida em que, de um lado, proliferam as chamadas formas atípicas de trabalho subordinado e, de outro lado, novas formas de trabalho não subordinado, mais próximas do trabalho autônomo". ALMEIDA, Renato Rua de. A pequena empresa e os novos paradigmas do Direito do Trabalho. *Revista LTr*, 64-10, p. 1250.

trabalhista as respostas para problemas contemporâneos, mas também porque tais respostas por ela apresentadas muitas vezes são insatisfatórias e oferecem como única saída para impasses laborais o caminho do desemprego[31].

Essa discrepância entre realidade e teoria, que afasta a credibilidade do Direito do Trabalho junto à sociedade, representa atualmente uma ameaça à sobrevida desse ramo do direito sob uma perspectiva de médio e longo prazo.

5. A experiência brasileira

No Brasil, pode-se dizer que o Direito do Trabalho foi "importado". Em vez de brotar do seio da industrialização, do conflito de classes, da conscientização do operariado, das reivindicações, da organização dos trabalhadores e da sensibilização da sociedade, o Direito do Trabalho foi imposto de cima para baixo, por intermédio de medidas governamentais.

Evaristo de Moraes Filho, ao prefaciar os "Apontamentos" de seu pai, ilustra esta realidade ao mencionar que, na virada do século XX, o grau de industrialização nacional era absolutamente incipiente e localizado apenas nos grandes centros urbanos do Rio de Janeiro e de São Paulo[32]. Enquanto a Europa Ocidental já estava industrializada, o movimento social já se havia desenvolvido e as normas de Direito do Trabalho já começavam a surgir, o Brasil ainda era aquele país eminentemente agrícola, produtor e exportador de matéria-prima. Resultado de uma estrutura econômica colonial e extrativista, que insistiu em manter-se inalterada nas décadas que sucederam a declaração de independência ocorrida em 1822[33].

---

(31) Exemplo dessa insuficiência de respostas pode ser encontrada no Brasil por meio da figura da justa causa patronal, prevista no art. 483 da CLT. A alternativa dada ao trabalhador por nosso ordenamento quando o empregado sofre qualquer tipo de abuso por parte de seu empregador é tão somente a possibilidade de considerar rescindido seu contrato de trabalho, oferecendo-lhe as verbas rescisórias ao invés de assegurar-lhe um posto de trabalho (rectius, um meio de subsistência futura).
(32) "Proclamada a República no ano anterior, possuía a Capital Federal uma população de cerca de 522.000 habitantes em 1890, para 65.000 de São Paulo. Em 1900, atingia esta última a cifra de 240.000 numa verdadeira mutação urbana, segundo as palavras de Moreira Pinto, que a chamava de 'cidade de italianos'. Segundo estimativas, por ausência de censos diretos, São Paulo apresentava 300.000 e 375.000 habitantes respectivamente, em 1905 e 1910. Quando do Recenseamento levado a efeito a 20 set. 1906, havia no Rio de Janeiro 463.453 homens e 347.990 mulheres, num total de 811.443 habitantes. Segundo os dados desse Recenseamento, ocupavam-se no comércio em geral 66.062 pessoas; nos transportes 14.217 e na indústria 83.243(...). Em 1907, concentravam-se na Capital Federal 30% das indústrias nacionais, possuindo todo o Estado de São Paulo somente 16% do total. No primeiro ano do século, conforme inquérito realizado, apresentava a cidade de São Paulo 144 estabelecimentos importantes, com 11.590 operários (...). Em 1907, dispunha a mesma metrópole de 153 estabelecimentos industriais, com 14.614 operários. (...) As indústrias de tecidos e de alimentação eram as mais proeminentes, a par de um sem-número de pequenos estabelecimentos, oficinas, manufaturas – de calçados, de vestuário em geral, de móveis, de tintas, de material de escritório, de tinturarias, de fundições, etc. – instalados em galpões, fundos de armazéns, em locais mais ou menos escondidos, longe dos olhos do público e da fiscalização. A indústria têxtil, a mais representativa, dispunha – ainda na capital paulista – de 17 estabelecimentos, com 4.570 trabalhadores, em 1900; de 18 com 6.298 trabalhadores, em 1905 e de 24, com 13.396, em 1910". *Apontamentos de Direito Operário*, p. 21-22.
(33) "O vínculo colonizador entre Portugal e Brasil significou para nós um grande atraso na industrialização". PINTO, José Augusto Rodrigues. *Tratado...*, p. 45.

O atraso brasileiro não era apenas econômico, mas igualmente cultural e ideológico. Enquanto nos países industrializados os dogmas liberais de igualdade e liberdade já se mostravam fragilizados à luz das desigualdades sociais acarretadas pela exploração do capital sobre o trabalho, no Brasil tais ideais ainda exerciam forte influência na vida jurídica do início do século XX. Basta notar que, na Europa, a postura não intervencionista estatal já dava lugar à edição de diplomas que, rompendo com o tabu que representava a interferência do Poder Público nas relações entre particulares, limitavam a liberdade de contratar para resguardar ao trabalhador um mínimo de garantias.

Enquanto isso, no Brasil, dada a inexistência de uma classe operária assim consciente e identificada, a evolução do pensamento jurídico não seguia esta tendência. Segadas Vianna traz o ilustrativo exemplo do veto presidencial a um projeto de lei de locação de serviços agrícolas, apresentado por Moraes e Barros em 1895, que previa uma indenização em caso de despedida injusta. O veto – todo construído com base nos dogmas do já ultrapassado pensamento liberal clássico – dispunha que "segundo o princípio de igualdade perante a lei, a locação de serviço agrícola deve ser regulada pelos princípios de direito comum e não por um regime processual e penal de exceção". E prosseguia: "Intervir o Estado na formação dos contratos é restringir a liberdade e a atividade individual nas suas mais elevadas e constantes manifestações, é limitar o livre-exercício das profissões, garantidas em toda a sua plenitude pelo art. 73, § 24, da Constituição. O papel do Estado nos regimes livres é assistir como simples espectador à formação dos contratos e só intervir para assegurar os efeitos e as consequências dos contratos livremente realizados. Por essa forma, o Estado não limita, não diminui, mas amplia a ação da liberdade e da atividade individual, garantidos os seus efeitos. O projeto apresentado é inconveniente porque a lei se baseia no desconhecimento dos princípios econômicos"[34].

Sem embargo dessa postura, ainda no final do século XX já se podiam encontrar aqui alguns diplomas esparsos concedendo tratamento privilegiado a certas categorias de empregados, como é o caso dos ferroviários da Estrada de Ferro Central do Brasil, que, em 1889, tiveram assegurados quinze dias de férias por ano.

Nas primeiras décadas do século XX, o desenvolvimento e a consolidação do Direito do Trabalho na Europa e nos Estados Unidos começaram a ressoar no Brasil. Tal fenômeno, intensificado com a imigração europeia pós-Primeira Guerra, aliado aos dispositivos do Tratado de Versalhes e à criação da Organização Internacional do Trabalho ocorrida em 1919, deu ensejo à edição de inúmeras leis de proteção ao trabalhador, as quais passaram a conviver com a antiga figura da locação de serviços existente no Código Civil de 1916, então largamente usada para disciplinar o trabalho em nosso país. Tome-se como exemplo desse processo legislativo a criação das primeiras Caixas de Aposentadoria (1923), do regime de estabilidade (1923) e da lei de férias (1925).

---

(34) *Instituições de Direito do Trabalho*, p. 51-52.

A partir da Revolução de 1930 e da instauração do Estado Novo, Getúlio Vargas adotou uma série de medidas de cunho populista[35].

Sua política, marcantemente produtivista, nacionalista e corporativista[36], incluía o controle sobre a produção por meio da tutela estatal dos conflitos trabalhistas. Expressão disso foram a criação de Juntas de Conciliação e Julgamento vinculadas ao Poder Executivo e o estabelecimento de um sistema sindical subordinado ao Ministério do Trabalho, modelo abertamente importado da *Carta del Lavoro* de Mussolini[37]. Nada mais coerente para a ideologia varguista, pois, uma vez em mãos oficiais, ficava mais fácil controlar os conflitos trabalhistas e, assim, evitar repentinas quedas na produção nacional[38].

A estratégia do Estado Novo passou, então, pela inclusão dos instrumentos jurídico-trabalhistas até então existentes em um diploma oficial, único, consolidado, que serviria para a tutela das relações de trabalho. Para tanto, foi editada, em 1943, a Consolidação das Leis do Trabalho, que não só unificou as diversas leis até então existentes a respeito de relações de trabalho, mas igualmente disciplinou outros assuntos em matéria trabalhista de maneira sistemática.

Note-se, no particular, que a normativa consolidada na ocasião tinha inspiração fortemente influenciada pelo pensamento europeu. Construíram-se, assim, garantias e proteções ao trabalhador sob a perspectiva do modelo típico de relação de emprego, que, até então, não existia no Brasil, uma vez que no período de Vargas o Brasil não experimentou uma industrialização capaz de fazer surgir conflitos de trabalho de maior relevância. Quando muito, disputas isoladas de classe eram facilmente dissipadas pela mão estatal.

Sem uma industrialização que representasse uma parcela significativa da economia nacional, não havia espaço para o nascimento da consciência coletiva do operariado brasileiro, a qual na Europa e nos Estados Unidos atingia sua maturidade.

---

(35) Rodrigues Pinto (*Op. cit.*, p. 49/50) ressalta as medidas trabalhistas adotadas por Vargas a partir de 1930: "foram criados o Ministério do Trabalho, Indústria e Comércio, a Justiça do Trabalho e a Previdência Social, abrangendo todos os trabalhadores subordinados (à exceção, originalmente, dos rurais e domésticos). Implantou-se também toda uma legislação trabalhista, até então inexistente ou desprovida de sistematização, afinal representada pela Consolidação das Leis do Trabalho; deu-se espaço legal ao trabalhador rural; regulamentou-se o direito de greve e atualizou-se a legislação sobre acidentes no trabalho".

(36) "A Constituição de 10 nov. 1937, embora não instituísse um Estado genuinamente corporativo, deu um grande passo para isso, como afirmou o ministro Francisco Campos, dizendo: 'O novo Estado brasileiro organizará a economia nacional em linhas corporativas'. É, aliás, o que se depreende dos arts. 57 e 63 inscritos sob a rubrica 'Do Conselho da Economia Nacional', em que se vê (art. 61, letra a) que a primeira atribuição do Conselho é promover a organização corporativa da economia nacional (...)". JUNIOR, A. F. Cesarino. *Direito Social Brasileiro*. p. 118.

(37) "O título que a Carta Constitucional de 1937 dedica à Ordem Econômica encontra direta inspiração na Carta del Lavoro italiana, de 21 abr. 1927; e, em alguns de seus dispositivos, mais do que inspiração ou influência: limita-se a traduzir fielmente o texto italiano". ROMITA, Arion Sayão. *O princípio da proteção em xeque...*, p. 118.

(38) "Organizados os instrumentos jurídicos destinados a compor os conflitos sociais, concorreram para amortecer inevitáveis choques, empregados como tem sido desde então para soluções pacíficas que arrefeçam ardores belicistas das classes antagônicas, reincidentes de quando em vez". VIANNA, Segadas. Reflexos da CLT na vida social e econômica brasileira. *Revista LTr*, São Paulo, n. 32, p. 661.

Desse modo, as leis consolidadas neste período construíram uma casa de belo acabamento, mas vazia, desprovida de pessoas para nela residir.

Foi apenas com o surto industrial ocorrido durante o período de ditadura militar que começaram a surgir trabalhadores identificados por problemas comuns relacionados ao seu emprego[39]. Com o crescimento do setor secundário brasileiro (indústria automobilística e aeronáutica, hidroelétricas, comunicações etc.), a legislação trabalhista passou realmente a ser testada e experimentada em toda a sua potencialidade e a ser vista como verdadeira válvula de escape contra a opressão patronal sobre os trabalhadores então evidenciada. Neste momento histórico, o Brasil finalmente alcança o modelo (relativamente) típico de relação de emprego, para a tutela do qual a legislação trabalhista fora construída.

Mas não houve tempo para acontecer aqui – como ocorreu na Europa – o amadurecimento do Direito do Trabalho à luz da experiência prática absorvida da análise das relações laborais. Passados poucos anos de nossa industrialização mais marcante, os fenômenos que levaram à ruptura do modelo típico de relação de emprego na Europa e nos Estados Unidos também nos atingiram.

Assim é que, tal como ocorreu naqueles países, a indústria brasileira foi vítima da grave crise econômica desencadeada com a escassez de petróleo. Fomos duramente atingidos com sucessivos processos inflacionários, de recessão e de desemprego ao longo da década de 1980 do século passado, cujos reflexos se prolongam até os dias atuais. Justamente nesse período, tornamo-nos também importadores de tecnologia e, assim, adentramos ao mundo da informação e da globalização.

A estrutura da relação de trabalho travada aqui, como não poderia deixar de ser, também foi abalada. Mal começáramos a experimentar o arquétipo do trabalho típico e já fomos obrigados a romper com ele e nos acostumarmos a relações de trabalho mais instáveis, migradas para o setor de serviços[40], sustentadas por empresas de porte menor, que adotam como tônica a flexibilidade, o constante enxugamento de custos e a descentralização de atividades.

Some-se a isso que o estágio de subdesenvolvimento econômico e os altos índices de desemprego (chegaram a superar os 13% na virada do século XXI e podem atingir os 10% ao final da sua primeira década[41]) muitas vezes empurram o trabalhador para a informalidade, dada a escassez de oportunidades e a elevada carga de encargos sociais que o contrato de trabalho carrega consigo[42].

---

(39) "(...) ousamos afirmar que o movimento político-militar de 1964 plantou um marco notável no ciclo evolutivo do Direito do Trabalho brasileiro". PINTO, José Augusto Rodrigues. *Op. cit.*, p. 51.
(40) De acordo com a PNAD divulgada em 2009, aproximadamente 60% das pessoas tidas por ocupadas em nosso país estão situadas no setor terciário da economia.
(41) Segundo aponta Aldacy Rachid Coutinho, (A autonomia privada: em busca da defesa dos direitos fundamentais dos trabalhadores. In: SARLET, Ingo Wolfgang [org.]. *Constituição, direitos fundamentais e direito privado*, p. 166), no período entre 1989 e 1999 o índice de desemprego no Brasil cresceu mais de 140%.
(42) Não é demais lembrar que hoje, para cada real que se paga a título de salários, o empregador gasta aproximadamente outros R$ 0,60 em encargos trabalhistas e previdenciários. O tamanho desses encargos varia de acordo com a

O subemprego é também uma constante, sendo comuns os casos em que os trabalhadores são forçados a abrirem empresas para, por meio delas, prestarem serviços com menor incidência de encargos. O mesmo ocorre com outros que, compulsoriamente ou não, veem-se compelidos a se associarem a cooperativas de trabalho e, por intermédio delas, desenvolverem seus misteres.

Finalmente, proliferaram-se, também no Brasil, as formas flexíveis de trabalho, com especial destaque para o trabalho temporário previsto na Lei n. 6.019/74, para o trabalho a distância e para a terceirização de atividades.

6. O problema: centralidade da crise do Direito do Trabalho brasileiro

Os trabalhadores submetidos à informalidade, ao subemprego, ao desemprego ou mesmo a esquemas de emprego alternativos ao modelo típico importado por nosso ordenamento, a toda evidência têm asseguradas menos garantias do que o ordenamento trabalhista vislumbra como sendo um sistema ideal de inclusão. Estão à margem de um verdadeiro e completo sistema de proteção e isto é um absoluto contrassenso ao ideal preconizado por nosso ordenamento, notadamente pela Constituição de nossa República.

Diante desse quadro, é forçoso reconhecer que o Direito do Trabalho tornou-se um direito de minoria. Da população economicamente ativa – insistimos nesse ponto – apenas 36,4% está em postos de trabalho formais, segundo o que indica a última PNAD divulgada pelo IBGE! E não é difícil projetar que, nesse universo estão também incluídos aqueles empregados que, embora formalmente tenham seus vínculos empregatícios previamente reconhecidos, não têm os direitos trabalhistas integralmente respeitados pelos empregadores (seja por receberem parte de seus salários "por fora" dos contracheques, por trabalharem além do limite de jornada permitido em lei, por trabalharem em condições nocivas à saúde sem a contraprestação necessária etc.).

Foi isso o que a aplicação do Direito do Trabalho tradicional sobre relações de trabalho atípicas acarretou. E a tendência, infelizmente, não é melhorar.

Note-se: não se está aqui profetizando o "fim do emprego", como propagam alguns e combatem tantos outros[43]. Não há bola de cristal a ser consultada sobre esse assunto, ou tempo a ser perdido divagando sobre ele. Apenas o que se está constatando aqui é a absoluta ineficiência do modelo de proteção trabalhista à luz de uma realidade empírica, materializada nos dados concretos da sociedade brasileira divulgados pelo IBGE. Ineficiência esta brilhantemente retratada por Arion Sayão Romita, que, com sutil sarcasmo, indaga: "diante desse quadro, a cruciante dúvida se impõe:

---

metodologia de cálculo utilizada e com o grau de risco da atividade empresarial. José Pastore, por exemplo, defende em seu *As mudanças no mundo do trabalho:* leituras de sociologia do trabalho, que o percentual de encargos trabalhistas e previdenciários incidentes sobre o salário seriam de 103,46% (p. 126).

(43) "Em se tratando de trabalho, o caos domina; apresentam-se alguns apocalípticos, como Jeremy Rifkin, Dominique Méda ou Robert Kurz, apregoando seu fim, e outros, como Claus Offe, simplesmente demitindo-o do posto de centralidade na construção da sociedade". COUTINHO, Aldacy Rachid. *Op. cit.*, p. 165.

para que proteção? Que proteção é essa, que na realidade desprotege? É a proteção do amigo urso, presente de grego, abraço de tamanduá... é a proteção que fortalece o protetor e debilita o protegido!"[44].

Essa insuficiência jurídica deflagrada pela crise do Direito do Trabalho é também percebida por autores que, como Renato Rua de Almeida, reconhecem que "os paradigmas tradicionais do Direito do Trabalho (...) tornaram-se insuficientes e mesmo incapazes de combater o flagelo do desemprego"[45], desemprego este que, "a partir de meados dos anos de 1970, tornou-se, de modo notório, fenômeno socioeconômico persistente e grave em inúmeros países capitalistas ocidentais, desde o universo europeu desenvolvido até a realidade de distintas economias latino-americanas"[46].

O absoluto exaurimento do sistema trabalhista tradicional foi magistralmente resumido por Romita, em citação que reflete, em grande medida, nossa forma de pensar o Direito do Trabalho:

> Pensemos na grande indústria urbana, que enseja a concentração de grande número de trabalhadores no estabelecimento do empregador. O método de organização do trabalho baseado nas idéias de Taylor e Ford só admite a prestação de serviços por parte de um trabalhador admitido mediante um contrato que se executa durante uma jornada integral, em proveito de um só empregador, no mesmo local, remunerado por um salário prefixado, com duração indeterminada e com vocação de estabilidade, propiciando uma carreira com promoções, aumentos salariais, etc. (...). Este era o modelo que serviu de base à implantação e ao desenvolvimento do Direito Individual do Trabalho no Brasil: destinava-se, com seu caráter "bondoso", a melhorar a "condição social" dos trabalhadores, pela adoção de medidas favoráveis, sempre estendidas a novos grupos antes desprotegidos e de caráter crescente, em número e em intensidade de favores. Este modelo, contudo, esgotou-se. Já deu os frutos que poderia dar. Produziu bons resultados, inquestionavelmente. Mas a fase histórica em que ele se desenvolveu está encerrada. O Brasil se depara com uma terceira revolução industrial – dita tecnológica – que está determinando a desestruturação da organização do trabalho nos moldes já descritos[47].

Outro autor chegou a resumir essa proposição no simples "esfarelamento do Direito do Trabalho, filho da modernidade"[48].

Se temos hoje um direito que exclui, que expulsa de seu abrigo os trabalhadores devido ao alto custo de manutenção do emprego, o que teremos amanhã?

---

(44) *O princípio da proteção em xeque...*, p. 29.
(45) *A pequena empresa...*, p. 1249.
(46) DELGADO, Mauricio Godinho. *Capitalismo, Trabalho e Emprego*: entre o Paradigma da Destruição e os Caminhos da Reconstrução, p. 33.
(47) *O princípio da proteção em xeque...*, p. 204.
(48) COUTINHO, Aldacy Rachid. *Op. cit.*, p. 167.

É notável o cenário existente nos dias atuais: um Direito do Trabalho excludente e uma Justiça do Trabalho de desempregados.

Não é este o quadro que se espera de um país em desenvolvimento. E cabe a indagação: nós, juristas, intérpretes e aplicadores do direito, em que estamos contribuindo para modificá-lo? Se não nós, quem oferecerá respostas à crise do Direito do Trabalho?

Temos como ponto pacífico, portanto, ser absolutamente imprescindível repensarmos os institutos da nossa disciplina e, como propõe José Augusto Rodrigues Pinto, "reformulá-los"[49] à luz de novas perspectivas. A primeira delas é a de que sem empregos formais, cada vez menos haverá espaço para o debate do Direito do Trabalho. Com menos pessoas incluídas, a tendência é que se alie à crise estrutural que a disciplina atravessa uma crise de legitimidade junto à sociedade capaz de comprometer a eficácia social de suas normas[50].

A complementar esse quadro desanimador, soma-se a constatação de que o fenômeno de expulsão do trabalhador dos quadros de proteção trabalhista impacta também em toda a capacidade de proteção social do Estado, na medida em que havendo menos empregados, menor será a base de custeio do sistema de seguridade social. Passa-se a ter uma minoria sustentando o sistema previdenciário de toda a população. Basta notar, novamente aqui, os dados divulgados pela PNAD, os quais apontam que apenas 52,1% do universo de trabalhadores contribui para o sistema previdenciário nacional.

Portanto, a necessidade de combate à crise do Direito do Trabalho é também medida necessária para se evitar um colapso social ainda maior do que aquele que já se apresenta nos dias de hoje.

Diante dessa triste realidade, o questionamento que inquieta o jurista não pode ser outro senão o de repensar se o sistema trabalhista, à luz da realidade moderna, já não necessita de novos paradigmas e parâmetros de justificação[51]. Urge analisar como o Direito do Trabalho deve se comportar, de agora em diante, para modificar essa situação de exclusão. É imperioso, enfim, determinar qual função assume o Direito do Trabalho moderno, após a ruptura do modelo típico de relação de emprego, de modo a tentar retirá-lo da crise em que ele se encontra atualmente submerso.

---

(49) "(...) está mudando o perfil jurídico das relações individuais e coletivas entre trabalhadores e empresas, o que implicará a reformulação do Direito do Trabalho (...)". *Op. cit.*, p. 38.
(50) Nessa mesma linha, posiciona-se Antônio Rodrigues Freitas Júnior. *in verbis*: "(...) sendo o Direito do Trabalho até aqui um sistema jurídico destinado à regulação das relações de trabalho, tendo por eixo de gravidade o trabalho subordinado típico, a crise da tipicidade ou a crise da centralidade do emprego típico implica a crise das possibilidades reguladoras do próprio Direito". *O Direito do Trabalho na era do desemprego...*, p. 103.
(51) Nas palavras de António Monteiro Fernandes: "o Direito do Trabalho encontra-se (...) numa fase longa de reponderação e reconstrução (...)". *Direito do Trabalho*, p. 32.

Capítulo II

A constitucionalização do Direito do Trabalho como solução para crise: premissas para a constitucionalização do Direito do Trabalho

1. Notas introdutórias

A crise no direito não é um fenômeno novo, nem tampouco uma prerrogativa exclusiva da disciplina trabalhista. Ela surge, como já exposto, quando os institutos de determinado ramo do direito mostram-se incapazes de explicar os fenômenos da vida social e de oferecer respostas suficientemente satisfatórias às expectativas criadas em torno desses mesmos fatos da vida cotidiana.

É possível dizer que, nos dias atuais, a crise atinge também outros ramos do direito. É o caso, por exemplo, do Direito Processual Penal, em que vêm sendo discutidas reformas estruturais em uma série de seus institutos, como a questão da maioridade penal e inúmeros aspectos da lei de execuções penais, em especial o instituto do *sursis* e do livramento condicional após cumprimento de parte da pena.

Outro ramo do direito acometido pela crise e que, aos poucos, vem se restabelecendo, é a processualística civil. É que muito se questionou o Direito Processual Civil acerca da sua capacidade de oferecer um sentimento de paz social ao final do processo, visto que seus provimentos jurisdicionais muitas vezes simplesmente não eram cumpridos na fase de execução de sentença, notadamente no que diz respeito às obrigações de pagar. O combate à crise de efetividade do processo civil vem se dando com a edição de inúmeras leis, tendo sido realizadas microrreformas na legislação processual na primeira década do século XXI.

No entanto, a crise que mais nos chamou a atenção, não só pela ameaça que representou como também – e principalmente – pela forma como vem sendo superada, foi a atravessada pelo Direito Civil a partir da segunda metade do século passado.

O Código Civil, que tinha um caráter de centralidade para a tutela da vida cotidiana – tendo ocupado por muito tempo o papel de "constituição privada"[1] –, foi aos poucos perdendo importância no ramo do Direito Civil.

---
(1) "(...) os códigos privados eram encarados como verdadeiras constituições do direito privado (isto é, estatutos que disciplinavam as relações jurídicas entre os cidadãos, com exclusão de qualquer intervenção estatal, especialmente na área econômica, regida que era pela autonomia da vontade e pela concepção individualista de propriedade privada)". FACCHINI NETO, Eugênio. Reflexões histórico-evolutivas sobre a constitucionalização do direito privado. In: SARLET, Ingo Wolfgang (org.). *Constituição, direitos fundamentais e direito privado*, p. 33.

É que o forte progresso social e o incremento das relações humanas verificados após a Segunda Guerra Mundial defasaram os institutos do Código Civil – cuja elaboração data do último quartel do século XIX – e forçaram o Poder Público a intervir mais acentuadamente na vida privada dos indivíduos. Como consequência, diversos diplomas esparsos começaram a ser editados, sendo reconhecidos como "microssistemas" de Direito Civil paralelos ao Código.

Assim é que tais diplomas apresentavam normas não só de direito material civil, mas também de direito processual e até mesmo de direito administrativo e criminal, funcionando como um sistema fechado, capaz de solucionar todos os impasses afeitos à matéria objeto de sua tutela. Representaram, assim, cidadelas que se acoplavam ao Código Civil em uma verdadeira "conurbação" jurídica. É o caso, por exemplo, da Lei de Locações, do Estatuto da Criança e do Adolescente e do Código de Defesa do Consumidor[2].

A fragmentação do Direito Civil em diversos estatutos[3] gerou, naturalmente, incertezas junto à comunidade jurídica. A evidente defasagem do antigo Código Civil de 1916 e a correlata insuficiência no oferecimento de resposta aos fenômenos modernos eram comparáveis à crise que acomete o Direito do Trabalho na atualidade.

O enfrentamento da crise do Direito Civil deu-se de maneira singela: buscou-se a retomada do compasso com a modernidade a partir da apreensão de valores superiores, apontados pela Constituição como centrais para a construção do ordenamento jurídico.

É que, tomando, assim, a Constituição Federal como novo centro de interpretação da disciplina[4], alcançava-se não só um Direito Civil com normas mais harmônicas entre si, mas, principalmente, transportavam-se para o ordenamento privado os valores constitucionais consagrados pelo nosso sistema jurídico, revitalizando, dessa maneira, toda a disciplina civilística. Além disso, os microssistemas podiam reconectar-se ao Código Civil, já que, com este movimento, todos passavam a compartilhar as mesmas premissas axiológicas constitucionais.

O sucesso dessa empreitada civilística, retratada na apertada síntese acima e que deu ensejo ao nascimento do chamado Direito Civil-Constitucional, permite afirmar hoje, sem medo de errar, que esse ramo do direito é, ao lado do próprio Direito

---

(2) Exemplos desse movimento de descodificação anteriores a 1988 são diversos. Tome-se, ilustrativamente, o próprio contrato de trabalho, outrora tutelado pelos artigos destinados a reger a locação de serviços e que passou a ser disciplinado pela CLT. No mesmo sentido, veja-se a disciplina jurídica da mulher casada (Lei n. 4.121/62), das incorporações imobiliárias (Lei n. 4.591/64), dos direitos autorais (Lei n. 5.988/73), da dissolução da sociedade conjugal e do casamento (Lei n. 6.515/77) e do usucapião de imóveis rurais (Lei n. 6.969/81).
(3) Neste particular, Eugênio Facchini Neto, em valioso estudo sobre o histórico da crise do Direito Civil e sua superação a partir da perspectiva constitucional, lembra que "a matéria privada que antes estava concentrada nos códigos civis e comerciais, passou a ser tratada em leis especiais, naquele fenômeno que foi chamado de *a era dos estatutos*". *Op. cit.*, p. 30 (grifos no original).
(4) Reconhecendo que o Código Civil havia perdido sua capacidade centralizadora da vida privada, Pietro Perlingieri afirma que "o papel unificador do sistema (...) é desempenhado de maneira cada vez mais incisiva pelo Texto Constitucional". *Perfis do Direito Civil:* introdução ao Direito Civil-Constitucional, p. 6.

Constitucional, o segmento do direito que mais impulsiona o ordenamento jurídico brasileiro para a modernidade.

Nossa proposta para a solução da crise da disciplina trabalhista é percorrer semelhante caminho. Tentaremos transportar essa experiência bem-sucedida para o Direito do Trabalho[5].

A nosso ver, a crise que asfixia o Direito do Trabalho pode ser solucionada a partir dessa nova ventilação constitucional. O convite que fazemos é emergirmos das profundezas do Direito do Trabalho para essa superfície constitucional translúcida e, uma vez lá, respirarmos novos ares, revigorarmos nossos pulmões, para, dotados de novo fôlego, mergulharmos novamente na espessura da disciplina trabalhista e nela espalharmos todo o oxigênio axiológico apreendido no caminho.

Trata-se nada mais do que seguir a linha contemporânea de constitucionalização do direito privado, "um movimento necessário para quem aspire pautar as relações privadas por parâmetros normativos substancialmente mais justos"[6]. Nesse sentido, a constitucionalização do Direito do Trabalho "tem uma importância decisiva na refundação do Direito do Trabalho e na sua sistematização"[7] sobre alicerces mais sólidos.

Essa tarefa, todavia, não dispensa um significativo esforço dogmático e metodológico para que possa ser realizada. Por este motivo, estabeleceremos, neste segundo capítulo de nosso estudo, as linhas gerais para que a releitura constitucional do Direito do Trabalho possa ser realizada. Trata-se de fincar no solo jurídico os alicerces doutrinários, sobre os quais se propõe seja erguido o edifício Trabalhista-Constitucional em nosso ordenamento.

Para tanto, estabeleceremos inicialmente algumas premissas que servirão de ponto de partida para a edificação Trabalhista-Constitucional, especialmente no que diz respeito ao reconhecimento de que a Constituição é o diploma jurídico que reflete as principais escolhas valorativas de um ordenamento. Em seguida, procuraremos transportar a importância da Constituição para o Direito do Trabalho, analisando o seu caráter de centralidade axiológica também para este ramo do direito. Ato contínuo, estudaremos a relevância dos princípios para a difusão dos valores constitucionais, reconhecendo que estes são dotados de força normativa. Finalmente, encerraremos esta Parte deste nosso trabalho com a discussão acerca da eficácia vinculante dos direitos fundamentais presentes na Constituição Federal às relações travadas entre particulares.

---

(5) José Antônio Peres Gediel, ainda que timidamente, já aponta para essa solução ao afirmar que "o conjunto de elaborações teóricas civilistas que deu novas feições às relações patrimoniais, para o Direito Privado serve também de instrumento dos direitos fundamentais, para se chegar a um tratamento a esses direitos nas relações contratuais de trabalho". A irrenunciabilidade a direitos da personalidade pelo trabalhador. In: SARLET, Ingo Wolfgang (org.). *Op. cit.*, p. 157.
(6) SARMENTO, Daniel. *Direitos fundamentais e relações privadas*, p. 77.
(7) Cf. XAVIER, Bernardo. A matriz constitucional do Direito do Trabalho. In: *III Congresso Nacional de Direito do Trabalho*. Coimbra: Memórias, 2001, p. 99 *e ss. apud* MARTINEZ, Pedro Romano. *Direito do Trabalho*, p. 176.

2. Premissas para construção de um Direito Trabalhista-Constitucional

Como visto, a construção de um Direito Trabalhista-Constitucional, embora etimologicamente já induza o jurista a percorrer os caminhos da Constituição Federal, não prescinde do estabelecimento de certas premissas metodológicas, o que nos propomos a fazer nos próximos parágrafos.

Geralmente, quando se fala em Direito Constitucional do Trabalho, a doutrina brasileira remete o leitor a debruçar-se sobre as normas presentes na Constituição Federal que tratam especificamente de matéria trabalhista. Invariavelmente, direcionam-no ao estudo do seu Título II, Capítulo II, que trata dos Direitos Fundamentais Sociais, com enfoque especial nos preceitos existentes nos arts. 7º e 8º da Constituição[8]. Assim, esmiúçam, inciso por inciso, todas as regras existentes em tais dispositivos, em uma análise positivista do direito.

Sem desmerecer esse enfoque dado pela doutrina tradicional, cremos ser possível extrair mais da Lei Maior no que diz respeito ao Direito do Trabalho[9]. Para tanto, é necessário fugir dessa proposta positivista do estudo do direito a partir puramente do elenco das regras jurídicas de Direito Trabalhista presentes na Constituição para realizarmos uma análise mais abrangente, que passa pela real compreensão dos valores abraçados pelo texto constitucional[10].

Esse deslocamento de perspectiva metodológica é inevitável nos dias atuais, em que o paradigma positivista já parece agonizar em sua tentativa de isolamento científico do direito em face da moral e das influências valorativas da sociedade.

Na verdade, já se encontra constatada a insuficiência dessa linha jusfilosófica. Atualmente, o direito clama por sentimento, por pulsação, por novamente dar os braços aos mais íntimos anseios da sociedade. Ele almeja oferecer novas respostas aos cidadãos, de acordo com uma perspectiva moral e ética.

Consequentemente, a primeira premissa que se pode estabelecer no presente trabalho é o abandono da clássica visão positivista do Direito do Trabalho para que ele passe a ser lido a partir de uma perspectiva pós-positivista[11]. Daí sugerirmos

---
(8) Vide, como exemplo dessa abordagem, Arnaldo Süssekind. *Direito Constitucional do Trabalho*, passim.
(9) Como bem aponta Pedro Romano Martinez (*Op. cit.*, p. 165) ao comentar a estrutura constitucional do trabalho em Portugal, "a Constituição representa um todo e não se podem considerar os artigos da mesma só naquele 'bloco', que respeita ao domínio laboral. A referência à 'Constituição Laboral' como conjunto de normas constitucionais que disciplinam matéria de Direito do Trabalho tem interesse, mas as normas laborais devem ser entendidas no conjunto mais vasto da Constituição, na sua globalidade".
(10) De acordo com Marthius Sávio Cavalcante Lobato, em estudo sobre o valor constitucional dos direitos sociais para as relações de trabalho, "para analisar os direitos do cidadão trabalhador, não basta simplesmente olhar os direitos constantes nos arts. 7º e 8º. Para analisar os direitos do cidadão trabalhador, deve-se aplicar os direitos constantes na 1ª geração de direitos, conjugados com os da 2ª geração de direitos". *O valor constitucional para a efetividade dos direitos sociais nas relações de trabalho*, p. 90-91.
(11) A respeito da perspectiva pós-positivista, destacamos a lição do professor Luís Roberto Barroso (*A nova interpretação constitucional:* ponderação, direitos fundamentais e relações privadas, p. 336), *in verbis*: "A superação histórica do jusnaturalismo e o fracasso político do positivismo abriram caminho para um conjunto amplo e ainda inacabado

a denominação Direito Trabalhista-Constitucional (e não simplesmente um Direito Constitucional do Trabalho), já que tal nomenclatura sugere o rompimento com a perspectiva positivista e a elevação da nossa disciplina ao compasso moral e axiológico eleito pela nova ordem democrática implementada no Brasil a partir de 1988.

Essa premissa impõe a constatação de que o ordenamento jurídico de um país reflete o contexto histórico de sua sociedade[12]. Ele é projetado para oferecer respostas às situações jurídicas existentes em dado momento, de acordo com as expectativas normativas da maioria dos cidadãos. Suas normas, via de regra, refletem os "complexos e sempre cambiantes"[13] valores eleitos pela comunidade como bons, retos e justos para o convívio harmônico.

O reconhecimento do compromisso do ordenamento com as escolhas cultural--valorativas de dada coletividade dará ensejo à constatação de que é na Constituição de uma nação – seu mais alto diploma normativo – que os principais valores eleitos pelo povo para a construção da sua sociedade estão condensados[14], fazendo coro a doutrina mais abalizada no sentido de que "não há dúvidas de que a Constituição, como norma superior de uma comunidade política, consagra e juridiciza os valores mais relevantes desta comunidade"[15].

Dessa maneira, a Constituição passa a ser entendida como *norte da bússola axiológica* de um ordenamento, irradiando esses valores para todo o sistema jurídico

---

de reflexões acerca do Direito, sua função social e sua interpretação. O *pós-positivismo* é a designação provisória e genérica de um ideário difuso, no qual se incluem a definição das relações entre valores, princípios e regras, aspectos da chamada *nova hermenêutica constitucional*, e a teoria dos direitos fundamentais, edificada sobre o fundamento da dignidade humana. A valorização dos princípios, sua incorporação, explícita ou implícita pelos textos constitucionais e o reconhecimento pela ordem jurídica de sua normatividade fazem parte desse ambiente de reaproximação entre Direito e Ética" (grifos no original).

(12) "A ordem jurídica como um todo, na qualidade de instrumento de regulação de instituições e vínculos entre pessoas, atende a fins preestabelecidos em determinado contexto histórico. Sendo as regras de diplomas jurídicos resultado de processos políticos bem-sucedidos em determinado quadro sociopolítico, tendem a corresponder ao estuário cultural hegemônico ou, pelo menos, importante no desenrolar de seu processo criador. Todo Direito é, por isso, finalístico, à proporção que incorpora e realiza um conjunto de valores socialmente considerados relevantes". DELGADO, Mauricio Godinho. *Capitalismo, trabalho e emprego...*, p. 121. No mesmo sentido, Celso Ribeiro Bastos e Samantha Meyer-Pflug, *in verbis*: "As mudanças e as transformações ocorridas no seio da sociedade interferem diretamente no ordenamento jurídico, que deve, por sua vez, acompanhar essas alterações". A interpretação como fator de desenvolvimento e atualização das normas constitucionais. In: SILVA, Virgílio Afonso da (org.). *Interpretação constitucional*, p. 145.

(13) Cf. BARBAGELATA, Héctor-Hugo. *O particularismo...*, p. 93.

(14) Endossando o caráter condensador de escolhas éticas, culturais e valorativas desempenhado pela Constituição, Celso Ribeiro Bastos e Samantha Meyer-Pflug, (*Op. cit.*, p. 147) destacam que "do ponto de vista material a constituição pode ser concebida como o resultado de forças políticas, econômicas, sociais, culturais, ideológicas, dentre outras, que tem por finalidade conformar a realidade social de um determinado Estado". Na mesma linha, vide Maria Celina Bodin de Moraes, O conceito de dignidade humana: substrato axiológico e conteúdo normativo. In: SARLET, Ingo Wolfgang (org.). *Op. cit.*, p. 108.

(15) SARMENTO, Daniel. *Op. cit.*, p. 152. O mesmo autor aponta que as constituições "condensam valores que devem gerar unidade e coesão social, e que servem de pauta para os movimentos sociais que reivindicam a sua efetivação. São o estandarte de certas lutas e ideias caras à cultura e à história de um povo, portando um apelo emotivo e agregador" (*ibidem*, p. 74). Na mesma linha, ele destaca que os valores consagrados constitucionalmente não são aqueles históricos, próprios do jusnaturalismo, mas sim "valores que possuem uma dimensão cultural e que se integram à consciência ético-jurídica de uma comunidade histórica concreta" (*ibidem*, p. 149).

construído abaixo dela. A compreensão e aceitação desse papel de aglutinação de valores e de compromissos culturais e históricos desempenhado pela Lei Maior representam a segunda premissa sobre a qual construiremos nosso raciocínio.

Com base nela, constata-se que a Constituição ao mesmo tempo *legitima* e *justifica* a construção do ordenamento jurídico, devendo todo o direito ser *criado*, *interpretado* e *aplicado* em consonância com seus ditames, operando-se, assim, uma verdadeira "filtragem constitucional"[16] do direito.

Dito de outra forma, as normas criadas abaixo da Constituição devem, a todo momento, refletir as escolhas valorativas consagradas pelo texto constitucional. A criação de regras em descompasso com tais escolhas eiva-las-á de inconstitucionalidade. Igualmente, a aplicação de outras – preexistentes a uma dada ordem constitucional e que *a priori* com ela não conflitam – com base em perspectivas e premissas dissonantes dos referidos valores também configurará uma afronta à Lei Maior e, por isso, dará ensejo à não recepção da norma aplicada ao caso concreto pela nova ordem constitucional.

Assim, na interpretação do direito infraconstitucional se faz necessário o compromisso com as escolhas axiológicas constitucionais. Daí ser possível falar no instituto da "interpretação conforme a Constituição" para corrigir distorções hermenêuticas praticadas sobre o direito privado[17], as quais acontecem especialmente nos casos de edição de Constituições novas, contrastando com normas infraconstitucionais a elas antecedentes[18], fenômeno recorrente na experiência brasileira após 1988, que se viu obrigada a compatibilizar a CLT e demais diplomas então existentes com a nova ordem constitucional estabelecida a partir de então.

Essa linha de raciocínio nos leva, assim, a adotarmos uma inarredável terceira premissa no desenvolvimento deste estudo: a interpretação conforme a Constituição deverá ser utilizada para evitar que o direito privado seja aplicado de maneira colidente com os princípios e valores elevados ao epicentro axiológico do ordenamento.

Assim compreendida, essa linha de interpretação imporá "ao operador do direito que, diante da ambiguidade de determinada disposição legal, opte pela exegese que torne esta norma compatível com a Constituição, mesmo que não seja a resultante da exegese mais óbvia do preceito"[19].

---

(16) Cf. ALMEIDA, Renato Rua de. *A teoria da empresa e a regulação da relação de emprego no contexto da empresa*. p. 579.
(17) Em recente obra publicada no Brasil, Pietro Perlingieri (*O Direito Civil na legalidade constitucional*, p. 572-573) aponta para a interpretação constitucional da legislação ordinária como caminho a ser percorrido na leitura do ordenamento infraconstitucional. Entre nós, Daniel Sarmento defende ser possível ao Poder Judiciário, no caso concreto, aplicar diretamente a Constituição "quando inexistir regra ordinária específica tratando da matéria, ou quando a aplicação da mesma revelar-se em descompasso com as normas e valores constitucionais" (*Op. cit.*, p. 284).
(18) "(...) toda a legislação infraconstitucional (civil, penal, processual, econômica etc.), muitas vezes editada em contexto axiológico diverso, mais individualista ou mais totalitário, terá de ser revisitada pelo operador do direito, a partir de uma nova perspectiva, centrada na Constituição e em especial nos direitos fundamentais que esta consagra. Trata-se o fenômeno da *filtragem constitucional*, que exige do aplicador do direito uma nova postura, voltada para a promoção dos valores constitucionais em todos os quadrantes do direito positivo". SARMENTO, Daniel. *Op. cit.*, p. 156 (grifo no original).
(19) *Ibidem*, p. 155. Nessa mesma linha, Eduardo Facchini Neto, aludindo a Gerhard Walter, aponta que "entre

Desse modo, as regras materiais de Direito do Trabalho e sua aplicação a casos concretos serão constantemente submetidas ao crivo constitucional no desenvolvimento do presente trabalho[20]. Elas serão reinterpretadas para que delas se extraia o sentido que melhor coaduna com a proposta axiológica da Constituição de nossa República[21].

Finalmente, cabe ainda a fixação de uma quarta e última premissa sobre a proposta de "constitucionalização" do Direito do Trabalho.

Quando nos referimos a uma "modernização" do Direito do Trabalho ou à adoção de um Direito Trabalhista-Constitucional, não estamos propondo a criação de novas normas de direito material ou a ruptura com qualquer uma das já existentes. O ordenamento positivado mantém-se intacto. Não se está a propagar uma reforma legislativa da disciplina, embora não ignoremos que uma profunda revisão das leis trabalhistas seria medida extremamente bem-vinda, em especial na área do Direito Coletivo do Trabalho.

Sem embargo, nossa intenção neste estudo – isto sim – é somente criar um marco divisório entre o Direito do Trabalho construído sobre a estrutura típica de emprego – que denominaremos Direito do Trabalho "Clássico" ou "Tradicional" – e uma nova forma de pensar a disciplina com vistas àqueles fenômenos desencadeados a partir dos anos de 1970 – crises econômicas, Revolução Tecnológica, globalização – e que se alastram ainda nos dias de hoje.

Portanto, compreendidas as premissas traçadas acima – quais sejam, (a) a necessidade de adoção de uma postura pós-positivista no estudo do Direito do Trabalho diante da superação do paradigma positivista; (b) a compreensão de que a Constituição de determinado país agrega as escolhas valorativas vigentes na sociedade e que, por este motivo, todo o direito infraconstitucional deve respeito a tais valores; (c) a necessidade de correção de distorções interpretativas das normas de direito privado quando a aplicação destas não reflita as escolhas constitucionais – correção que se obtém a partir da interpretação conforme a Constituição e (d) a desnecessidade de se

---

muitas possibilidades de interpretação, todas conformes à Constituição, deve-se escolher aquela em que a eficácia dos direitos fundamentais encontra sua máxima expressão" (*Reflexões histórico-evolutivas....* In: SARLET, Ingo Wolfgang (org.). *Op. cit.*, p. 38).

(20) Na visão de E. García de Enterría, "a supremacia da Constituição sobre todas as normas e o seu caráter central na construção e na validade do ordenamento jurídico em seu conjunto obrigam o intérprete a levar isso em consideração em qualquer momento da sua aplicação – seja pelos operadores públicos ou privados, seja da parte dos tribunais ou dos órgãos legislativos ou administrativos – quer quando haja provisões específicas sobre a matéria de que se trata, quer quando o resultado hermenêutico possa ser buscado apenas com base em disposições principiológicas. Isso seria uma consequência derivada do caráter normativo da Constituição e do seu nível supremo". ENTERRÍA, Eduardo García de. La constituzione come norma giuridica. In: ENTERRÍA, E. García de; PREDIERI, Alberto (org.). *La Constituzione Spagnola del 1978*. Milano: Giuffrè, 1982, p. 71-131 *apud* SARLET, Ingo Wolfgang (org.), cit., p. 37.

(21) A interpretação das normas de Direito do Trabalho em conformidade com a Constituição é comentada em países como Portugal, onde Pedro Romano Martinez lembra que "a interpretação de normas de direito privado num sentido conforme à Constituição não é específica do Direito do Trabalho, pois advém da primazia de Lei Fundamental; mas, no caso concreto, decorre da proliferação de regras constitucionais em sede laboral, que têm de ser aplicadas e da necessidade de desenvolvimento deste ramo do direito num sentido conforme à Constituição" (*Op. cit.*, p. 175-176).

operar reformas profundas na legislação trabalhista para que a sua leitura possa ser revitalizada –, passaremos a analisar o papel de centralidade ocupado pela Constituição Federal no ordenamento trabalhista.

3. A Constituição como vértice valorativo do ordenamento trabalhista

Como visto, o ordenamento jurídico de cada país reflete os valores e as pretensões normativas existentes na sociedade em determinado contexto histórico[22]. Mas esses valores e expectativas modificam-se com o passar do tempo. O que antes podia ser inaceitável para o convívio social pode passar a ser admitido com o passar do tempo, a partir de modificações de conceitos, quebras de tabus e transformações culturais.

Tome-se como exemplo o novo tratamento conferido aos usuários de drogas a que se refere a Lei n. 11.343/06. Até pouco tempo, a maior parte da sociedade condenava as pessoas que utilizavam entorpecentes – como boa parte continua a condenar. Mas a edição dessa lei, notadamente no que diz respeito às novas sanções impostas aos usuários, reflete uma maior tolerância da sociedade brasileira ao consumo de drogas e a tendência a tratar o assunto como caso de saúde pública e não de polícia.

Exemplos de alterações de valores na sociedade como o acima relatado são inúmeros no Brasil. Basta lembrar que pouco mais de cinquenta anos atrás as mulheres casadas eram consideradas relativamente incapazes, não se admitia o divórcio e a maioridade civil somente se atingia aos 21 anos de idade.

Infelizmente a modificação das preferências culturais da sociedade ao longo desse período pouco refletiu na forma de estudar o Direito do Trabalho. Ressalvados raros momentos – como a reinterpretação dada pela jurisprudência ao art. 482, "f" da CLT, enquadrando a embriaguez habitual como doença e não mais como uma falta ensejadora da ruptura contratual –, a nossa disciplina continua adotando um raciocínio jurídico com valores próprios de uma sociedade pré-tecnológica.

Não se vê significativa evolução da doutrina e da jurisprudência no tocante a importantes temas atuais, como é o caso de fenômenos como o desemprego e o acirramento da concorrência decorrente da globalização. A impressão que se tem é que os estudiosos do Direito do Trabalho veem tais fenômenos como "exteriores" à disciplina trabalhista, numa inútil tentativa de isolamento diante da realidade que chega a cegar os olhos[23].

---

(22) Para uma visão abrangente a respeito da Jurisprudência dos Valores e da irradiação dos valores sobre o ordenamento jurídico, vide LARENZ, Karl. *Metodologia do Direito*, p. 163 e ss.
(23) Nesse sentido, posiciona-se Aldacy Rachid Coutinho (*Op. cit.*, p. 170), que defende que creditar ao desemprego e ao custo do trabalho a crise do Direito do Trabalho "não passam de argumentos retóricos a legitimar as mudanças". Para a autora, "o desemprego é fenômeno de causa multifacetária e externo ao direito, o qual se limita a regular a tomada de força de trabalho". Objetamos, contudo, esse ponto de vista, já que não podemos tratar o desemprego sob uma perspectiva externa ao direito. Aliás, o Direito do Trabalho não se fundamenta justamente na premissa fático-econômica da existência de empregos? A aniquilação deles é, portanto, fenômeno sobre o qual o estudioso do direito

A verdade é que o estudo do Direito do Trabalho não adentrou a era da informação. Embora novas leis tenham sido editadas desde a ruína do modelo típico de trabalho, a forma de estudá-las, aplicá-las e interpretá-las conservou as premissas da sustentabilidade econômica do modelo típico de emprego, tratando os novos formatos de trabalho e as novas estruturas empresariais como se fossem aquelas desenvolvidas na grande indústria hierarquizada de produção em série surgida pós-Revolução Industrial.

Mas a realidade é que o Brasil não ficou alheio às mudanças ocorridas no mundo, sendo agora imperioso trazer o Direito do Trabalho para a modernidade pluralista pós-tecnológica e injetar os novos valores presentes na sociedade nos antigos institutos de Direito do Trabalho.

Como fazê-lo?

Ora, se o ordenamento jurídico condensa os valores e expectativas normativas de uma sociedade, o melhor lugar para buscar o substrato axiológico de uma nação é em sua Constituição Federal.

Como ela ocupa o vértice da pirâmide hierárquica de Kelsen, todo o arcabouço legal que se encontra abaixo dela deve espelhar as suas normas e refletir as escolhas de valores que ela ensina terem sido adotados pelo país. A aplicação de qualquer norma legal que se mostrar em contradição com a Constituição será, assim, contrária ao próprio ordenamento jurídico e, por isso, inaceitável ao direito.

É neste ponto que se faz absolutamente necessário corrigir uma distorção acerca da maneira como vêm sendo estudadas as fontes do Direito do Trabalho, notadamente no que diz respeito à posição relegada à Constituição frente ao ordenamento trabalhista.

Ensina-se nas universidades que o Direito do Trabalho é dotado de dois gêneros de fontes: fontes heterônomas e fontes autônomas. Aquelas seriam as produzidas por atores externos à relação de trabalho, enquanto estas seriam as criadas pelos agentes dessa relação. A principal entre as fontes heterônomas seria a Constituição Federal, seguida pela lei e diplomas infralegais. Entre as fontes autônomas, destacar-se-iam as normas produzidas a partir da negociação coletiva de trabalho, as pactuadas individualmente pelas partes e as impostas pelo empregador por meio de regulamento.

Ainda segundo a maior parte da doutrina trabalhista, em caso de conflito entre dois diplomas, sejam eles de origem autônoma ou heterônoma, deverá sempre prevalecer aquele que for mais favorável ao empregado, não existindo, assim, uma fonte hierarquicamente superior a outra *a priori*.

---

tem a obrigação de se debruçar, mormente se se constata que as regras jurídicas existentes não são suficientes para mantê-los em patamar satisfatório para os cidadãos. Demais disso, o que é o direito, senão o reflexo dos acontecimentos culturais, econômicos, sociais e políticos de dada comunidade? Não há como concebê-lo afastado da realidade social. E, sendo o desemprego um dado concreto (e relevantíssimo) na sociedade, é tarefa do direito ocupar-se de seu estudo e construir uma estrutura jurídica capaz de solucioná-lo.

Tome-se como exemplo dessa posição a lição de Mauricio Godinho Delgado, para quem

> (...) a pirâmide normativa constrói-se de modo plástico e variável, elegendo para seu vértice dominante a norma que mais se aproxime do caráter teleológico do ramo justrabalhista. À medida que a matriz teleológica do Direito do Trabalho aponta na direção de conferir solução às relações empregatícias segundo um sentido social de restaurar, hipoteticamente, no plano jurídico, um equilíbrio não verificável no plano da relação econômico-social de emprego – objetivando, assim, a melhoria das condições socioprofissionais do trabalhador –, prevalecerá, tendencialmente, na pirâmide hierárquica, aquela norma que melhor expresse e responda a esse objetivo teleológico central justrabalhista. Em tal quadro, a hierarquia de normas jurídicas não será estática e imutável, mas dinâmica e variável, segundo o princípio orientador de sua configuração e ordenamento. O princípio direcionador basilar do Direito do Trabalho, que melhor incorpora e expressa seu sentido teleológico constitutivo, é, como visto, o princípio da norma mais favorável ao trabalhador. (...) O vértice da pirâmide normativa, variável e mutável (...) não será a Constituição Federal ou a lei federal necessariamente, mas a norma mais favorável ao trabalhador[24].

A eleição do critério da norma mais favorável como vértice da pirâmide hierárquica trabalhista representa, todavia, um grave engano, que se credita a uma série de razões. A primeira delas é remeter o estudioso do Direito do Trabalho a uma análise casuística das fontes dessa disciplina. Relega-se ao juiz a tarefa de concretizar a prevalência hierárquica das fontes, quando na verdade essa hierarquia deveria, desde o início, ser posta de forma científica pela doutrina, a partir de esquemas capazes de conferir um mínimo de segurança jurídica ao ordenamento. Note-se que a situação de insegurança se potencializa quando tratamos de normas de origem autônoma, cuja vigência é geralmente precária. Tal fato conduz – a se concordar com essa concepção de prevalência da norma mais favorável – a um sistema de hierarquia de fontes cambiante a todo o momento.

Aliada a essa primeira razão vem outra, de ordem valorativa. É que o conceito de "mais favorável" é necessariamente aberto e indeterminado: o que é mais favorável para uns pode não ser para outros. Portanto, o critério do *favor laboratoris* aqui em nada ajuda à construção de uma teoria com caráter científico apta a conferir segurança ao estudo da teoria das fontes no Direito do Trabalho.

---

(24) *Curso de Direito do Trabalho*, p. 178. No mesmo sentido, posiciona-se Alice Monteiro de Barros (*Curso de Direito do Trabalho*, 2006, p. 122): "Possui relevância no exame da hierarquia das fontes a prevalência da norma mais favorável ao empregado, a qual torna maleável a hierarquia apresentada. Isso significa que deve ser aplicado o instituto que proporcione melhores condições para o empregado, ainda que contidos em norma de hierarquia inferior. Esse é o traço de originalidade que marca o Direito do Trabalho".

Mas o terceiro e principal motivo para o equívoco cometido no estudo dessa teoria é uma compreensão distorcida das normas constitucionais pelo Direito do Trabalho.

A Constituição Federal define parâmetros do que é e do que não é aceitável para vigorar em um ordenamento jurídico. Ela funciona como uma moldura[25], sendo certo que o que está fora de seus limites necessariamente está fora do direito nacional. Ao se remeter ao critério do *favor*, a doutrina tradicional faz uma análise simplista dos contornos constitucionais de um ordenamento.

Pensemos um acordo coletivo de trabalho em que as partes concordem que os empregados poderiam invadir um imóvel, pertencente a um terceiro não envolvido nas negociações, situado ao lado do local onde o empregador desenvolve suas atividades, e utilizá-lo para suas residências. Esse acordo coletivo é uma fonte autônoma que concede ao trabalhador um benefício (residência) aparentemente mais favorável do que a lei. Mas, a toda evidência, seu conteúdo é inaplicável, pois viola o direito constitucional de propriedade (do dono do prédio que se situa ao lado do local de trabalho). Logo, não prevalecerá diante da Constituição Federal, embora seja, em tese, mais favorável ao interesse dos empregados.

Outro exemplo: uma convenção coletiva de trabalho que determina a concessão de um 14º salário aos trabalhadores da categoria representada. Se as diretorias dos sindicatos signatários da convenção não tiverem convocado os associados para votação da pauta de reivindicações e assinarem a convenção arbitrariamente, a norma coletiva em questão, embora mais benéfica aos empregados, sucumbirá diante da violação às normas da CLT que regem as formalidades para a votação de convenções coletivas, ou diante das normas de Direito Civil, que prezam pela obediência dos estatutos das pessoas jurídicas de direito privado. A lei, também nesse caso, prevalecerá sobre a norma coletiva, embora esta seja a fonte mais benéfica aos trabalhadores no caso analisado.

Finalmente, suponhamos que o Brasil venha a editar uma Constituição dirigente que contenha uma norma determinando que a fixação de salários somente deva ocorrer por meio de lei. Neste caso, um instrumento coletivo de trabalho que eventualmente reajuste os salários da categoria, ainda que em patamar superior ao legal, tampouco prevaleceria diante do comando proibitivo constitucional[26].

Portanto, vê-se que a teoria das fontes do Direito do Trabalho vem há muito tempo cometendo um equívoco no que tange à análise da hierarquia das fontes.

---

(25) Cf. SILVA, Virgílio Afonso da. *A constitucionalização do direito*: os direitos fundamentais nas relações entre particulares, p. 116 e ss.
(26) Ressalte-se, a bem da verdade, que Mauricio Godinho Delgado (*Op. cit.*, p. 179) excetua da regra do favor as hipóteses de normas restritivas oriundas do Estado. Sem embargo, esta ressalva não o isenta o equívoco de retirar, *a priori*, a Constituição Federal do norte do ordenamento jurídico trabalhista.

Este erro se deve, em parte, à estrutura material das fontes heterônomas de nosso ordenamento, que estabelecem, geralmente, *conteúdos de observância mínima*, cujo preenchimento pode ser complementado por fontes inferiores[27]. Diante dessa estrutura, normas inferiores que dispõem *in pejus* ao trabalhador são tidas como ineficazes. Mas o motivo dessa ineficácia não é o fato de serem "menos favoráveis" e sim o fato de conflitarem com uma fonte hierarquicamente superior, que determina que a inferior não pode conceder menos privilégios.

Caso, todavia, a estrutura material das normas fosse outra ou, quem sabe, venha a no futuro ser modificada – por exemplo, se forem editadas normas heterônomas proibitivas, como é o caso da vedação de fixação de salários por meio de negociação coletiva – as normas "mais favoráveis" poderão ser afastadas em favor de normas hierarquicamente superiores, mas "menos favoráveis".

Assim, a hierarquia das fontes do Direito do Trabalho segue *exatamente a mesma escala hierárquica da teoria das fontes do direito comum*[28]. Vigora a supremacia da Constituição Federal também em âmbito trabalhista, seguindo-se abaixo dela as leis, regulamentos, diplomas inferiores e as fontes autônomas. Essa supremacia "confere à Lei Maior o caráter paradigmático e subordinante de todo o ordenamento, de forma tal que nenhum ato jurídico possa subsistir validamente no âmbito do Estado se contravier seu sentido"[29].

Desse modo, nenhuma das fontes hierarquicamente inferiores – inclusive a CLT – pode afastar-se dos comandos constitucionais, sob pena de serem excluídas do ordenamento, por via de declaração de inconstitucionalidade. Como bem lembra *Pietro Perlingieri*, não se trata mais de uma livre escolha, mas de uma "obrigação (...) imposta aos juristas de levar em consideração a prioridade hierárquica das normas constitucionais, sempre que se deva resolver um problema concreto"[30].

Compreendida a prevalência da Constituição Federal também na hierarquia das fontes do Direito do Trabalho, uma releitura constitucional dessa disciplina mostra-se, mais do que possível, essencial no presente momento histórico, ao se constatar que a Consolidação das Leis do Trabalho – principal diploma normativo da nossa disciplina – foi editada no ano de 1943, sob outra égide constitucional. Isso faz com que ela positive regras editadas à luz de outros valores que não os atuais, refletindo um mundo ainda relativamente estabilizado sobre o modelo típico de trabalho.

---

(27) Tome-se como exemplo o *caput* do art. 7º da Constituição Federal, que utiliza expressão "além de outros que visem à melhoria de sua condição social" e os arts. 444 e 620 da CLT.
(28) Da mesma forma o é no direito português, conforme preceitua Pedro Romano Martinez: "O conflito de normas em Direito do Trabalho é solucionado com recurso à hierarquia estabelecida em moldes idênticos ao dos outros ramos do direito. E, assim, o primeiro lugar é ocupado pelas normas constitucionais, depois as regras de direito internacional geral e convencional, em terceiro lugar as normas emanadas de órgãos estaduais, na sua ordem normal (leis da Assembleia da República e decretos-leis do Governo, decretos, portarias, etc.), em quarto lugar os instrumentos de regulamentação colectiva de trabalho e, por último, se houver omissão no contrato de trabalho, os usos da profissão e da empresa". *Direito do Trabalho*, p. 265.
(29) BARROSO, Luís Roberto. *Interpretação e aplicação da Constituição*, p. 109.
(30) *Perfis do Direito Civil...*, p. 5.

Já a Constituição de nossa República foi promulgada 55 anos depois, em plena Revolução Tecnológica, quando já sofríamos graves problemas derivados de crises econômicas estruturais que desencadeavam o fenômeno inflacionário, o desemprego e a recessão econômica. É inegável, portanto, que os valores consagrados constitucionalmente estão muito mais em compasso com a modernidade do que aqueles abraçados pela Consolidação e podem fecundar o Direito do Trabalho "com os ideais igualitários e solidaristas entranhados no tecido constitucional, impondo uma releitura, sob nova ótica, de conceitos e institutos tradicionais, elaborados em outro contexto social e axiológico"[31].

Tais valores, eleitos pela Constituição Federal como sendo basilares para a construção do ordenamento jurídico, são encontrados, principalmente, no seu vasto acervo principiológico[32], notadamente presentes no elenco dos direitos e garantias fundamentais[33]. Não é à toa que Luís Roberto Barroso defende que os princípios constitucionais "são a síntese dos valores mais relevantes da ordem jurídica" e "consubstanciam as premissas básicas" dessa mesma ordem jurídica, "irradiando-se por todo o sistema"[34].

Note-se que a compreensão desse caráter central dos princípios é de primordial importância[35] para a abordagem pós-positivista que se pretende fazer da disciplina trabalhista neste estudo, porquanto "uma perspectiva principalista da Constituição conduz, necessariamente, a uma abertura da argumentação constitucional para a dimensão moral"[36], dimensão esta ínsita à concepção pós-positivista do direito.

Dessa forma, é somente analisando os princípios existentes no texto constitucional que se consegue dele extrair as escolhas feitas por nosso Estado Democrático de Direito como pilares para a construção da sociedade brasileira[37].

---

(31) SARMENTO, Daniel. *Direitos fundamentais...*, p. 70.
(32) Celso Ribeiro Bastos e Samantha Meyer-Pflug (A interpretação como fator..., In: SILVA, Virgílio Affonso da. (org.). *Interpretação constitucional...*, p. 153) apontam que os princípios "veiculam as aspirações máximas de uma sociedade e seus valores primordiais". Na mesma linha, Luís Roberto Barroso (*Interpretação e aplicação...*, p. 141) destaca que "Os princípios constitucionais são as normas eleitas pelo constituinte como fundamentos ou qualificações essenciais da ordem jurídica que institui". Na seara trabalhista, Alessandro Severino Valle Zenni e Cláudio Rogério Teodoro de Oliveira ((Re)Significação dos princípios de Direito do Trabalho, p. 56) endossam o entendimento de que "os valores (...) vão figurar como núcleo de um princípio, e por isso se diz que ambos se complementam e se intrincam".
(33) "A passagem a uma 'Jurisprudência de valoração' só cobra, porém, o seu pleno sentido quando conexionada na maior parte dos autores com o reconhecimento de valores ou critérios de valoração 'supralegais' ou 'pré-positivos' que subjazem às normas legais e para cuja interpretação e complementação é legítimo lançar mão, pelo menos sob determinadas condições. Pode-se a este propósito invocar os valores positivados nos direitos fundamentais (...)". LARENZ, Karl. *Op. cit.*, p. 167.
(34) *Interpretação e aplicação...*, *Op. cit.*, p. 142-143.
(35) A relevância dos princípios também para a área trabalhista é destacada por Alessandro Severino Valle Zenni e Cláudio Rogério Teodoro de Oliveira. *Op. cit.*, p. 58-59.
(36) SARMENTO, Daniel. *Op. cit.*, p. 152-153.
(37) A esse respeito, Maria Celina Bodin de Moraes assevera que "se a normativa constitucional está no ápice de um ordenamento jurídico, os princípios nela presentes se tornam, em consequência, as normas diretivas, ou normas-princípio, para a reconstrução do sistema de Direito Privado". E a autora arremata que "são os valores expressos pelo legislador constituinte", manifestados por meio desses princípios, "que devem informar o sistema como um todo. Tais valores, extraídos da cultura, isto é, da consciência social, do ideal ético, da noção de justiça presentes na sociedade, são, portanto, os valores através dos quais aquela comunidade se organizou e se organiza". *O conceito de dignidade humana...*, In: SARLET, Ingo Wolfgang (org.). *Constituição, direitos fundamentais...*, p. 107.

Antes, porém, de localizarmos quais princípios constitucionais servirão de propulsores para a constitucionalização do Direito do Trabalho – tarefa com a qual nos ocuparemos no Capítulo III deste trabalho –, convém compreender a estrutura jurídica dos princípios, notadamente no que diz respeito à normatividade de que eles são dotados na ordem constitucional brasileira.

4. Os princípios como normas

Embora não seja objeto deste trabalho o aprofundamento na rica disciplina dos princípios – estudo que nos demandaria longas linhas aqui não disponíveis –, não há como nos furtarmos a uma brevíssima compreensão sobre a normatividade dos princípios, uma vez que tal constatação é um dos degraus a serem escalados para viabilizar a incidência dos ditames constitucionais sobre os institutos de Direito do Trabalho.

No passado, era comum negar-se eficácia normativa aos princípios. Eles eram concebidos como meras fontes de inspiração jurídica, que teriam uma "dimensão puramente axiológica, ética, sem eficácia jurídica ou aplicabilidade direta e imediata"[38]. Dentro dessa perspectiva positivista, os princípios (compreendidos como princípios gerais do direito) não possuíam força normativa e somente podiam ser invocados na hipótese de não existir uma norma positivada para tutelar determinada conduta[39]. Possuíam, assim, um caráter supletivo, funcionando como um último recurso para o preenchimento das lacunas jurídicas.

Assim é que, comprovando o caráter absolutamente periférico dos princípios na ultrapassada perspectiva positivista do direito, o art. 4º da Lei de Introdução ao Código Civil (Decreto-Lei n. 4.657/42) apenas autorizava o recurso a estes quando a analogia e os costumes houvessem fracassado na tentativa de suprir uma omissão legislativa. A mesma linha de raciocínio – que, a nosso ver, deve ser abandonada[40], pois já não mais se sustenta nos dias atuais diante da força normativa dos princípios, notadamente os constitucionais – pode ser encontrada também na CLT, no *caput* do seu art. 8º.

Não obstante, a teoria pós-positivista, que atualmente prevalece, encontra nos princípios uma relevância fundamental, principalmente devido ao reconhecimento da absoluta importância que o conteúdo material existente nas proposições principiológicas possui para qualquer ordenamento jurídico. Assim é que não mais se nega

---

(38) BARROSO, Luís Roberto. *A nova interpretação constitucional*..., p. 337.
(39) "É verdade que o positivismo não renegava completamente os princípios. No entanto, atribuía a eles uma função meramente subsidiária e supletiva na ordem jurídica. (...) Nesse contexto, não se lhes reconhecia o caráter de norma jurídica, mas de meio de integração do Direito, cuja utilização caberia apenas nas hipóteses de lacuna". SARMENTO, Daniel. *Op. cit.*, p. 81.
(40) Nosso posicionamento é endossado por Héctor-Hugo Barbagelata, in verbis: "Assim é que se tem podido afirmar com razão que os princípios do Direito do Trabalho não só tendem a cobrir casos qualificáveis como *vazio jurídico*, mas que também surgem e se desenvolvem para reajustar 'moldes jurídicos inadequados à proteção dos trabalhadores e, mais simplesmente, para restabelecer a eficácia da regra de direito'". *O particularismo*..., p. 98 (grifo no original).

que os princípios jurídicos sejam enquadrados na categoria das normas jurídicas, aptas a produzir efeitos no campo concreto[41], já se encontrando "superada a distinção que outrora se fazia entre norma e princípio"[42].

Com efeito, atualmente, são inseridas na categoria das normas constitucionais tanto as normas-disposição, também denominadas "regras", quanto as normas-princípio, ou simplesmente "princípios", sendo certo que, para análise do tema, adotaremos a diferenciação proposta por Ronald Dworkin[43] e aprimorada por Robert Alexy[44], que diferencia ambas as modalidades de normas a partir de suas estruturas.

De acordo com a obra de Dworkin, princípios seriam *standards* de conduta, normas finalísticas que representam metas a serem alcançadas pelo ordenamento. Segundo Humberto Ávila[45], eles condensam valores que carecem de concretização prática. Canotilho refere-se a eles como "núcleos de condensações"[46], enquanto Alexy os denomina "mandamentos de otimização", que deverão ser concretizados na maior medida do possível[47].

Por sua vez, as regras seriam comandos destinados diretamente à tutela de situações concretas. Representam normas que regem a conduta humana, de acordo com uma estrutura pronta e acabada. Elas seriam construídas a partir de uma hipótese geral e abstrata ("se") a qual, uma vez verificada na prática, ensejaria a consequência nela especificada ("então").

A diferença estrutural entre regras e princípios é mais claramente visualizada no momento da sua aplicação. As primeiras aplicam-se de acordo com a modalidade *all or nothing* (tudo ou nada)[48]. Isto significa que, em caso de conflito entre duas regras, apenas uma será aplicada e sua incidência será integral, excluindo-se todas as outras regras que com ela concorram no caso concreto. A escolha da única regra de aplicação possível para a hipótese se dá de acordo com esquemas construídos com base na hierarquia das normas: regras posteriores preferem às regras anteriores; regras especiais preferem às regras genéricas; regras superiores preferem às regras inferiores etc.

---

(41) Vide, a esse respeito, Pietro Perlingieri. *O Direito Civil na legalidade constitucional*, p. 580.
(42) BARROSO, Luís Roberto. *Interpretação e aplicação...*, p. 141.
(43) *Levando os direitos a sério*, passim.
(44) *Teoria dos direitos fundamentais*, p. 85 e ss.
(45) Cf. *Teoria dos princípios*: da definição à aplicação dos princípios jurídicos, p. 81.
(46) CANOTILHO, J.J. Gomes; MOREIRA, Vital. *Fundamentos da Constituição*. Coimbra: Coimbra Editora, 1991, p. 49 *apud* SILVA, Virgílio Afonso da. *A constitucionalização do direito...*, p. 36.
(47) "O ponto decisivo na distinção entre regras e princípios é que princípios são normas que ordenam que algo seja realizado na maior medida possível dentro das possibilidades jurídicas e fáticas existentes. Princípios são, por conseguinte, mandamentos de otimização, que são caracterizados por poderem ser satisfeitos em graus variados e pelo fato de que a medida devida de sua satisfação não depende somente das possibilidades fáticas, mas também das possibilidades jurídicas". In: *Teoria...*, p. 90.
(48) Embora não seja comum, é possível localizar alguns autores trabalhistas já preocupados com a distinção entre princípios e regras. É o caso de Alice Monteiro de Barros (*Curso...*, p. 165-166), *in verbis*: "Nossa conclusão é no sentido de que a norma (vista como o dever-ser) abrange tanto os princípios como as regras. Estes se distinguem por meio de vários critérios apontados pela doutrina, entre os quais destacamos: a) as regras prescrevem atos relativamente específicos, e os princípios atos inespecíficos; b) os princípios não podem gerar direito subjetivo, ao contrário das regras que geram esses direitos e podem ser aplicadas diretamente; c) os princípios contêm uma enunciação ampla, sendo, portanto, abstratos, enquanto as regras são concisas".

Já os princípios não são excludentes entre si. Mais que possível, é comum que mais de um deles seja aplicável simultaneamente a um determinado caso concreto. Nas hipóteses em que dois ou mais princípios encontrem-se em conflito, não necessariamente haverá uma máxima apriorística capaz de determinar o afastamento, como regra, de um deles para a aplicação do princípio conflitante. A solução se dá, ao contrário, a partir do sopesamento de valores, por meio das regras de ponderação de interesses de acordo com as condições fáticas apresentadas no caso concreto[49]. Com efeito, um dos princípios terá "precedência em face de outro sob determinadas condições. Sob outras condições a questão da precedência pode ser resolvida de forma oposta"[50].

Por representarem vetores axiológicos[51] e funcionarem como cânones interpretativos de todo o ordenamento, o legislador constituinte optou por inserir os princípios no texto constitucional. Ali eles desempenham importantes papéis.

Em primeiro lugar, os princípios constitucionais inspiram a produção e aplicação de todo o direito, o qual somente passa a ser válido quando lido de acordo com seus valores condicionantes[52]. Daí decorre sua chamada "eficácia interpretativa", que "consiste em orientar a interpretação das regras em geral (constitucionais e infraconstitucionais[53])".

Ao lado dessa eficácia interpretativa, destaca-se, ainda, o papel criativo de direitos subjetivos por parte dos princípios constitucionais[54] – como é o caso, por exemplo, da garantia ao devido processo legal (art. 5º, LIV) ou do direito à irredutibilidade salarial (art. 7º, VI) – em uma manifestação do que Luís Roberto Barroso denomina "eficácia jurídica positiva"[55].

Os princípios constitucionais dotados dessa eficácia criativa de direitos localizam-se, em sua grande maioria, no rol dos direitos e garantias fundamentais da Constituição Federal[56].

A compreensão dessa realidade, aliada à necessidade de uma ressonância constitucional para o rejuvenescimento do Direito do Trabalho[57], torna relevante

---

(49) Para Luís Roberto Barroso, "o sistema jurídico ideal se consubstancia em uma distribuição equilibrada de regras e princípios, nos quais as regras desempenham o papel referente à segurança jurídica – previsibilidade e objetividade das condutas – e os princípios, com sua flexibilidade, dão margem à realização da justiça do caso concreto". *A nova interpretação constitucional...*, p. 339-340.
(50) ALEXY, Robert. *Op. cit.*, p. 93.
(51) "(...) os princípios (...) trazem em si, normalmente, um conteúdo axiológico ou uma decisão política". *Ibidem*, p. 340.
(52) "(...) por estarem mais próximos dos valores, eles ancoram a Constituição no solo ético, abrindo-a para conteúdos morais substantivos". *Ibidem*, p. 87.
(53) BARROSO, Luís Roberto. *A nova interpretação constitucional...*, p. 368-369.
(54) Quanto a essa segunda função desempenhada pelos princípios em nosso ordenamento, Pietro Perlingieri aponta que "as normas constitucionais, que ditam os princípios de relevância geral, são de direito substancial e não meramente interpretativas". *O Direito Civil na legalidade constitucional*, p. 580.
(55) Cf. BARROSO, Luís Roberto. *A nova interpretação constitucional...*, p. 369.
(56) "Direitos fundamentais (...) desempenhariam uma função adicional: eles expressariam um sistema de valores, válido para todo o ordenamento jurídico". SARMENTO, Daniel. *Op. cit.*, p. 77.
(57) "(...) as normas constitucionais vocacionadas a albergar princípios irradiam-se ao Direito do Trabalho, pois

compreender de que forma esses direitos fundamentais produzem efeito nas relações privadas, entre as quais, naturalmente, está incluída a relação de emprego. Dito de outra forma, é importante determinar em que medida as partes estão autorizadas a invocar direitos fundamentais (ainda que principiológicos) na defesa de seus interesses dentro da relação de emprego travada, para que o fenômeno da constitucionalização do Direito do Trabalho possa se operar de maneira juridicamente eficiente, tarefa com a qual nos ocuparemos nas próximas linhas.

5. A vinculação dos direitos fundamentais aos particulares

O estudo sobre a eficácia dos direitos e garantias fundamentais consagrados constitucionalmente é objeto de intensos debates em inúmeros países. Não poderia ser nossa intenção, neste breve estudo, tecer longas linhas sobre esse desafiador assunto.

Não obstante, é necessário percorrer, ainda que brevemente, a discussão travada em torno do tema, uma vez que a constitucionalização do Direito do Trabalho passa pela lógica conclusão de ser possível às partes envolvidas na relação de emprego invocarem as normas presentes no texto constitucional para solucionar seus dilemas.

Como é sabido, os primeiros postulados a que se referem os direitos e garantias fundamentais – como é o caso do direito à liberdade e à igualdade – sofreram forte inspiração liberal e tinham como propósito servir de freio à sempre presente interferência do Poder Público sobre a vida privada. Assim, por exemplo, a consagração de um direito fundamental à liberdade representava, antes de tudo, a garantia de que o Poder Público não iria arbitrariamente privar o cidadão do seu direito de ir e vir. Na mesma linha, o direito à igualdade assegurava ao indivíduo que este não sofreria qualquer regime de exceção e teria assegurados os mesmos direitos oferecidos a todos os demais cidadãos.

Esta modalidade de direitos, de cunho marcadamente individualista – posteriormente classificados como direitos fundamentais de primeira dimensão –, geralmente aparece consagrada em constituições elaboradas após períodos repressivos, caracterizados pela interferência do Poder Público sobre as esferas individuais dos cidadãos.

Seguindo tal tendência e tendo em vista o fracasso do nacional-socialismo desenvolvido na Alemanha e o profundo traço ditatorial que tal doutrina acarretou na experiência política daquele país, foi natural que a Constituição alemã de 1949 – elaborada ao final da Segunda Guerra Mundial e que até hoje se encontra em vigor – assumisse uma postura liberal, consagrando principalmente direitos fundamentais de primeira dimensão. Assim foi que se inseriu no texto constitucional alemão o art. 1º, III[58], o

---

o cerne dessa disciplina essencialmente democrática e emancipatória conforma com os princípios fluídos de um consenso doutrinário e comunitário, verdadeiros tópicos jurídicos, em torno do Estado democrático (...)". ZENNI, Alessandro Severino Valler; OLIVEIRA, Cláudio Rogério Teodoro de. *Op. cit.*, p. 87.

(58) "III. Os Poderes Legislativo, Executivo e Judiciário estarão obrigados a considerar como diretamente aplicáveis os direitos fundamentais a seguir enunciados" (trad. Embaixada da Alemanha no Brasil).

qual expressamente prevê que os Poderes Executivo, Legislativo e Judiciário devem obediência aos direitos e garantias fundamentais. Nenhuma referência é feita, todavia, no tocante à oponibilidade de tais direitos pelo cidadão contra outro particular.

Diante da inexistência de qualquer previsão nesse sentido, abriu-se a discussão, naquele país, sobre se os direitos e garantias fundamentais poderiam ser invocados pelos particulares – que, evidentemente, são os destinatários precípuos desses direitos e garantias – para defender-se em face de outros entes privados[59]. Dito de outra forma, seria possível deslocar o particular da posição de sujeito ativo desses direitos fundamentais para o posto de sujeito passivo?

Historicamente, a primeira corrente doutrinária a enfrentar a questão tendeu a fazer uma interpretação literal do art. 1º, III, da Constituição alemã e, naturalmente, vedar a incidência de tais direitos nas relações entre particulares. Para essa corrente de pensamento, a aplicação dos direitos e garantias fundamentais às relações travadas entre particulares violaria o também direito fundamental à autonomia privada (liberdade), além de subverter a própria concepção dos direitos fundamentais que, segundo estes autores, seria a de funcionar exclusivamente como resistência aos avanços do Estado sobre as liberdades individuais[60].

Para os adeptos dessa corrente, "não seria correto (...) transplantar o particular para a posição de sujeito passivo do direito fundamental, equiparando o seu regime jurídico ao dos Poderes Públicos, pois o indivíduo, diversamente do Estado, é titular de direitos fundamentais e está investido pela própria Constituição em um poder de autodeterminação dos seus interesses privados"[61].

No entanto, a dogmática alemã não tardou a perceber que, no seio da sociedade, a aglutinação econômica fazia nascer entes privados intermediários, com efetivo poder quando comparados aos indivíduos isoladamente considerados. Assim é que grandes empresas, conglomerados econômicos e associações possuíam quase tanto potencial de causar danos às liberdades individuais quanto o Poder Público, quando colocados em um patamar de igualdade nas relações jurídicas mantidas com pessoas de menor poder econômico[62]. O contrato de trabalho é um exemplo notável dessa desigualdade, onde um empregador hipersuficiente negocia condições contratuais com um trabalhador hipossuficiente.

---

(59) Embora nos refiramos aqui ao termo "entes privados", não nos passa despercebido que a *summa divisio* "*Público x Privado*" já não tem mais os contornos de outrora, sendo possível a defesa de não existir mais uma distinção clara entre os dois segmentos (vide, nesse sentido, por todos, GIORGIANNI, Michele. O direito privado e suas atuais fronteiras. *Revista dos Tribunais*, v. 747, p. 46). Ao utilizar o termo "privado" não o fazemos de forma etimologicamente técnica (não queremos aludir à divisão jurídica de direito público x direito privado); apenas queremos contrapor as relações jurídicas entre particulares – onde não há participação do Poder Público enquanto parte – àquelas em que o Estado ocupa um dos seus polos.
(60) Essa corrente é ainda hoje majoritária em países como os Estados Unidos, que se valem das *state actions* para postular do Poder Público a efetivação de direitos fundamentais consagrados constitucionalmente.
(61) SARMENTO, Daniel. *Op. cit.*, p. 223.
(62) Como apontado por Renato Rua de Almeida, em seu artigo intitulado "Visão histórica da liberdade sindical" (*Revista LTr*, 70-03, p. 363), a desigualdade econômica "vicia" a igualdade jurídica.

A partir dessa constatação, construiu-se a tese de ser possível ao particular invocar os direitos fundamentais em face desses entes privados intermediários, os quais, embora também fossem titulares de direitos fundamentais – especialmente do direito à liberdade e à autonomia privada –, poderiam ter tais direitos ponderados com interesses superiores de justiça material nas vezes em que se desenvolviam relações jurídicas com pessoas mais fracas.

Com base nesse fundamento, a doutrina e a jurisprudência germânicas começaram a admitir a eficácia dessas normas constitucionais nas relações entre particulares. Partiram da premissa – por nós aqui já estabelecida no item anterior – de que os direitos fundamentais possuíam forte cunho valorativo e encerravam princípios que não poderiam ser relegados ao esquecimento do direito privado.

Duas correntes doutrinárias passaram, então, a aceitar a eficácia horizontal – *rectius*, entre entes privados – dos direitos fundamentais. De um lado, sustentou-se que a Constituição penetraria de forma indireta e difusa sobre o ordenamento infraconstitucional, enquanto, de outro lado, defendeu-se que a eficácia desses direitos seria direta sobre as relações de direito privado.

Os adeptos da eficácia indireta dos direitos fundamentais sustentavam, em síntese, que os valores presentes nos direitos fundamentais desempenhariam um duplo papel junto ao ordenamento privado. Por um lado, serviriam de inspiração para o legislador para a elaboração de diplomas legais, voltados à completa tutela desses mesmos direitos. A inércia do legislador, nesse particular, seria atacável pelo incidente de inconstitucionalidade por omissão.

A segunda maneira pela qual os direitos fundamentais penetrariam nas relações privadas, de acordo com os partidários dessa corrente da eficácia indireta, seria por intermédio das cláusulas e conceitos jurídicos do tipo "abertos" e "indeterminados", os quais serviriam como porta de entrada para a materialização de normas jurídicas infraconstitucionais pelo Poder Judiciário no caso concreto. Assim, por exemplo, quando a legislação ordinária aludia a conceitos como "boa-fé", "confiança", "probidade", "diligência" etc., a definição do conteúdo material dos mesmos deveria ocorrer a partir da apreensão das normas principiológicas fundamentais. Ao magistrado caberia extrair os valores embutidos nessas normas constitucionais e estes, uma vez identificados, irradiariam para o caso concreto, em uma ressonância constitucional às relações travadas entre particulares.

Todavia, a teoria da eficácia indireta nega aos particulares a possibilidade de socorrerem-se diretamente do comando constitucional para a tutela de suas relações privadas, sob pena não só do esvaziamento das normas de direito infraconstitucional, mas também de se conferir exacerbado poder ao juiz na tarefa de sopesar o valor subjacente ao direito fundamental em jogo na situação concreta[63].

---

(63) Cf. SARMENTO, Daniel. *Op. cit.*, p. 239 e ss.

Em contraposição aos defensores da aplicação indireta dos direitos fundamentais entre particulares, formou-se uma segunda corrente, no sentido de que tais normas prescindiriam de qualquer mediação para serem invocáveis nas relações jurídicas de direito privado.

A crítica desses teóricos reside na suposta hipocrisia de se justificar a incidência de normas constitucionais a partir de recursos interpretativos e brechas legais. Para os adeptos da eficácia imediata das normas fundamentais, seria desnecessário buscar "espaços abertos" na legislação ordinária ou, como preferiu Nipperdey, recorrer a "artimanhas interpretativas"[64], pois o conteúdo dos direitos e garantias fundamentais, por sua importância e abrangência, não poderia se submeter a reducionismos.

De acordo com a lição de Nipperdey, invocada em um dos mais completos manuais sobre a incidência de direitos fundamentais nas relações privadas de que temos conhecimento, os perigos que espreitam os direitos fundamentais no mundo contemporâneo não provêm apenas do Estado, mas também dos poderes sociais e de terceiros em geral. A opção constitucional pelo Estado Social importaria no reconhecimento dessa realidade, tendo como consequência a extensão dos direitos fundamentais às relações entre particulares[65].

Embora tenha prevalecido na Alemanha a corrente da eficácia indireta das normas constitucionais fundamentais, a doutrina de outros países europeus, como Portugal, Espanha e Itália, vem se inclinando pela possibilidade de os direitos fundamentais incidirem diretamente nas relações jurídicas mantidas em âmbito privado.

Na doutrina brasileira, a corrente da eficácia horizontal imediata dos direitos fundamentais mostra-se igualmente majoritária.

Assim é que, salvo raras exceções – como parece ser o caso de Gilmar Ferreira Mendes[66] e Virgílio Afonso da Silva[67] –, os autores se posicionam no sentido de ser possível ao indivíduo invocar os direitos fundamentais nas relações travadas com outro particular, desde que estes mesmos direitos sejam ponderados com a dose de respeito à autonomia privada que deve ser observada em cada caso.

Essa é a linha defendida, por exemplo, por Daniel Sarmento, para quem "no contexto da sociedade contemporânea, só por mero preconceito se pode excluir os particulares, sobretudo os detentores de posição de poder social, da qualidade de

---

(64) Cf. SILVA, Virgílio Afonso da. *A constitucionalização do direito...*, p. 87.
(65) SARMENTO, Daniel. *Op. cit.*, p. 245.
(66) *Direitos fundamentais*: eficácia das garantias constitucionais nas relações privadas – análise da jurisprudência da Corte Constitucional Alemã [s.l.: s.n.: s.d.] *apud ibidem*, p. 291.
(67) Virgílio Afonso da Silva, recorrendo a Robert Alexy, defende a adoção de um modelo em três níveis no Brasil, que conjugue cada uma das teorias de incidência de direitos fundamentais, de acordo com a hipótese em que se reclamar a aplicação desses direitos. Nesse sentido, vide *Op. cit.*, p. 143 e ss.

destinatários dos direitos fundamentais"[68]. Segundo suas palavras – que refletem exatamente a linha desenvolvida por nomes de peso como Ingo Wolfgang Sarlet[69] e Gustavo Tepedino[70] –,

> No ordenamento brasileiro, que tem em seu cimo uma Constituição fortemente voltada para o social, não é possível conceber tais direitos como meros limites ao poder do Estado em favor da liberdade individual. A Constituição e os direitos fundamentais que ela consagra não se dirigem apenas aos governantes, mas a todos, que têm de conformar seu comportamento aos ditames da Lei Maior. Isto porque, a Constituição de 1988 não é apenas a Lei Fundamental do Estado brasileiro. Trata-se, na verdade, da Lei Fundamental do Estado e da sociedade, porque contém os principais valores e diretrizes para a conformação da vida social no país, não se limitando aos papéis mais clássicos das constituições liberais, de organização da estrutura estatal e definição das relações entre governantes e governados[71].

Como se vê, a doutrina majoritária utiliza a preocupação da Constituição Federal com a minimização de desigualdades e com a promoção da justiça social para reforçar a tese da eficácia horizontal dos direitos fundamentais. Qualquer limitação à invocabilidade desses direitos no trato privado poderia dificultar a concretização do compromisso humanitário[72] e progressista[73] assumido pela nossa República, fugindo, assim, da proposta constitucional abraçada por nosso país.

Além disso, a própria localização dos direitos fundamentais na parte inicial da Constituição já revelaria que o tema merece privilégio de tratamento sobre qualquer outro em nossa República[74].

Finalmente, soma-se a tudo isso um argumento pragmático, no sentido de que o art. 5º, §1º da nossa Constituição Federal teria positivado uma opção pela real abertura à eficácia imediata dos direitos fundamentais.

O tema da penetração dos direitos fundamentais às relações privadas não passa isento também a alguns autores de Direito do Trabalho[75]. No entanto, na seara tra-

---

(68) *Op. cit.*, p. 261.
(69) Direitos fundamentais e direito privado: algumas considerações em torno da vinculação dos particulares aos direitos fundamentais. In: SARLET, Ingo Wolfgang (org.). *A constituição concretizada*, p. 103-163.
(70) Premissas metodológicas para a constitucionalização do Direito Civil. In: *Temas de Direito Civil*, p. 21.
(71) *Op. cit.*, p. 277.
(72) Quanto a essa perspectiva humanitária que se abre a partir da eficácia irradiante dos direitos fundamentais, Daniel Sarmento (*ibidem*, p. 155) aponta que "A eficácia irradiante (...) enseja a 'humanização' da ordem jurídica, ao exigir que todas as suas normas sejam, no momento de aplicação, reexaminadas pelo operador do direito com novas lentes, que terão as cores da dignidade humana, da igualdade substantiva e da justiça social, impressas no tecido constitucional".
(73) "A Constituição brasileira, apesar dos seus pecadilhos, é progressista, e os seus valores essenciais são a tradução normativa de um generoso projeto de emancipação social dos excluídos. Este projeto deve ser estendido até onde for possível". *Ibidem*, p. 288.
(74) Cf. *ibidem*, p. 109.
(75) "(...) os direitos fundamentais (...) possuem uma dimensão objetiva com dois sentidos. O primeiro sentido consiste na garantia dos direitos fundamentais pelo Estado, que geram para ele uma obrigação negativa de não interferir

balhista, raros são aqueles que, como Amauri Mascaro Nascimento[76], Arion Sayão Romita[77] e Cícero Ruffino Pereira[78], posicionam-se claramente pela possibilidade de incidência direta desses direitos nas relações de direito privado.

A nosso ver, o fato de a Constituição brasileira não ter adotado a mesma inspiração liberal clássica alemã – apontando para um modelo de Estado Social – já é um indicador de que as normas constitucionais fundamentais teriam eficácia direta nas relações privadas em nosso país. Além disso, a indiscutível relevância dos direitos e garantias fundamentais e da eleição de valores feita a partir dos princípios constitucionais cristalizados nesses direitos impõem ao estudioso do direito curvar-se diante da necessidade de concretização das regras de otimização previstas na Constituição na máxima medida possível, tal qual proposto por Alexy. Também por este motivo, cremos que a filiação pela corrente de incidência imediata das normas fundamentais alinha-se com essa necessidade, pois seria "desnorteador (...) buscar no legislador o destinatário exclusivo"[79] dessas normas fundamentais. Talvez o exemplo mais eloquente que se pode extrair acerca da inquestionabilidade da eficácia direta desses direitos seja encontrado nos róis dos arts. 7º e 8º da Constituição Federal, de cuja aplicabilidade às relações materiais de Direito do Trabalho ninguém mais ousa duvidar[80].

Sem embargo, é de se ter em mente que a filiação por qualquer das duas correntes em nosso país – da eficácia horizontal mediata ou imediata dos direitos fun-

---

no seu exercício, e uma obrigação positiva consistente no dever de editar medidas capazes de facilitar de modo real e efetivo a aplicação desses direitos. O outro sentido implica estender a vinculação dos direitos fundamentais aos particulares, pouco importando sejam pessoas físicas ou jurídicas. É o que se chama eficácia horizontal dos direitos fundamentais e os torna oponíveis nas relações privadas entre as quais a de emprego, cujo âmbito tem se mostrado fértil ao desenvolvimento da eficácia pluridimensional desses direitos, segundo a teoria da Drittwirkung". BARROS, Alice Monteiro de. *Curso...*, p. 594. No mesmo sentido, Marthius Sávio Cavalcante Lobato, *in verbis*: "(...) deve-se também interpretar os direitos sociais dos trabalhadores como forma não meramente de promessas, mas como mecanismo concreto de realização de direitos. São, portanto, dotadas de eficácia jurídica, que não podem se tornar vazias, ou inconsequentes, na medida em que já estão prontas para produzir efeitos concretos". *O valor constitucional...*, p. 63.
(76) "Gutiérrez, Valverde & Murcia, em *Derecho del Trabajo*, (2000), mostram que os direitos fundamentais, reconhecidos para a pessoa em sua condição como tal e não especificamente em sua condição de participante no processo produtivo, podem ser também exercidos pelos trabalhadores no âmbito das relações de trabalho. Correta é a conclusão, uma vez que esses direitos afetam qualquer pessoa que esteja no mercado de trabalho, projetando-se sobre os vínculos de emprego, que, inclusive, podem ganhar maior força de expressão". NASCIMENTO, Amauri Mascaro. *Curso...*, p. 463.
(77) Cf. *Direitos fundamentais nas relações de trabalho*, 2009, p. 212 e ss.
(78) "(...) o art. 5º, §1º, da CF/88 traz para o Estado a obrigação de sempre promover a aplicabilidade imediata dos direitos fundamentais (...)". *Efetividade dos direitos humanos trabalhistas:* o Ministério Público do Trabalho e o tráfico de pessoas: o Protocolo de Palermo, a Convenção n. 169 da OIT, o trabalho escravo, a jornada exaustiva, p. 49. Esta parece ser também a posição de Oscar Ermida Uriarte no Uruguai, para quem "todas as cláusulas constitucionais são eficazes, pois todas são normas jurídicas e, além disso, do mais alto nível (se essas normas não fossem eficazes, quais poderiam sê-lo? (...). Consequentemente, mesmo as previsões constitucionais de eficácia restrita ou limitada têm um efeito mínimo, que consiste na inibição de todo ato ou comportamento contrário (...)". A Constituição e o Direito do Trabalho. In: RODRIGUEZ, Américo Plá (coord.). *Estudo sobre as fontes do Direito do Trabalho*, p. 76.
(79) PERLINGIERI, Pietro. *O Direito Civil na legalidade constitucional*, p. 576.
(80) Cf. GEDIEL, José Antônio Peres. A irrenunciabilidade..., In: SARLET, Ingo Wolfgang (org.). *Constituição, direitos fundamentais e direito privado*, p. 155.

damentais – não levaria a conclusões diferentes para os fins a que nos propomos neste estudo. Em ambos os casos, a constitucionalização do Direito do Trabalho seria medida perfeitamente alcançável, embora por diferentes meios[81].

A bem da verdade, nossa inclinação pela teoria da eficácia imediata dos direitos fundamentais não exclui a possibilidade de os valores consagrados nos direitos fundamentais serem utilizados a partir dos mecanismos especificados pelos adeptos da outra corrente, pois eles também funcionarão como inspiração para a criação das normas de Direito do Trabalho e, igualmente, balizarão a interpretação de cláusulas abertas e conceitos jurídicos indeterminados existentes nas regras infraconstitucionais da disciplina trabalhista. Esses papéis, próprios da teoria da eficácia indireta, desempenhados pela principiologia constitucional não são excludentes com a teoria da eficácia direta dos direitos fundamentais, mas, antes, lhe são complementares.

Dessa forma, uma vez compreendido que (a) princípios são normas geralmente cristalizadas nos direitos fundamentais e que devem ser aplicadas na máxima medida possível e (b) os direitos e garantias fundamentais se aplicam diretamente às relações entre particulares (entre elas a relação de emprego), faz-se possível avançar na análise da principiologia constitucional em busca dos valores necessários à releitura do Direito do Trabalho, tarefa que ocupará o próximo capítulo do nosso estudo.

---

(81) Nesse sentido, a lição de Perlingieri, *in verbis*: "O que importa não é tanto estabelecer se em um caso concreto se dê aplicação direta ou indireta (distinção nem sempre fácil), mas sim, confirmar a eficácia, com ou sem uma específica normativa ordinária, da norma constitucional respeito (sic) às relações pessoais e socioeconômicas". *O Direito Civil na legalidade constitucional*, p. 590.

Capítulo III

Vértices axiológicos do Direito Trabalhista-Constitucional

1. Notas introdutórias

A Constituição Federal é rica em normas que condensam regras de otimização aproveitáveis na seara trabalhista. Assim é que, logo em seu Preâmbulo, ela traz inúmeros valores a serem concretizados pelo nosso ordenamento, como o exercício de direitos sociais, a liberdade, a segurança, o bem-estar e a igualdade.

Como fundamento da República brasileira, a Constituição ergue pilares como a dignidade da pessoa humana e os valores sociais do trabalho e da livre-iniciativa. A intimidade, a vida, a honra e a imagem são elevadas ao patamar de direitos fundamentais, assim como o é o princípio da função social da propriedade. O direito ao trabalho é arrolado como direito fundamental social.

Demais disso, a valorização do trabalho humano é igualmente incluída como fundamento da ordem econômica nacional – que tem como princípio a busca do pleno emprego – e o primado do trabalho é promovido à base da ordem social brasileira.

Percebe-se, dessa forma, que a Constituição Federal de 1988 não se furtou em ditar diretrizes a serem seguidas pelo Direito do Trabalho. Ela reúne um rico acervo axiológico que necessita ser irradiado para esse ramo do direito[1], de modo a reconstruí-lo fundamentado nesse fértil solo constitucional.

Embora os princípios acima citados não sejam dissociáveis entre si e seus contornos muitas vezes confundam-se nos limites uns dos outros, por razões metodológicas, nos próximos tópicos tentaremos sistematizar, um por um, os principais ditames constitucionais a serem apreendidos pelo Direito do Trabalho na tarefa de releitura dos seus institutos.

Note-se que, não sendo a proposta do presente trabalho uma extensa dissertação sobre tais princípios, traremos ao leitor apenas o que entendemos serem os

---

(1) A necessidade de aplicação dos princípios constitucionais, enquanto vetores axiológicos de todo o ordenamento, às relações de direito privado é reconhecida por Pietro Perlingieri para quem "não existem (...) argumentos que contrariem a aplicação direta dos princípios constitucionais: a norma constitucional pode, mesmo sozinha (quando não existirem normas ordinárias que disciplinem a fattispecie em consideração), ser a fonte da disciplina de uma relação jurídica de direito civil. Essa solução é a única permitida se se reconhece a preeminência das normas constitucionais – e dos valores por elas expressos – em um ordenamento unitário, caracterizado por esses conteúdos". *O Direito Civil na legalidade constitucional*, p. 589.

contornos mais relevantes de cada um deles para a disciplina trabalhista, em um esforço simultâneo de síntese e de concretização dos conceitos que serão exportados da Constituição para as fronteiras do Direito do Trabalho.

2. Pleno emprego, valor social do trabalho, primado do trabalho e livre-iniciativa

Iniciaremos nossa análise a partir do que nos parece ser o elemento nuclear das normas programáticas constitucionais: a questão da inclusão social por meio do emprego.

Em inúmeras oportunidades o legislador constituinte preocupou-se em deixar claro que a meta principal das políticas trabalhistas no ordenamento instaurado a partir de 1988 era a de assegurar que cada cidadão tivesse seu emprego assegurado[2]. A título de exemplo, tome-se o art. 6º da Constituição, que eleva o direito a um trabalho à categoria de direito fundamental social. E esse direito ao trabalho recebe uma qualificação, transformando-se em direito a um emprego, a partir da leitura do art. 170, VIII, que estabelece como princípio de toda a economia nacional a busca do pleno emprego.

Ao fundamentar a ordem econômica na busca do pleno emprego, o Poder Público elege como prioridade que a atividade econômica nacional seja comprometida com a criação de postos de trabalho para todos. Ou seja, que o sistema econômico proporcione a cada cidadão ter um emprego, de modo que, além de ter uma fonte de subsistência, ele possa gozar dos direitos trabalhistas e previdenciários a ele inerentes. Nesse contexto, a busca do pleno emprego é, sem qualquer dúvida, o ponto de partida para a construção de políticas públicas e de estruturas legislativas que facilitem e incentivem a empregabilidade no Brasil[3].

---

(2) Essa proposta é reflexo do compromisso assumido por nosso país perante a comunidade internacional após a ratificação da Convenção n. 122 da OIT, ocorrida em 1969.
(3) Importante não confundir o pleno emprego – que é uma meta, de todo, louvável, a ser tomada como norte para a construção de políticas públicas pelo Governo Federal – com uma situação fática de plena empregabilidade, que é, infelizmente, uma utopia de difícil concretização até mesmo para os países mais evoluídos do globo. A confusão conceitual, neste particular, leva alguns autores de Direito do Trabalho a equívocos como o cometido pelo professor Antônio Rodrigues de Freitas Jr., em seu *Direito do Trabalho na era do desemprego...*, quando ele afirma que "(...) por mais virtuosos que possam ser os próximos ciclos de expansão do capitalismo, e por mais eficazes que se possam revelar as medidas destinadas ao fomento à ocupação, estamos a viver numa época em que o ideal do pleno emprego constitui meta virtualmente inatingível" (p. 101). O pleno emprego é, sim, uma finalidade concreta e dotada de eficácia jurídica; o que é "virtualmente inatingível" é uma situação de plena empregabilidade, onde haja postos de trabalho disponíveis para absolutamente toda a população economicamente ativa. Não obstante, como observa Luís Roberto Barroso, a busca do pleno emprego – como toda norma constitucional de natureza programática – é diretamente invocável pelo cidadão em face do Poder Público, ao menos em seu viés negativo, no sentido de exigir a abstenção de atos tendentes a dificultar sua concretização: "As normas constitucionais programáticas veiculam princípios, desde logo observáveis, ou traçam fins sociais a serem alcançados pela atuação futura dos poderes públicos. Por sua natureza, não geram para os jurisdicionados a possibilidade de exigirem comportamentos comissivos, mas investem-nos na faculdade de demandar dos órgãos estatais que se abstenham de quaisquer atos que contravenham as diretrizes traçadas. Vale dizer: não geram direitos subjetivos na sua versão positiva, mas geram-nos em sua feição negativa". *Interpretação e aplicação...*, p. 228.

Mas não é só isso. A busca do pleno emprego deve necessariamente ser lida ao lado dos preceitos de valorização social do trabalho (art. 1º, IV) e do primado do trabalho (art. 193).

Isso significa que não é apenas sob o aspecto de sustento material que o emprego tem relevância para a sociedade brasileira. Para além da subsistência dos cidadãos a partir de uma ocupação remunerada e da inclusão no sistema de seguridade social, o emprego deve ser encarado como forma de valorização do ser humano em seu aspecto existencial.

É por intermédio do trabalho que o ser humano se identifica como cidadão e como membro de uma coletividade. É com ele que a pessoa se dignifica vendo o fruto de seu suor reverter-se em utilidade para si, para sua família e para toda a sociedade. É, ainda, uma forma de inserção no convívio social, proporcionando-lhe, em uma análise mais mediata, meios de expandir seus círculos sociais de amizade e de lazer.

Sobre esse primado do trabalho para a vida do ser humano, Mauricio Godinho Delgado ensina que

> A centralidade do trabalho – e, em especial, sua forma mais articulada e comum no capitalismo, o emprego – torna-se o epicentro de organização da vida social e da economia. Percebe tal matriz a essencialidade da conduta laborativa como um dos instrumentos mais relevantes de afirmação do ser humano, quer no plano de sua própria individualidade, quer no plano de sua inserção familiar, social e econômica. A centralidade do trabalho em todos os níveis da vida da ampla maioria das pessoas é percebida por esta matriz cultural, com notável sensibilidade social e ética, erigindo-se como um dos pilares principais de estruturação da ordem econômica social e cultural de qualquer sociedade capitalista que se queira minimamente democrática[4].

Como se vê, dentro de uma ordem constitucional que visa à obtenção do pleno emprego, estar empregado é um fator de realização jurídica, social e econômica. Não é só um direito; é base de toda a ordem social[5].

De outro lado, negar – e, por que não?, retirar – o trabalho ao indivíduo significa privar-lhe de todo esse sentimento de utilidade. O trabalhador que procura o trabalho e não o consegue, aos poucos tem sua autoconfiança minada, passa a ser visto como inútil aos olhos alheios, vira um fardo social. Não há como negar que, em seu íntimo, o sentimento de dignidade se esvai.

---

(4) *Capitalismo, trabalho e emprego...*, p. 29.
(5) Transcrevendo Marcio Pochmann (*O trabalho sob fogo cruzado*. São Paulo: Contexto, 2002, p. 21), Aldacy Rachid Coutinho alerta que "o emprego (...) é um fator-chave para combater a exclusão social e excluir um cidadão do mercado de trabalho (subclasse) pode levá-lo não apenas 1ª (sic) privação material, mas à restrição de direitos, de segurança socioeconômica e de auto-estima. Isso porque o desemprego não representa um risco como qualquer outro (doença, acidente de trabalho etc.). A sua generalização por longo tempo pode implicar, muitas vezes, a maior fragilidade ante os demais riscos da sociedade, pois o pleno emprego foi uma das principais garantias do Estado de bem-estar social". *A autonomia privada...*, In: SARLET, Ingo Wolfgang (org.). *Constituição...*, p. 169.

E quem deve ser o responsável pela geração desses empregos que concretizarão o valor social do trabalho e o seu primado?

São dois os responsáveis, segundo nosso sentir: o Poder Público e as empresas[6].

De início, o comando constitucional de criação de empregos tem no Poder Público um destinatário imediato, como, inclusive, dispõem as Recomendações n. 122 e 169 da OIT (esta última, mais preocupada com a realização pessoal por meio do trabalho). Ele tem a principal responsabilidade de concretizar essas diretrizes constitucionais, na medida em que é dele o dever de construir políticas de emprego sustentáveis em nosso ordenamento[7], levando em conta o espírito programático da norma constitucional. No particular, ele tem o dever de implementar medidas concretas de fomento à iniciativa privada para a abertura de empresas em nosso país, conferir incentivos para a criação de postos de trabalho e reduzir encargos em tempos de crise para facilitar a manutenção da empregabilidade.

Além dessa dimensão político-administrativa, o Poder Público tem ainda a obrigação político-legislativa de elaborar normas que incentivem a criação e a manutenção de empregos e a inserção social por meio do trabalho. Neste sentido, parece mesmo inócua a discussão que se trava atualmente em torno da ratificação da Convenção n. 158 da OIT, visto que sua denúncia representa uma clara violação aos preceitos constitucionais acima evidenciados[8].

Ao lado do Poder Público, cabe também à iniciativa privada a criação dos postos de trabalho. Tendo em vista o mandamento de otimização contido no texto constitucional, cada pessoa (física ou jurídica) que compõe a iniciativa privada tem a responsabilidade de criar tantos postos de trabalho quantos estiverem em suas possibilidades.

Esse compromisso, diferentemente do que se propaga, não é tácito nem meramente moral. Ele está presente no ordenamento a partir da compreensão do caráter solidarista nele imprimido pela nossa linha filosófica constitucional[9]. Ele não é apenas ético, mas jurídico, eis que inserido no ordenamento brasileiro na condição de norma constitucional de eficácia imediata (art. 3º da Lei Maior)[10].

---

(6) Comungamos, aqui, com a opinião de Arion Sayão Romita (*O princípio da proteção em xeque...*, p. 205), quando ele afirma que "só a empresa ou o governo podem criar postos de trabalho".

(7) "(...) garantir um direito ao trabalho é viabilizar por meio de políticas públicas a oferta de empregos e os direitos dele decorrentes". COUTINHO, Aldacy Rachid. *Op. cit.*, p. 168.

(8) A título ilustrativo, cite-se que Héctor-Hugo Barbagelata defende ser concebível "que, em determinadas circunstâncias [convenções internacionais em matéria trabalhista]. tenham obrigatoriedade no âmbito interno e sejam fonte de conhecimento de normas complementares ou funcionem a título supletivo para assegurar a vigência dos direitos humanos fundamentais" (*O particularismo...*, p. 32) mesmo sem que haja um diploma interno ratificador.

(9) Para um abrangente estudo sobre esse dever de solidariedade imposto pela Constituição de 1988 e a nova postura exigida dos poderes privados no sentido de promoção e facilitação dos direitos fundamentais sociais, vide Daniel Sarmento. *Op. cit.*, p. 337 e ss.

(10) Como se verá no Capítulo 5 infra, essa criação de postos de trabalho formais se complementa com o comando contido no princípio da função social.

Além desse viés positivo de criação de postos de trabalho, o dever de empregabilidade decorrente dos preceitos constitucionais em questão assume também um formato negativo, por meio do compromisso de manutenção dos empregos já existentes.

Nesse particular, veremos mais adiante que toda a estrutura principiológica brasileira conspira para conferir efetividade à regra contida no art. 7º, I da Constituição Federal, no que diz respeito à vedação à despedida arbitrária. Quanto ao tema, entretanto, vale já adiantar a lição de Renato Rua de Almeida, no sentido de que, mesmo que se entenda que o texto constitucional brasileiro, que consagra o direito fundamental social da proteção da relação de emprego contra a despedida arbitrária ou sem justa causa, não permite a eficácia horizontal direta e imediata na relação de trabalho, por depender de regulamentação infraconstitucional, ainda assim se pode deduzir das lições das mencionadas doutrinas constitucional e trabalhista modernas a impossibilidade de manter as relações privadas, e, em especial, a relação de trabalho, isentas dos princípios constitucionais aplicáveis, e que (...) referem-se justamente à proteção contra a despedida arbitrária ou sem justa causa (...)[11].

Admitida a importância da iniciativa privada na criação de postos de trabalho e na concretização dos preceitos constitucionais do pleno emprego e da valorização social do trabalho, é possível concluir que tão importante quanto a tutela do emprego feita por parte de nosso ordenamento é a proteção à livre-iniciativa. Não por acaso ela é consagrada ao mesmo tempo como fundamento de nossa República e como pilar de sustentação da ordem econômica, respectivamente nos arts. 1º, IV e 170, *caput* do texto constitucional.

Basta dizer que, sem a valorização da livre-iniciativa, estagna-se a capacidade de criação de postos de trabalho. Sem a adoção de políticas de proteção e de conservação da empresa, a tendência à proliferação de crises e fenômenos como o desemprego e a recessão serão constantes em qualquer ordenamento jurídico.

Sendo assim, "as regras de protecção do emprego têm de se conciliar, designadamente, com a propriedade privada e a liberdade de iniciativa privada (...)"[12].

Um Direito do Trabalho moderno não pode se preocupar apenas com a questão da proteção ao trabalhador. Ela é, sem dúvida, ainda uma importante função da disciplina justrabalhista, mas agora não é mais a única. Como se depreende da leitura do art. 1º, IV da Constituição, os valores do trabalho e da livre-iniciativa estão postos em condições de igualdade. A opção do texto constitucional é claramente tratar trabalho e capital com o mesmo patamar de importância para a construção de toda a ordem jurídica brasileira[13], devendo, dessa forma, também os "princípios

---

(11) Subsiste no Brasil o direito potestativo do empregador nas despedidas em massa?, *Revista LTr*, São Paulo, 73-04, p. 392.
(12) Cf. MARTINEZ, Pedro Romano. *Direito do Trabalho*, p. 165.
(13) "(...) se é verdade que o constituinte rejeitou o modelo econômico socialista, de economia planificada, com apropriação coletiva dos meios de produção, também é certo que ele não aderiu ao *laissez-faire*, preferindo um regime intermediário, mais consentâneo com as demandas da sociedade contemporânea, que aposta na força criativa e

constitucionais do desenvolvimento econômico, apoiado na livre-iniciativa, na livre-concorrência e também no incentivo à atividade empresarial de pequeno porte (...) nortear a interpretação e aplicação da legislação trabalhista infraconstitucional"[14].

Portanto, como se verá no capítulo IV do presente estudo, um Direito do Trabalho revigorado deve deslocar o centro de sua atenção da exclusiva proteção ao trabalhador hipossuficiente para a análise do problema da empregabilidade como um todo. Sem descuidar da necessária proteção ao empregado, ele tem o compromisso, por força das normas constitucionais citadas acima, de encarar a relação de emprego em sua totalidade e adotar padrões de interpretação e aplicação do direito que coadunem com a perspectiva protecionista sem ferir o valor social da livre-iniciativa, porquanto este se apresenta axiologicamente tão importante quanto a valorização do trabalho em nossa Constituição Federal.

3. Dignidade da pessoa humana

O vetor que deve nortear o estudo do Direito Trabalhista-Constitucional encontra-se insculpido no inciso III do art. 1º da Constituição Federal. Trata-se da elevação do princípio da dignidade da pessoa humana à condição de fundamento da nossa República, reflexo do compromisso assumido por nosso ordenamento com a promoção dos direitos humanos após 1988.

Não se objetiva aqui descer a fundo nas múltiplas facetas e dimensões do princípio em questão[15] e tampouco há espaço para adentrar nos meandros históricos que lhe deram origem[16].

Importa para o nosso trabalho apenas a compreensão de que o nosso ordenamento, ao elevar a dignidade da pessoa humana à condição de fundamento de nossa República, somente encontra razão e justificativa de existir na medida em que se estruture a partir da preservação do ser humano, em todas as potencialidades que o identificam enquanto pessoa. Nesse sentido, a tutela da pessoa humana é deslocada para o vértice axiológico constitucional[17], passa a ser entendida como o "alicerce da ordem jurídica democrática"[18] e, assim, irradia para todo o direito a obrigação de se estruturar em torno da proteção do homem.

---

empreendedora da iniciativa privada, mas que não foge à sua responsabilidade de disciplina-la e corrigi-la, sempre que isto se faça necessário (...)". SARMENTO, Daniel. *Op. cit.*, p. 213.

(14) ALMEIDA, Renato Rua de. A pequena empresa..., *Revista LTr*, São Paulo. 64-10, p. 1251.

(15) Para este propósito, remetemos o leitor à excelente pesquisa feita por Maria Celina Bodin de Moraes, convertida no artigo *O conceito de dignidade humana:* substrato axiológico e conteúdo normativo, já citado neste trabalho.

(16) Cabe apenas, no particular, registrar que o princípio foi consagrado na comunidade internacional ao término da Segunda Guerra Mundial, por intermédio do preâmbulo da Declaração Universal dos Direitos Humanos de 1948.

(17) "(...) o princípio da dignidade da pessoa humana (...) representa o epicentro axiológico da ordem constitucional irradiando efeitos sobre todo o ordenamento jurídico e balizando não apenas os atos estatais, mas também toda a miríade de relações privadas que se desenvolvem no seio da sociedade civil. (...) a dignidade da pessoa humana é o princípio mais relevante da nossa ordem jurídica, que lhe confere unidade de sentido e de valor, devendo por isso condicionar e inspirar a exegese e aplicação de todo o direito vigente, público ou privado". SARMENTO, Daniel. *Op. cit.*, p. 110.

(18) Cf. MORAES, Maria Celina Bodin de. *Op. cit.*, p. 115.

Dessa forma, a partir da ordem constitucional instaurada em 1988, o direito ganha um novo parâmetro de justificação. Ele somente será tido como válido enquanto puder ser entendido como instrumento para a proteção do ser humano em seus aspectos existenciais[19]. Quando fugir a tal compromisso humanista, ele será sempre eivado da mais absoluta inconstitucionalidade.

O reconhecimento do caráter central da pessoa humana para o ordenamento brasileiro resulta na agregação à figura humana de um sem-número de bens jurídicos extrapatrimoniais, como é o caso da preservação do nome, da imagem, da liberdade, da integridade física e psicológica, da honra etc.[20]

Mas não é somente na *defesa* da pessoa e na *preservação* de sua dignidade que se encerra o comando do art. 1º, III da Constituição. Esta é apenas uma dimensão *negativa* por meio da qual se busca a concretização da norma em foco. Ao se erguer o ordenamento sobre a pilastra da dignidade humana, passa-se a também exigir do Estado uma dimensão *positiva* de busca de dignidade para o ser humano, representada pela promoção da pessoa em todas as suas potencialidades.

Como não poderia deixar de ser, a consagração da dignidade humana repercute notavelmente no Direito do Trabalho. Esse enfoque promocional do ser humano por meio do trabalho exige a imediata revisitação da definição de empregado trazida pela Consolidação das Leis do Trabalho.

A doutrina, a partir do art. 3º Consolidado, define o empregado como sendo aquele que presta serviços com onerosidade, habitualidade, pessoalidade e subordinação. O texto legal revela uma definição utilitarista da figura do empregado, identificando-o dentro de um contexto produtivo e por características que o delimitam extrinsecamente, enquanto prestador de serviços[21].

No entanto, para que estivesse em plena consonância com o comando constitucional implementado a partir de 1988, o empregado precisaria estar identificado a partir de um foco existencialista. Isto é, ele precisa ser entendido enquanto um ser humano[22], que, ao alienar sua força de trabalho por uma situação contingencial, se realiza enquanto pessoa e se insere em sociedade, o que atrai a necessidade de seu reconhecimento como merecedor de tutela.

Nesse contexto, "o empregador não deve conceber o trabalhador como um mero elemento do processo produtivo, assimilável a qualquer bem e equipamento,

---

(19) "A pós-modernidade proclama o primado do Homem sobre as coisas, do Espírito sobre a matéria (...)". FACCHINI NETO, Eugênio. Reflexões histórico-evolutivas..., In: SARLET, Ingo Wolfgang (org.). *Constituição...*, p. 25.
(20) A tutela dos bens jurídicos inerentes à personalidade humana está consagrada no art. 5º, X da Constituição e as linhas gerais dessa proteção estão postas nos arts. 11 a 21 do Código Civil.
(21) Criticando essa visão utilitarista da figura do empregado, José Antônio Peres Gediel aponta que o Direito do Trabalho "parece ter permanecido preso à função instrumental que lhe fora atribuída pelo mercado", afirmando que "o trabalhador só adquire relevância jurídica, a partir de elementos que lhe são externos". A irrenunciabilidade... In: *Op. cit.*, p. 153.
(22) "De modo inafastável nas relações de emprego sempre estará uma 'pessoa humana', impregnada e carregada de direitos fundamentais que desvelam e afloram sua dignidade (...)". COUTINHO, Aldacy Rachid. A autonomia privada.... In: *Ibidem*, p. 180.

mas como uma pessoa que se integra na estrutura empresarial; dito de outro modo, o trabalhador deve ser visto como um colaborador do empregador, tendo em conta que a relação laboral não pode desumanizar o prestador de trabalho. Assim sendo, o empregador tem por dever proporcionar boas condições de trabalho, tanto do ponto de vista físico como moral (...)"[23].

Isto porque, "se a humanidade das pessoas reside no fato de serem elas racionais, dotadas de livre arbítrio e de capacidade para interagir com os outros e com a natureza (...), será 'desumano', isto é, contrário à dignidade humana, tudo aquilo que puder reduzir a pessoa (o sujeito de direitos) à condição de objeto"[24].

Portanto, de insumo fragmentário e periférico ao processo produtivo, o empregado agora ocupa o centro do empreendimento empresarial. Ele passa a ser visto como pessoa, merecedora de proteção. Tudo tem menos importância frente à necessidade de tutela e promoção de sua dignidade. É ele quem justifica, agora, a produção econômica[25].

Diante desta realidade, uma verdadeira definição da figura do empregado passa pelo reconhecimento de que ele é um ser humano dotado de necessidades existenciais e que o contrato de trabalho é a via pela qual ele encontrará meios não só de atender essas necessidades de subsistência, mas também – e principalmente – de explorar suas potencialidades enquanto ser humano[26].

Como se vê, há, sem dúvida, uma interpenetração entre o aspecto de dignidade do ser humano que a relação de emprego proporciona, o valor social do trabalho e o primado do trabalho mencionados no tópico anterior. Se estar trabalhando representa uma forma de inserção do ser humano no meio social em que vive e de realização social por meio de um sentimento íntimo de utilidade (valor social do trabalho), se serve como base para o soerguimento de uma sociedade democrática (primado do trabalho), é inegável que a concretização desses dois aspectos faz parte do caminho a se percorrer para se atingir a dignificação de um ser humano contextualizado em uma relação de emprego[27].

Mas o princípio da dignidade da pessoa humana não só redefine o conceito de empregado sob uma ótica constitucional. Ele se irradia para outras áreas afetas ao Direito do Trabalho, como é o caso da proteção aos menores e às mulheres, a

---

(23) MARTINEZ, Pedro Romano. *Op. cit.*, p. 623-624.
(24) MORAES, Maria Celina Bodin de. *Op. cit.*, p. 117.
(25) Daí Marthius Sávio Cavalcante Lobato afirmar que "é através da proteção do princípio da dignidade da pessoa humana que surge a proteção constitucional da relação de emprego". *O valor constitucional...*, p. 90.
(26) Embora não conjuguemos com a maioria das conclusões apresentadas por Jorge Luiz Souto Maior, em *Relação de emprego e Direito do Trabalho:* no contexto da ampliação da competência da Justiça do Trabalho, estamos de acordo com esse autor quando ele aponta que o emprego "É fonte de subsistência, mas, também, oportunidade de aprofundamento de valores humanos (o trabalho como fator de crescimento pessoal) e inserção social. Favorece um planejamento de vida e gera estabilidade em suas relações sociais, sobretudo familiares" (p. 83).
(27) "Ter um trabalho é uma questão de dignidade do ser humano, o que leva Asquinazi-Bailleux a dizer que é possível designar o direito ao trabalho ou mais exatamente o direito ao emprego como outro meio de assegurar a salvaguarda da dignidade da pessoa humana". NASCIMENTO, Amauri Mascaro. *Curso...*, p. 467.

conservação do meio ambiente laboral, o combate ao trabalho escravo e degradante e a preservação das condições de trabalho[28]. Além disso, toda a disciplina contratual passa a ser objeto de uma releitura, na medida em que o contrato do trabalho passa a ser um *instrumento* e não mais uma *finalidade* em si; uma ferramenta para que um ser humano – o empregado – possa realizar-se enquanto pessoa. Daí se poder falar em uma verdadeira *funcionalização do contrato de trabalho*, conforme se verá no item 5.

Diante dessa nova ótica, os aspectos existenciais que derivam da relação de emprego – como é o caso da proteção à higidez física e mental do empregado – passam a ser tão relevantes quanto (ou, quiçá, ainda mais relevantes que) a sua dimensão patrimonial – pagamento de salários e demais consectários trabalhistas.

Por fim, a releitura dos institutos de Direito do Trabalho à luz do princípio da dignidade da pessoa humana e dos ditames solidaristas presentes no art. 3º da Constituição Federal também impõe às partes – empregador e empregado – uma nova postura diante um do outro. Agora, exige-se uma atuação mais transparente de parte a parte; nasce um velado compromisso de desarmamento de almas, no sentido de que as condições contratuais sejam estabelecidas de forma coerente, ponderada e proba. Daí ser possível afirmar que a exigência de condutas conformes aos ditames de boa-fé objetiva seja ao mesmo tempo uma consequência desse princípio de dignidade (permeado pela proposta de solidariedade estabelecida como objetivo da República[29]) e um meio para seu alcance.

Dessa forma, um terceiro norte axiológico passa a se mostrar inarredável na releitura proposta ao Direito do Trabalho Tradicional: o procedimento de acordo com exigências da boa-fé objetiva.

4. Boa-fé objetiva

Apesar de não estar expressamente previsto na Constituição Federal, o princípio segundo o qual as pessoas devem agir com boa-fé no trato cotidiano é uma decorrência do tecido axiológico eleito pelo nosso ordenamento jurídico[30].

---

(28) Vide, nesse sentido, Alessandro Severino Valle Zenni e Cláudio Rogério Teodoro de Oliveira. *(Re)Significação dos princípios de Direito do Trabalho*, p. 59-60.
(29) Há divergência doutrinária acerca da inspiração constitucional do princípio da boa-fé objetiva. Eugênio Facchini Neto (*Op. cit.*, p. 45), citando o professor paranaense Luiz Edson Fachin, defende que tal princípio decorre do princípio da solidariedade. Já Maria Celina Bodin de Moraes (*Op. cit.*, p. 117-142), apesar de não negar que tal princípio encontra inspiração no ideal solidarista constitucional, entende que este ideal representa uma das facetas pelas quais o princípio dignidade humana se materializaria, razão pela qual, de forma mediata, o princípio da boa-fé objetiva teria inspiração nesse princípio fundamental, ou na "cláusula geral de tutela da pessoa" por ela proposta. A nosso ver, ambos os princípios fundamentam constitucionalmente o princípio da boa-fé objetiva, que encontra assim dupla justificação para irradiar-se ao longo do direito privado nacional.
(30) "O princípio da boa-fé, apesar de consagrado, em norma infraconstitucional, incide sobre todas as relações jurídicas na sociedade. Configura cláusula geral de observância obrigatória, (...) carente de concretização, segundo as peculiaridades de cada caso". PEREIRA, Caio Mario da Silva. *Instituições de Direito Civil* – Contratos – v. III, p. 20.

A doutrina civilista remete sua inspiração ao § 242 do Código Civil alemão editado em 1900 (*Bürgerliches Gesetzbuch*), o qual impõe aos contratantes um dever de agir em conformidade com *treu und glauben*[31], que, em linhas gerais, poderia ser traduzido como a obrigação de proceder com lealdade e confiança.

De acordo com a definição proposta por Célia Slawinski, "a boa-fé objetiva deve ser encarada como uma regra de conduta, ou seja, um dever de agir de acordo com determinados padrões socialmente recomendados, de correção, lisura, honestidade, para (...) não frustrar a confiança legítima da outra parte"[32]. Ela obriga as partes envolvidas em situações jurídicas subjetivas a, razoável e equilibradamente, ponderar os interesses alheios e comportar-se com honestidade e lealdade na celebração, na execução e na extinção dos negócios jurídicos[33].

Conforme ensina Gustavo Tepedino, "o que o ordenamento jurídico visa com o princípio da boa-fé objetiva é assegurar que as partes colaborarão mutuamente para a consecução dos fins comuns perseguidos com o contrato"[34].

O princípio da boa-fé objetiva, portanto, encerra uma cláusula aberta de tutela do comportamento individual. Ela obriga a todos que atuem de maneira honesta, proba, reta, respeitosa, transparente, leal e com consideração pela outra parte[35]. A concretização dessas prestações comportamentais, no entanto, dependerá do caso prático, com o qual a pessoa deparar nos tráficos sociais cotidianos.

Naturalmente, esse princípio de boa-fé encontra maior incidência na seara das relações contratuais por ser ali que os indivíduos, como regra, adotam comportamentos mais relevantes para o direito. Sem embargo, esse dever de agir com probidade também deverá estar presente nos demais atos desempenhados em sociedade, como, por exemplo, na abstenção de causar danos aos bens públicos, no dever de não poluir e no respeito às convenções sociais (como entrar em filas ou trajar-se de acordo com a cerimônia exigida em certos locais).

Não é o propósito deste estudo discorrer acerca de todas nuances que envolvem o princípio da boa-fé objetiva. O tema é extremamente fértil e as potencialidades derivadas desse princípio são praticamente inesgotáveis. Tentaremos apenas apresentar, em linhas gerais, as principais apreensões que podem ser transportadas para o ordenamento trabalhista a partir dele.

---

(31) Francisco Rossal de Araújo (*A boa-fé no contrato de emprego*, p. 26), em obra que trata da aplicação do princípio da boa-fé no contrato de trabalho, remete a *treu und glauben* germânica aos juramentos de honra tipicamente medievais.
(32) *Contornos dogmáticos e a eficácia da boa-fé objetiva* – o princípio da boa-fé no ordenamento jurídico brasileiro, p. 14/15.
(33) "A boa-fé-lealdade se refere à conduta da pessoa que considera cumprir realmente com o seu dever. Pressupõe uma posição de honestidade e honradez no comércio jurídico, porquanto contém implícita a plena consciência de não enganar, não prejudicar, nem causar danos. Mais anda: implica a convicção de que as transações são cumpridas normalmente, sem trapaças, sem abusos, nem desvirtuamentos". RODRIGUEZ, Américo Plá. *Princípios de Direito do Trabalho*, p. 273.
(34) TEPEDINO, Gustavo; BARBOZA, Heloísa Helena; MORAES, Maria Celina Bodin de. *Código Civil interpretado conforme a Constituição da República*. v. II, p. 20.
(35) Francisco Rossal de Araújo (*Op. cit.*, p. 35) credita a Orlando Gomes a lição de que "as partes (...) têm de proceder como pessoas corretas, que não prejudicam, consciente e voluntariamente, a quem quer que seja".

Em primeiro lugar, importa deixar claro que, para o nosso estudo, a boa-fé deverá ser encarada na dimensão objetiva, isto é, não se deve buscar saber se a parte envolvida em determinada relação jurídica laboral está, naquele momento, querendo comportar-se efetivamente em conformidade com ditames de transparência e lealdade. O importante é perquirir se a sua atuação naquela dada situação amolda-se àquilo que naturalmente se esperaria de qualquer homem médio agindo sem interesse de locupletar-se de outras pessoas.

Em segundo lugar, deve-se ter em conta que o princípio da boa-fé objetiva prescinde de previsão expressa no texto constitucional para ser transportado para as relações de trabalho, na medida em que o mesmo já se encontra presente no art. 422 do nosso Código Civil, que impõe aos litigantes o dever de agir de acordo com os princípios de probidade e boa-fé, bem como no art. 113 do mesmo diploma, o qual determina que os negócios jurídicos devem ser interpretados em conformidade com os mesmos ditames de boa-fé.

Ora, o Direito Civil é fonte subsidiária ao estudo do contrato de trabalho (art. 8º, parágrafo único, da CLT). É nele que o Direito do Trabalho busca os conceitos de maioridade, relação jurídica, obrigações, proposta, condição, termo, rescisão etc. Por esse motivo, de igual modo será no Código Civil que os atores envolvidos na relação de emprego buscarão as fontes que regerão os parâmetros comportamentais a serem por eles observados[36], sendo, dessa forma, absolutamente vinculantes para empregador e empregado[37] os mandamentos previstos nos arts. 113 e 422 do Código Civil.

As consequências da infusão da boa-fé objetiva às relações contratuais trabalhistas são inúmeras, somente sendo possível estudá-las, como lembra António Monteiro Fernandes, em caráter exemplificativo[38].

De início, o dever de agir com transparência e lealdade exige que as partes se desarmem de artimanhas para obter vantagens indevidas umas sobre as outras. No lugar do antagonismo adotado como premissa nas tratativas contratuais preliminares, passa a vigorar uma verdadeira *tutela de confiança*.

Assim, na fase que antecede a celebração do contrato de trabalho, as partes passam a dever uma à outra a necessária transparência em respeito aos elementos que circundarão a relação de emprego futura e que servirão como base sobre a qual será construído o contrato de trabalho. Ao empregador, ainda que sem a

---

(36) Nessa linha, Renato Rua de Almeida defende que "os valores da boa-fé objetiva e de seus deveres anexos, previstos no Código Civil de 2002, impregnam o conteúdo do contrato de trabalho, como fonte subsidiária, por força do disposto no parágrafo único do art. 8º da Consolidação das Leis do Trabalho". Subsiste...?. *Revista LTr*, São Paulo. 73-04, p. 392.
(37) Plá Rodriguez é categórico ao afirmar que "este princípio abrange ambas as partes do contrato e não apenas uma delas". *Op. cit.*, p. 274. No mesmo sentido, Francisco Rossal de Araújo. *Op. cit.*, p. 236. Sem embargo, vale registrar o posicionamento doutrinário de Alessandro Severino Valle Zenni e Cláudio Rogério Teodoro de Oliveira, (*Op. cit.*, p. 39) – com o qual não podemos concordar – no sentido de que "o princípio deve estar mais presente na conduta do empregador (...) para que não explore seu obreiro e proporcione condições saudáveis de labor (...)".
(38) Cf. *Direito do Trabalho*, p. 236.

provocação do empregado, impõe-se a revelação das reais condições do trabalho a ser desenvolvido, do valor da remuneração, das chances de ascensão na carreira, do local de trabalho, dos eventuais riscos inerentes ao cargo e de todos os outros elementos relevantes que possam dizer respeito à posição a ser ocupada pelo futuro empregado. Já ao trabalhador impõe-se também o dever de informar a sua real capacidade e disponibilidade para o trabalho, a sua experiência prévia, as suas expectativas com relação ao emprego etc.

Além disso, uma vez manifestada, por qualquer das partes, ainda que de forma não oficial, a intenção concreta de celebração do contrato (promessa ou aceitação de emprego), cabe-lhes honrar a palavra, não sendo lícita uma retratação eficaz. Nesse particular, caso, em momento posterior, uma das partes arrependa-se da promessa, caberá à parte prejudicada o direito à reparação pelos danos eventualmente experimentados[39].

Como se vê, a boa-fé objetiva faz com que o contrato de trabalho já projete uma eficácia *antes mesmo de ser celebrado* (eficácia pré-contratual).

Esse dever de probidade decorrente do princípio em questão modifica também, necessariamente, a postura das partes uma frente à outra *no curso do contrato*. Isto porque sem a compreensão da irradiação da boa-fé objetiva para o seu interior, o contrato de trabalho era entendido simplesmente como um elo entre empregadores e empregados. Cada um deles tinha interesses necessariamente antagônicos que geravam obrigações igualmente contraditórias (trabalhar, do lado do empregado, *versus* fornecer o trabalho e pagar o salário, do lado do empregador). O inadimplemento dessas obrigações dava ensejo à violação contratual e, possivelmente, seria considerado justa causa para a resolução da relação de emprego.

Agora, um contrato de trabalho revigorado pela influência da boa-fé objetiva faz com que as obrigações contratuais sejam polarizadas. De acordo com Clóvis do Couto e Silva, elas passam a ser entendidas a partir de um "conceito finalístico", ou seja, dirigem-se, "sempre, ao adimplemento ou à satisfação"[40]. Nascem, enfim, para serem cumpridas pelas partes. Daí ser possível dizer que a boa-fé objetiva exige do empregador e do empregado o abandono da posição de *passividade* que ocupam no Direito do Trabalho tradicional – onde cada um espera, de braços cruzados, que o outro cumpra sua parte no contrato de trabalho – dando lugar à *proatividade recíproca*, impondo-se aos contratantes o auxílio à contraparte para que esta encontre meios de adimplir com as suas obrigações.

A concepção segundo a qual as partes possuem obrigações antagônicas é, assim, substituída pela visão de convergência de interesses entre empregador e empregado. O contrato de trabalho passa a conjugar uma única finalidade convergente: o

---

(39) O tema será aprofundado no item 4.2 da Parte IV, infra.
(40) Cf. SILVA, Clóvis do Couto e. *A obrigação como processo*, p. 168. Especificamente no tocante à seara trabalhista, vide, no mesmo sentido, Francisco Rossal de Araújo. *Op. cit.*, p. 31-32.

adimplemento das obrigações. O empregador deve contribuir para que o serviço seja entregue completo e bem feito; o trabalhador deve dar meios para que o empregador consiga transmitir-lhe os serviços a serem realizados e deve auxiliá-lo para que este tenha condições de pagar seu salário ao final do mês.

Neste ponto, não há como deixar de remeter o leitor novamente ao art. 1º, IV da Constituição Federal para constatar ser justamente este o espírito perseguido pela ordem jurídica Trabalhista-Constitucional: a harmonização entre capital e trabalho, sem que haja uma necessária prevalência de um sobre o outro.

Finalmente, a apreensão da boa-fé objetiva pelo Direito do Trabalho impõe aos contratantes a preocupação com a preservação do equilíbrio econômico-financeiro das prestações contratuais[41].

Tal assunto, a nosso ver, terá maior incidência no âmbito do Direito Coletivo do Trabalho do que propriamente no do Direito Individual, uma vez que é principalmente neste segmento que se travam as discussões a respeito de reajustes remuneratórios e fixação de patamares salariais profissionais.

Sem embargo, é possível vislumbrar alguma incidência prática da exigência ao equilíbrio econômico contratual quando uma situação de onerosidade excessiva se mostra presente no decorrer da relação de emprego. É o caso, por exemplo, de inesperadas crises econômicas que exijam a revisão de alguns benefícios concedidos aos trabalhadores ou de calamidades que impossibilitem o trabalhador de comparecer ao trabalho temporariamente.

A título de síntese, pode-se afirmar que o princípio da boa-fé manda os agentes se desarmarem. Atuarem com a finalidade de atingir o consenso. Formularem pretensões razoáveis e factíveis. Proporcionar meios para que as obrigações sejam cumpridas. Agir com transparência e deixar sempre aberta a possibilidade para um diálogo futuro, em caso de alterações nas condições estruturais que criem uma situação de onerosidade excessiva para qualquer das partes[42].

5. Função social

Ao lado dos princípios até o momento elencados, encontra-se o princípio da função social. Embora ele seja aqui apresentado ao final do rol das principais influências axiológicas constitucionais, ele sob hipótese alguma deve ser entendido como tendo menor importância do que os demais na reinterpretação dos institutos de Direito do Trabalho.

---

(41) Teresa Negreiros define o equilíbrio econômico do contrato como sendo "a vedação a que as prestações contratuais expressem um desequilíbrio real e injustificável entre as vantagens obtidas por um e por outro contratantes, ou, em outras palavras, a vedação a que se desconsidere o sinalagma contratual em seu perfil funcional". *Teoria dos contratos*: novos paradigmas, p. 155-156.
(42) Para aprofundamento sobre a disciplina da boa-fé objetiva, vide, por todos, Judith Martins-Costa. *A boa-fé no direito privado*, passim.

A Constituição Federal faz referência à função social em mais de uma oportunidade. Destacam-se, por sua relevância, as previsões constantes dos arts. 5º, XXIII e 170, III, que qualificam a função social da propriedade simultaneamente como direito fundamental e como base da ordem econômica.

Portanto, está fora de qualquer dúvida que a funcionalização da propriedade é também um dos objetivos a serem alcançados por todo o ordenamento, do qual, logicamente, o Direito do Trabalho constitui parte orgânica.

O princípio da função social é, de fato, extremamente importante para a compreensão da nova disciplina Trabalhista-Constitucional. Ele encerra em si o conceito de que nada – seja o contrato, a propriedade, a empresa ou mesmo o trabalho – pode ser merecedor de tutela do ordenamento se não cumprir certo papel, que consiste em contribuir para o benefício da coletividade. Desse modo, ele impõe a substituição de uma postura *ego-ísta* por outra mais nobre, *altro-ísta*.

A funcionalização da propriedade exige o reconhecimento de que o fato de alguém ser proprietário – seja de bens imóveis, de meios de produção ou de empreendimentos econômicos – o torna devedor de satisfação para com a coletividade. Assim, a "razão da própria tutela da apropriação privada dos bens"[43] passa a ser a funcionalização desses mesmos bens, de modo que o uso da propriedade e da empresa – entendida como concentração de propriedade – desvinculado de qualquer propósito, passa a ser encarado como abuso (ab-uso) e, como tal, retira do seu detentor a proteção conferida pelo ordenamento à propriedade privada.

Como assevera Pietro Perlingieri, os atos de autonomia passam a ser "dirigidos à realização de interesses e funções que merecem tutela e que são socialmente úteis"[44].

> Assim, em um sistema inspirado na solidariedade política, econômica e social e no pleno desenvolvimento da pessoa (...) o conteúdo da função social assume um papel de tipo promocional, no sentido de que a disciplina das formas de propriedade e as suas interpretações deveriam ser atuadas para garantir e para promover os valores sobre os quais se funda o ordenamento[45].

Nesse sentido, "os legítimos interesses individuais" do titular da propriedade passam a merecer tutela somente "na medida em que sejam interesses socialmente relevantes"[46], diante da constatação de que a Constituição Federal impõe o deslocamento da propriedade privada para uma perspectiva solidarista e ética[47].

---

(43) PERLINGIERI, Pietro. *O Direito Civil na legalidade constitucional*, p. 942.
(44) PERLINGIERI, Pietro. *Perfis do Direito Civil...*, p. 19.
(45) *Ibidem*, p. 226.
(46) TEPEDINO, Gustavo. Crise das fontes normativas e técnica legislativa na Parte Geral do Código Civil de 2002. In: TEPEDINO, Gustavo. (org.). *A Parte Geral do Novo Código Civil*. Estudos na Perspectiva Civil-Constitucional, p. 31.
(47) Cf. NETO, Eugênio Facchini (*Op. cit.*, p. 54), que aponta para a mudança de feição de todo o direito privado a partir da sua funcionalização. Para o autor, o direito privado "perdeu suas antigas características de um direito individualista e materialista, para tornar-se mais solidário e ético (...)".

A relevância para o Direito do Trabalho dessa nova concepção de propriedade é imensa[48], a começar pela própria definição de empregador prevista pelo art. 2º da CLT.

Por essa definição, o empregador é compreendido pelo Direito do Trabalho como o detentor dos meios de produção. Por detê-los e organizá-los, ele assume os riscos do empreendimento, dentro da lógica da alteridade.

Contudo, a perspectiva Trabalhista-Constitucional exige a compreensão de que, sendo o empregador o "proprietário" do empreendimento, ele passa a ter a efetiva obrigação de utilizá-lo em conformidade com a sua função social. Socializa-se, assim, a empresa, entendida sob o ângulo empregatício. Essa constatação faz nascer, também aqui, a conclusão de que o empregador, pelo simples fato de existir, tem outros compromissos que não simplesmente a geração de lucros para si próprio.

Pelo contrário. Para cumprir sua função social, ele deve, em primeiro lugar, gerar o máximo de empregos possível. Além disso, ele tem um compromisso com a qualificação e com o aprimoramento daqueles que lhe disponibilizam serviços.

Assim é que, dentro dessa nova perspectiva, a empresa estará atingindo sua função social tanto mais quanto maiores forem as melhorias que ela consiga agregar à vida dos trabalhadores por ela empregados. Não se trata apenas de compartilhar lucros e resultados e abrir horizontes para uma gestão compartilhada, conforme proposta do art. 7º, XI da Constituição[49]. Isso é apenas o começo. O investimento em educação dos trabalhadores, a concessão de serviços médicos e odontológicos, o respeito aos horários de lazer e a garantia da segurança dos empregados são caminhos para o cumprimento dessa função social.

Mais que isso, pode-se imaginar também que as empresas contribuam não só com a coletividade de empregados, mas também com a comunidade dentro da qual ela se encontra inserida. Assim é que o ordenamento jurídico espera delas a conservação do meio ambiente, a preservação do espaço urbanístico em que se localizam e até mesmo alguns serviços de caráter comunitário e assistencial, como a prestação de serviços gratuitos e distribuição de mantimentos[50]. Novamente aqui os exemplos são tantos quantos possamos imaginar.

---
(48) Para uma abrangente visão sobre o tema, vide Vólia Bomfim Cassar. *Direito do Trabalho*, p. 210-221.
(49) Para uma análise moderna acerca da participação dos trabalhadores na gestão como dimensão da função social da empresa, vide Renato Rua de Almeida. A teoria da empresa e a regulação da relação de emprego no contexto da empresa, *Revista LTr*, São Paulo. 69-05. p. 573-579.
(50) Nesse sentido é que Marco Alberto Sant'Anna Bitelli sugere que "A função social da empresa no novo milênio, atribuindo pesos diferentes e proporcionais às forças das próprias organizações empresariais (...), deveria migrar para um conceito de responsabilidade social". Da função social para a responsabilidade da empresa. In: VIANA, Rui Geraldo Camargo; NERY, Rosa Maria de Andrade. (coord.). *Temas atuais de Direito Civil na Constituição Federal*, p. 229-270. O autor lembra que "As empresas, em especial as grandes, têm assumido funções assistenciais para com seus funcionários, formando fundos de previdências, planos de aposentadoria, fomentando a formação profissional de seus associados, albergando algumas das funções que, originariamente, seriam do Estado. De forma institucional, realizam projetos de valorização ou recuperação do meio ambiente, patrimônio histórico e cultural, promovendo ensino básico, creches, transporte de empregados e outras participações comunitárias" (p. 270).

É bom que se diga que essa postura que se espera da empresa não representa qualquer invencionismo de nossa parte. Ela deriva do comando constitucional expresso presente nos arts. 5º, XXIII e 170, III da Constituição Federal, os quais, como já explicado, possuem eficácia normativa vinculante. Além disso, tal perspectiva apenas coloca as empresas – identificadas como atores de vital importância para a sociedade – em compasso com a inspiração solidarista abraçada pela Constituição de 1988, especialmente materializada por meio do seu art. 3º, incisos I e III.

É que o solidarismo jurídico instaurado pela nova ordem constitucional exige, não apenas do Estado, mas de todos os integrantes da sociedade, o dever de

> (...) garantir os direitos sociais. Em primeiro lugar porque as relações privadas, que se desenvolvem sob o pálio da Constituição, não estão isentas da incidência dos valores constitucionais, que impõem sua conformação a parâmetros materiais de justiça, nos quais desponta a ideia de solidariedade. Além disto, diante da decantada crise de financiamento do *Welfare State*, que o impede de atender a todas as demandas sociais relevantes, é importante encontrar outros corresponsáveis que – sem exclusão da obrigação primária do Estado –, possam contribuir para amenizar o dramático quadro de miséria hoje existente, assumindo tarefas ligadas à garantia de condições mínimas para os excluídos, não já, agora, por caridade ou filantropia, mas no cumprimento de deveres juridicamente exigíveis[51].

Naturalmente, em virtude de a função social ser um princípio e não uma regra, não se espera que todos os empregadores no Brasil prestem integralmente a assistência acima sugerida. Mas, por ser um mandamento de otimização, *todos* os empregadores devem, *na proporção de suas possibilidades*, investir naqueles fatores que representam a *justificação* de poderem se valer de medidas de proteção a sua propriedade e de direção dos empreendimentos que encampam.

Sem esse fator de justificação que representa a função social, o empregador será menos merecedor de complacência por parte do ordenamento trabalhista. Isto porque o princípio da função social da propriedade autoriza o intérprete a utilizar critérios de isonomia no momento de interpretar a legislação trabalhista. Como se verá no item 4.4 do capítulo IV deste trabalho, em determinadas circunstâncias – que denominaremos "situações-limite" – o ordenamento estará autorizado a conferir um tratamento privilegiado ao empregador comprometido com ações sociais em detrimento daquele que não observa a função social de sua propriedade.

O princípio da função social apresenta-se igualmente relevante na sua dimensão contratual, tendo nosso Código Civil, no art. 421, imposto aos contratantes a obrigação de guardar observância a esse preceito quando do exercício da liberdade de contratar.

---

(51) SARMENTO, Daniel. *Direitos fundamentais e relações privadas*, p. 337-338. A respeito desse princípio de solidariedade abraçado como objetivo da nossa República, vide, ainda, Maria Celina Bodin de Moraes. O conceito de dignidade humana... In: SARLET, Ingo Wolfgang (org.). *Constituição...*, p. 136 e ss.

Na verdade, a função social do contrato possui contornos semelhantes aos da função social da propriedade[52], porque a circulação de riquezas por atos intervivos no Brasil somente se dá pela disciplina contratual. Portanto, é somente com o contrato que a propriedade se transmite.

Ora, se a propriedade, enquanto detida por determinada pessoa, deve guardar observância com a sua função social, naturalmente esta também necessitará ser tomada em conta quando aquela for transferida. Sendo o contrato o veículo por meio do qual a propriedade circula, ele deve, necessariamente, impor aos contratantes o dever "de atender – ao lado dos próprios interesses individuais perseguidos pelo regulamento contratual – a interesses extracontratuais socialmente relevantes, dignos de tutela jurídica, que se relacionam com o contrato ou são por ele atingidos"[53].

Portanto, sob uma perspectiva Trabalhista-Constitucional, tanto o empregador como o trabalhador precisam exercer a liberdade de contratar, tendo em mente também os efeitos que o contrato de trabalho causará na coletividade, reunindo os dois em torno de um único projeto social[54]. Suas cláusulas devem abster-se de prejudicar terceiros[55]. Dentro do possível, os próprios trabalhadores também têm o dever de contribuírem, por meio de seu trabalho, para a melhoria das condições da sociedade em que estão inseridos[56].

O princípio da função social, como se vê, também funcionará como ferramenta para a substituição do foco nesse novo ordenamento jurídico trabalhista, que retira seus holofotes do trabalhador isoladamente considerado, passando a lançá-lo sobre uma dimensão solidarista e universalista antes relegada a segundo plano pelo Direito do Trabalho tradicional, mas que, agora, descortina uma nova perspectiva para a leitura e aplicação da disciplina trabalhista, consentânea com as novas escolhas valorativas feitas pelo nosso ordenamento.

---

(52) Alessandro Severino Valle Zenni e Cláudio Rogério Teodoro de Oliveira ((Re)Significação..., p. 83) defendem que "vazam do princípio da função social da propriedade as noções de responsabilidade social das empresas, e o decantado princípio da função social dos contratos, revelando-se o contrato de trabalho, no pacto de excelência social".
(53) TEPEDINO, Gustavo. Crise das fontes normativas..., In: *Op. cit.*, p. 31.
(54) Cf. PERLINGIERI, Pietro. *O Direito Civil na legalidade constitucional*, p. 943.
(55) De acordo com a lição de Caio Mario da Silva Pereira, "em nome do princípio da função social do contrato se pode, *v.g.*, evitar a inserção de cláusulas que venham injustificadamente a prejudicar terceiros mesmo em razão do interesse maior da coletividade". *Instituições de Direito Civil*. v. III, p. 14.
(56) "O trabalho não é uma necessidade econômica, mas uma necessidade moral. Ao conceito de trabalho econômico tem que substituir-se o de trabalho função-social. Direi mais: função biológica construtora. (...) Ao conceito limitadíssimo, egoísta e socialmente danoso, de trabalho-lucro, é preciso substituir o conceito de trabalho-dever e de trabalho-missão. Isto é um encaminhamento ao altruísmo, não um altruísmo sentimental e desordenado mas prático e ponderado, cujas vantagens são calculadas". UBALDI, Pietro. *A grande síntese*: síntese e solução dos problemas da ciência e do espírito, p. 357-358.

Capítulo IV
A releitura do Direito Trabalhista sob a perspectiva constitucional

1. Notas introdutórias

Estabelecidas as premissas metodológicas para a constitucionalização do Direito do Trabalho (tarefa a que nos ativemos na Parte II deste estudo) e apreendidos os principais valores que passam a orientar a disciplina trabalhista a partir de 1988 (com o que nos ocupamos na Parte III), chega agora o momento de transportar esse arcabouço teórico para o Direito do Trabalho.

Assim é que, nesta quarta e última Parte do presente estudo, nos proporemos a reler o Direito do Trabalho sob essa perspectiva constitucional, na tentativa de superação do paradigma tradicional e positivista da relação de emprego, cuja insuficiência foi demonstrada no capítulo I *supra*.

Em um primeiro momento, revisitaremos o que entendemos serem as duas principais vigas de sustentação do Direito Trabalhista tradicional, que se encontram corroídas pela ferrugem sobre elas acumulada com o avanço da sociedade. Referimo-nos, de um lado, à *função* dessa disciplina, outrora voltada unicamente à pessoa do empregado e que agora parece ampliar seu foco e se debruçar na centralidade que o emprego ocupa no contexto social. De outro lado, referimo-nos ao *paradigma protecionista* que por muito tempo fundamentou a leitura da disciplina laboral e que ganha novos contornos com a sua constitucionalização.

Compreendidos os dois fenômenos a partir dessa nova lente, lapidada a partir de valores constitucionais, estará traçado o ponto de partida do Direito Trabalhista-Constitucional e, com ele, as bases que, acreditamos, podem tentar tirar o Direito do Trabalho da crise que ele atravessa.

A releitura desses dois fundamentos teóricos do Direito do Trabalho sob a ótica constitucional abrirá esse ramo do direito para um infinito de possibilidades, fazendo-se possível a reavaliação de seus institutos – *e. g.* os conceitos de empregado e empregador, a disciplina salarial, o contrato de trabalho, a duração da jornada, os períodos de descanso etc. – a partir dos valores concretizados nos princípios constitucionais.

Essa releitura da disciplina representa, sem dúvida, uma tarefa exaustiva e somente por meio de um tratado seria possível esgotá-la. No entanto, não poderíamos encerrar nosso estudo sem ao menos demonstrar algumas implicações práticas desse enfoque constitucional dado ao Direito do Trabalho proposto até o momento.

Por este motivo, ele será encerrado com alguns exemplos da grande utilidade prática que esse Direito Trabalhista-Constitucional traz no que diz respeito a situações concretas que reclamam a atenção dos estudiosos deste ramo do direito. Assim é que, com essa intenção ilustrativa, discorreremos brevemente e sem qualquer pretensão de sistematicidade sobre quatro aspectos em que a releitura Trabalhista-Constitucional, antes de útil, se faz necessária: (a) a despatrimonialização do Direito do Trabalho (onde se propõe a reanálise da noção de salário, especialmente do salário mínimo), (b) os deveres anexos à relação de emprego (onde se convida à releitura do contrato de trabalho), (c) o abuso do direito na despedida (onde abordaremos a ruptura contratual sob o enfoque Trabalhista-Constitucional) e (d) a (in)alterabilidade do contrato de trabalho em situações-limite (onde analisaremos a disciplina da alteração lesiva do contrato de trabalho).

A apresentação desses exemplos – que, como já dito, nem de perto exaurirão as aplicações práticas do Direito Trabalhista-Constitucional – servirá para demonstrar a relevância da releitura das situações jurídicas trabalhistas e convidar o leitor a repetir o exercício em outros institutos onde o Direito do Trabalho tradicional não consegue oferecer respostas satisfatórias aos anseios sociais.

Cremos ser somente assim, por meio de um constante e repetido recurso à Constituição na análise de questões trabalhistas cotidianas, que a disciplina sairá da crise, porquanto conseguirá oferecer respostas mais condizentes aos anseios presentes na sociedade de hoje, reaproximando, assim, o trabalhador do Direito do Trabalho.

2. A nova função do Direito do Trabalho

Como visto, o Direito do Trabalho, enquanto disciplina jurídica, fundamenta-se e justifica-se somente se estiver em compasso com os ditames constitucionais. Seus institutos só podem ser entendidos como instrumentos para materialização dos valores consagrados na Lei Maior, diante das exigências de um sistema que se pretende seja unitário[1].

O mesmo ocorre com relação às suas estruturas de raciocínio e métodos de interpretação. Ambos devem refletir as escolhas axiológicas impressas no tecido constitucional.

Disso resulta a necessidade de uma nova compreensão a respeito da função desempenhada pelo Direito do Trabalho no meio jurídico. Como propõe Renato Rua de Almeida, "no que concerne ao mundo do trabalho, em que, de um lado, encontram-se as mazelas do desemprego, e, do outro lado, a incapacidade dos paradigmas tradicionais do Direito do Trabalho para enfrentar essa situação adversa, torna-se necessária a busca de novos paradigmas (...)"[2].

---
(1) Quanto ao caráter unitário do sistema jurídico, vale a lembrança de Pietro Perlingieri: "A constitucionalização do direito representa não somente uma exigência da unidade do sistema e do respeito da hierarquia das suas fontes, mas também o caminho para obviar o risco das degenerações do Estado de direito formal. Não se trata de destruir, mas de adequar a interpretação e as técnicas aos valores primários (...)". *O Direito Civil na legalidade constitucional*, p. 577.
(2) *A pequena empresa...*, Op. cit., p. 1249.

Hoje em dia, parece-nos evidente que o Direito do Trabalho não tem mais como função principal proteger o empregado[3].

Essa foi, sem dúvida, sua principal tarefa nas fases de nascimento e desenvolvimento da disciplina. Naturalmente, em sua origem, o Direito do Trabalho tinha que girar em torno da proteção ao empregado, tendo sido trazido ao mundo jurídico para equilibrar forças. Ele representava um freio ao avanço do capital sobre o trabalho, uma forma de proteger o ser humano contra a exploração. Uma maneira, enfim, de conferir um mínimo de dignidade aos indivíduos que alienavam seu tempo, sua saúde e sua força em favor de um empreendimento empresarial.

Era preciso, inegavelmente, conferir um tratamento jurídico favorável ao empregado, de modo a suprir a profunda desigualdade existente entre ele e seu patrão. Restringia-se, assim, a autonomia contratual para se preservar um bem jurídico superior de dignidade humana do trabalhador.

Mas cremos que a concepção de simples proteção ao trabalhador outrora existente – vinculada à ideia de freio aos avanços do capital, reequilíbrio de forças e conquista de direitos sociais – já atingiu sua maturidade ao longo do século XX e mudou de formato a partir dos anos 1970[4]. Ela deve agora voltar suas atenções para um novo desafio, que pode comprometer a própria eficácia social do Direito do Trabalho, que é a questão do emprego[5].

Ora, o emprego é absolutamente central para a disciplina trabalhista[6]. Ela se desenvolveu em torno dele. Ele é a semente e o cerne do Direito do Trabalho. Sem ele, esse ramo do direito simplesmente não tem como existir.

A partir do momento em que o emprego vira bem escasso, iguaria não disponível à maior parte da população, o Direito do Trabalho também se transforma em relíquia. Nesse sentido, a crise da disciplina em grande medida se confunde com a crise do emprego, que é própria do capitalismo.

---

(3) Esta era a função apontada pela doutrina trabalhista clássica, como se vê em Mario de La Cueva, *in verbis*: "El derecho individual del trabajo tiene como propósito esencial la protección del hombre que trabaja y es, según hemos dicho, el núcleo del derecho del trabajo". *Curso de Direito do Trabalho*. Trad. Elson Gottschalk. São Paulo: LTr, 1976, p. 56 *apud* MAIOR, Jorge Luiz Souto. *Relação de emprego e Direito do Trabalho*..., p. 25.
(4) "Estou a falar, portanto, do paradigma jurídico sob cuja influência apareceram as obras pioneiras do Alfredo Palacios do 'Nuevo Derecho', do primeiro Evaristo do 'Apontamentos de Direito Operário', da doutrina do 'contrato realidade' de De La Cueva, e mesmo do protecionismo explicitamente autoritário do marcante e genial legado de Oliveira Vianna (...); um tempo, porém, que no presente já se fez passado". FREITAS JR, Antônio Rodrigues de. *Direito do Trabalho na era do desemprego*..., p. 68.
(5) Note-se que a mudança da função de disciplinas jurídicas é perfeitamente possível, consoante o entendimento da doutrina mais abalizada. Quanto ao tema, Barbagelata, citando Tulio Ascarelli, e o fenômeno do "deslizamento", lembra ser possível "um instituto jurídico conseguir assumir novas funções, independentemente de uma modificação de suas estruturas e, por isso mesmo, independentemente de uma modificação de sua regulação jurídica". *O particularismo*..., p. 35.
(6) Atentando para essa centralidade, Francisco Rossal de Araújo afirma que a relação de emprego constitui "o cerne de todo o Direito do Trabalho", não havendo "instituto dentro do ordenamento jurídico laboral que não vise, mediata ou imediatamente, à relação de emprego". *A boa-fé no contrato de emprego*, p. 114.

Diante disso, não é demais repetir o que já trouxemos linhas atrás: atualmente temos, somente no Brasil, 9% de desempregados. Esse quadro é ainda mais alarmante em outros países como a Espanha, que, em abril de 2009, apresentava estrondosos 17% de desempregados. Na África do Sul, este índice atingiu os 23% em igual período[7].

Voltando à experiência brasileira, é ainda mais alarmante lembrar que, entre os que se declaram "ocupados" (i. e., "não desempregados"), apenas 35%, de fato, possui vínculo trabalhista previamente reconhecido.

Ou seja, o emprego hoje é minoria. E os direitos trabalhistas também.

Esse quadro nos leva à inexorável conclusão de que atualmente o Direito do Trabalho tem que se preocupar com outros aspectos que, no passado, eram menos importantes do que conseguir patamares mínimos existenciais para os trabalhadores.

O primeiro deles é entrar em compasso com o compromisso constitucional da valorização social do trabalho e da busca pelo pleno emprego; admitir que o emprego é a principal maneira de se proporcionar ao ser humano a possibilidade de emancipação social e de promoção de sua dignidade[8]. Só assim, a disciplina terá espaço para voltar a se desenvolver.

Partindo dessa constatação, o Direito do Trabalho passa a assumir uma nova e revigorada função: a de resolver o problema da eficácia de suas normas por meio da atenção aos problemas de criação e de manutenção de empregos.

Seu desafio agora é oferecer possibilidades para que empregado e empregador – visto que o valor de ambos é colocado no mesmo patamar de importância pelo art. 1º, IV da Constituição Federal – consigam conviver em harmonia nos momentos de calmaria econômica e tenham alternativas para enfrentar, em conjunto, as crises do capitalismo, sem perder de vista o status privilegiado de que desfruta o trabalhador frente à potencialidade de abusos patronais. Essa harmonização, inclusive, é aconselhada pela Organização Internacional do Trabalho por meio da sua Recomendação n. 94.

Assim, a tradicional função de proteção ao empregado é ampliada, passando a ser compreendida, antes de tudo, como proteção ao emprego. Esse é o marco-zero[9]. Assim conjuga-se realização pessoal do trabalhador por intermédio do emprego, constrói-se a sociedade com base no primado do trabalho e harmoniza-se capital

---

(7) Diante dessa realidade, Arnaldo Süssekind alerta que "a maior preocupação das entidades internacionais, assim como de algumas nações, é com o *desemprego estrutural* (...)". *Instituições de Direito do Trabalho*, p. 202 (grifo no original).
(8) Renato Rua de Almeida já alertava para essa nova função quando ensinou que "o objetivo maior do Direito do Trabalho de proteger o empregado compreende hoje também a proteção do trabalhador desempregado". O moderno Direito do Trabalho e a empresa: negociação coletiva, representação dos empregados, direito à informação, participação nos lucros e regulamento interno. *Revista LTr*, São Paulo. 62-01, p. 37.
(9) Esse parece ser o entendimento conjugado também por Héctor-Hugo Barbagelata, para quem "após alcançado um determinado grau de proteção nas condições de trabalho, a segurança do emprego pode desplantar como mais valiosa do que a melhoria das citadas condições". *Op. cit.*, p. 34.

e trabalho[10]. Insere-se o trabalhador na gama de proteção existente. Caminha-se, enfim, para um sentimento de paz, de justiça social.

No particular, fazemos nossas as palavras de Arnaldo Süssekind, para quem hoje em dia

> (...) o Direito do Trabalho já não visa ao operário, como ente mais fraco na vida em sociedade, nem tem a finalidade econômica da legislação de Bismarck. Ele se situa em plano imensamente mais elevado, com o grande objetivo de solucionar o problema. (...) Valorizando o trabalho humano, seja aquele que realiza o empregado, seja o que faz o empregador, na gestão de sua empresa, o Direito do Trabalho persegue uma finalidade político--social que é a paz social, a harmonia social[11].

Para além dessa função de pacificação social por meio do emprego, o Direito do Trabalho também assume como função a assimilação dos ideais de solidariedade estabelecidos como objetivos da República no art. 3º da Lei Maior.

Assim, impõe-se ao estudioso de Direito do Trabalho o abandono da visão que identifica o empregado como um indivíduo, isolado do seu contexto social.

Essa visão individualista do trabalhador é creditada à inspiração liberal, "que vê no Homem um ser abstrato e sem raízes, perseguindo seus interesses privados numa sociedade atomizada, em que os laços de integração são frouxos, e que funciona de modo semelhante ao mercado"[12].

A superação do liberalismo exige que o trabalhador seja agora identificado não mais como um indivíduo atomizado, mas como uma pessoa. Como tal, possui vínculos sociais e afetivos; insere-se em um seio social e é nele que se realiza e se identifica[13]. Ele passa a ser visto como "um ser situado, concreto, que desenvolve a sua personalidade em sociedade, no convívio com seus semelhantes"[14].

---

(10) Em sentido contrário ao nosso, posiciona-se Jorge Luiz Souto Maior. Para o autor, essa aproximação entre capital e trabalho seria falaciosa, uma máscara utilizada pelo empregador para continuar a oprimir o operário, in verbis: "(...) com o argumento de que o emprego vai acabar tenta-se (...) eliminar este antagonismo, fazendo crer que nas relações de trabalho atuais não há exploração do trabalhador (...), e todos, mesmo o trabalhador assalariado, que vende sua força de trabalho, como forma de sobrevivência, para outro que explora economicamente o resultado do seu trabalho, passam acreditar que a realidade mudou, embora ela continue a mesma, ainda que com roupagem diferente"; *Op. cit.*, p. 27. No mesmo sentido posiciona-se Aldacy Rachid Coutinho que, partindo de uma perspectiva marxista, defende que "a *cooptação do trabalho por um capital* ora em nova fase, que projetou no imaginário popular a identificação dos interesses do empregador e do trabalhador, levou à crença de que estariam caminhando em uma trajetória única em busca do crescimento da atividade produtiva e incremento dos aportes financeiros da empresa como condição única para preservação do vínculo jurídico de trabalho que, no entanto, somente mascara a exploração intensificada da mão de obra e dos valores humanos, tais como a imagem, a personalidade, a saúde, a opção sexual". A autonomia privada..., In: SARLET, Ingo Wolfgang (org.). *Constituição*..., p. 172/173 (grifos no original).
(11) *Instituições*..., p. 100.
(12) SARMENTO, Daniel. *Direitos fundamentais*..., p. 117.
(13) Nas palavras de Arion Sayão Romita, "a fórmula que preside à aplicação dos direitos fundamentais é a que eles concernem ao 'homem situado'". *Direitos fundamentais nas relações de trabalho*, p. 221.
(14) SARMENTO, Daniel. *Op. cit.*, p. 117.

Portanto, a proteção ao trabalhador isoladamente considerado passa a ser *tão importante quanto* a proteção da *coletividade de trabalhadores* em que aquele se insere. Dito de outro modo, o cuidado do Direito do Trabalho deve se destinar não só *ao* empregado de uma empresa, mas *a todos* os trabalhadores nela empregados[15]. Ele precisa ter em mente que, ao lado de um empregado-indivíduo, há outros que também reclamam proteção e que, igualmente, há ainda uma empresa, sem a qual não haveria a relação de trabalho em primeiro lugar.

Nesses termos, ganham importância para a área trabalhista as palavras de Daniel Sarmento, que defende não ser

> (...) lícito falar nem na primazia absoluta do individual sobre o coletivo, que conduziria à anarquia jurídica e impediria a organização da vida em sociedade, nem na supremacia do coletivo sobre o individual, que é liberticida, e, com seu irredutível organicismo, pode asfixiar a pessoa humana e abrir as portas para totalitarismos de variados matizes. Na verdade, em casos de colisão entre interesses individuais e coletivos, cumpre proceder a uma atenta ponderação, que preserve ao máximo cada um deles, e que se oriente para a promoção do princípio da dignidade da pessoa humana[16].

Opera-se, portanto, a ampliação do foco da disciplina, agora vista sob o enfoque da Constituição. Ela se destina a cuidar do emprego, a solucionar o problema de exclusão social com recurso à preservação dos postos de trabalho, o que trará maior sentimento de justiça social mediante a valorização do primado do trabalho. Vai buscar, sempre que possível, soluções e institutos jurídicos que protejam o empregado sem importar no comprometimento da preservação dos empregos dos demais trabalhadores.

Essa é uma tendência mundial e não só brasileira. Também em Portugal defende-se uma nova função para a disciplina trabalhista que transcenda a antiga ideia de proteção ao empregado. Assim é que, seguindo a linha acima descrita, Pedro Romano Martinez afirma que "(...) o Direito do Trabalho não foi estabelecido para defender os trabalhadores contra os empregadores, ele existe em defesa de um interesse geral, onde se inclui toda a comunidade. A comunidade, de que fazem parte trabalhadores e empregadores, beneficia (sic) da mútua colaboração e da paz social"[17].

O mesmo caminho parece estar aberto na Espanha, conforme se constata da lição de José Castán Tobeñas: "a justiça e o direito devem perseguir soluções de equilíbrio harmônico (que se traduzirá umas vezes em proteger o trabalhador, mas outras vezes em prestar proteção à empresa) e devem estar, sempre, a serviço da coletividade, que tem preferência sobre o interesse próprio dos indivíduos e dos grupos"[18].

---

(15) "(...) quando se afirma que o Direito Privado contemporâneo centra-se na pessoa humana e nos seus valores existenciais, constata-se a superação do paradigma individualista. A personalização, portanto, não é incompatível com a socialização do Direito Privado, mas configura antes uma das causas deste processo, já que se concebe a pessoa como um ser social, titular de direitos mas também vinculado por deveres perante seus semelhantes". *Ibidem*, p. 118/119.
(16) *Ibidem*, p. 120.
(17) *Direito do Trabalho*, p. 223.
(18) *La idea de justicia social*. Madri: Reus, 1966. *Apud* ROMITA, Arion Sayão. *O princípio da proteção em xeque...*, p. 24.

Para que essa nova função de inclusão e de solução conjunta dos problemas atinentes à relação de trabalho possa ser eficazmente implementada, não é difícil perceber que o paradigma da proteção – construído sob premissas antigas – precisa ser revigorado, com o que tentaremos nos ocupar no próximo item.

3. A releitura do paradigma da proteção

3.1. O paradigma da proteção

Já dissemos que o Direito do Trabalho, em sua origem, foi concebido como um direito de resistência. Este substrato jurídico-ideológico esteve sempre por trás do seu nascimento. Havia a necessidade de conferir ao trabalhador um status jurídico privilegiado em face do empregador, para corrigir a grande desigualdade entre eles existente.

Esse primado da tutela do hipossuficiente aperfeiçoou-se doutrinariamente ao longo dos anos e deu origem a toda a gama de proteção do trabalhador subordinado. Nesse contexto, foram editados inúmeros diplomas legais que, intervindo na autonomia contratual das partes da relação de emprego[19], estabeleceram direitos e condições de trabalho de observância obrigatória aos contratantes.

É neste ponto que se encontra hoje a experiência brasileira: temos um belo conjunto normativo para a tutela do empregado hipossuficiente, que lhe resguarda um riquíssimo acervo de direitos. Ele tem garantidas as férias anuais, o 13º salário, o adicional de horas extras e a higidez do ambiente de trabalho. Ele tem direito a receber adicionais quando trabalha em condições nocivas à sua saúde, à noite ou quando é transferido o local de seu trabalho. Ele deve receber equipamentos de proteção individual. Deve repousar pelo menos uma vez por semana e nos feriados oficiais. Tem, ainda, o direito de estar inserido em uma seguridade social custeada por todos os membros da sociedade.

Mais do que estarem assegurados por força de lei, estes benefícios não podem ser renunciados, transacionados ou transferidos pelo trabalhador. Sua remuneração é intangível e irredutível. Para além disso, benefícios concedidos habitualmente incorporam-se ao seu patrimônio jurídico e passam a não mais dele poder ser retirados por vontade das partes envolvidas na relação de emprego, surgindo em favor do empregado uma regra de não retrocesso trabalhista.

Além desse *sistema normativo* privilegiado para o empregado, a *doutrina* desenvolveu ao seu redor uma segunda couraça jurídica, para mantê-lo a salvo de investidas capitalistas tendentes a diminuir sua gama de direitos e garantias laborais.

Essa dupla couraça – legislação tutelar complementada por um acervo principiológico conferidor de um status jurídico privilegiado ao trabalhador – é o que se convencionou chamar "paradigma da proteção".

---
(19) Vide, nesse sentido, o art. 444 da CLT.

Entre os princípios que classicamente são considerados formadores da segunda camada desse conjunto protecionista, tem maior relevo o chamado princípio protetivo (também denominado princípio protetor, de proteção[20], *pro operario* ou tutelar), cujo objetivo, nas palavras de Plá Rodriguez, é justamente "estabelecer um amparo preferencial"[21] ao trabalhador.

Ao sistematizar o princípio protetivo, o autor uruguaio – que é amplamente citado na doutrina majoritária brasileira – dividiu-o em três grandes vertentes de aplicação: uma interpretativa e duas integrativas.

A primeira vertente em que se desdobra o princípio protetivo seria a chamada regra do *in dubio, pro operario*. Trata-se de uma regra interpretativa, segundo a qual a norma trabalhista deve ser lida sempre no sentido que mais favorecer o trabalhador. Caso a mesma norma dê ensejo a mais de uma interpretação, deve-se optar por aquela que mais beneficie a parte obreira[22].

A segunda vertente, voltada para a integração de diplomas legais, é consubstanciada na regra da "norma mais favorável". De acordo com esta regra, sempre que houver mais de uma norma aplicável à relação jurídica de Direito do Trabalho, deve-se optar por aquela que seja mais favorável ao trabalhador[23].

Finalmente, a terceira vertente concentra-se na superveniência de uma norma a uma relação de emprego preexistente. Quando uma determinada regra é inserida no ordenamento jurídico, deve-se utilizar o critério da "condição mais benéfica" para determinar se ela irá ou não se aplicar à relação de emprego existente. Caso as normas anteriores sejam mais benéficas ao trabalhador, elas devem continuar a ser praticadas, em detrimento da aderência ao contrato individual de trabalho das regras editadas *a posteriori*[24].

Prega-se, assim, que normas duvidosas sejam interpretadas em favor do empregado e, em caso de conflitos entre dois diplomas normativos, deve sempre prevalecer aquele que mais beneficiar a parte hipossuficiente da relação de trabalho.

Em linhas gerais, este é o paradigma da proteção que o nosso Direito do Trabalho clássico abraça.

3.2. Crise do paradigma tradicional de proteção

Durante a sua construção, não se questionou a respeito da sustentabilidade do modelo protecionista à luz da realidade econômica, posto que no momento

---

(20) "Se 'protetor' é aquele ou aquilo que protege, o princípio, por si só, não pode ser protetor, já que a proteção será por ele inspirada, nunca por ele diretamente dispensada. Caberia, então, com maior precisão semântica, falar em princípio de *proteção*, mas não em princípio *protetor*: o princípio – é óbvio – não protege; quando muito, induz, inspira, fundamenta a proteção". ROMITA, Arion Sayão. *O princípio da proteção em xeque...*, p. 23 (grifos no original).
(21) RODRIGUEZ, Américo Plá. *Princípios de Direito do Trabalho*, p. 28.
(22) Cf. *ibidem*, p. 43-53.
(23) Cf. *ibidem*, p. 53-60.
(24) Cf. *ibidem*, p. 60-65.

histórico de seu desenvolvimento as crises econômicas não passavam de profecias malthusianas. Pouco importava, assim, que o empresariado fosse obrigado a arcar com mais custos em virtude da criação de uma casca de proteção em torno do empregado. Se o emprego custava-lhe mais caro, estes custos em grande parte eram repassados para o mercado consumidor, embutindo-os nos preços dos produtos ou serviços comercializados[25].

Mas não tardou para a humanidade descobrir que o sistema capitalista traz inerentes a si crises em ciclos semelhantes às ondas do mar: uma calmaria sempre precede a tormenta, depois da qual uma nova calmaria chega. E a frequência das crises vem se acentuando em virtude do fenômeno da globalização, que aumenta a pressão por resultados e por maior competitividade sobre a estrutura produtiva.

Junto com esta constatação veio outra: a de que o Direito do Trabalho é talvez o ramo do direito mais conectado com a economia. O que acontece na infraestrutura econômica repercute necessariamente na supraestrutura laboral. A partir do momento em que a pujança financeira do capitalismo fraqueja, as relações de trabalho sofrem imediatamente os efeitos da crise. Nesse sentido, inúmeros autores lembram que o Direito do Trabalho tem "notórias implicações econômicas"[26] e que deixá-lo alheio à realidade econômico-social traz como consequência a perda de efetividade da disciplina[27].

Nessa linha, a indissociabilidade entre capital e trabalho foi também uma inafastável constatação na história da humanidade. Embora tendencialmente antagônicos, um depende do outro para a prosperidade. Sem mão de obra, o capital se estagna; não se produz e não se consome coisa alguma. De outro lado, sem a organização empresarial, não se disponibilizam postos de trabalho e, assim, reduzem-se as possibilidades de subsistência e inserção social do ser humano.

As crises cíclicas do capitalismo põem em xeque esse tênue equilíbrio entre capital e trabalho. Elas ameaçam a sobrevivência das unidades empresariais em virtude

---

(25) A ressaltar o repasse do custo da proteção ainda nos dias atuais está Arion Sayão Romita, *in verbis*: "Como esta modalidade de proteção onera os custos da empresa condenada em juízo (custos estes repassados para os preços dos produtos e dos serviços por ela produzidos ou prestados), e como os consumidores ou usuários são, em última análise, os próprios trabalhadores, segue-se que o ônus econômico decorrente da proteção recai sobre o trabalhador. Analisada a proteção por esta ótica, conclui-se que quem custeia a proteção é o próprio trabalhador". *O princípio da proteção em xeque...*, p. 25.
(26) Cf. BARBAGELATA, Héctor-Hugo. *Op. cit.*, p. 18. Para o autor, "a maior ou menor dimensão das conquistas em matéria de relações trabalhistas, individuais ou coletivas, tende cada vez mais a depender das circunstâncias econômicas (...)" (p. 100). Ainda sobre a correlação entre emprego, Direito do Trabalho e economia, vale destacar a lição de Alessandro Severino Valle Zenni e Cláudio Rogério Teodoro de Oliveira (*(Re)Significação...*, p. 103), que apontam o emprego como engendrador de estabilidade social e de inserção no sistema socioeconômico.
(27) "O favorecimento da efectividade das normas de trabalho não pode, contudo, passar ao lado da racionalidade econômica: essas normas devem respeitar a adequação e a compatibilidade às exigências da gestão das empresas e às condições gerais da economia. Devem procurar a realização dos princípios e dos valores sociais inalienáveis, nos 'ambientes' micro e macroeconômicos reais – sob pena de ficarem inaplicadas, ou mal aplicadas, e de se tornarem ineficazes, por falharem a função social que as explica e justifica". FERNANDES, António Monteiro. *Direito do Trabalho*, p. 29.

da conjugação de fatores como a baixa disponibilidade de recursos no mercado, o aumento de juros para empréstimos a prazo, aumento de preços dos insumos, a saturação de mercados consumidores e o desaquecimento econômico. Como consequência, são adotadas medidas de redução de custos, voltadas inicialmente para aqueles gastos tidos como supérfluos.

Tomemos como exemplo uma empresa que conceda cafés da manhã graciosamente aos seus funcionários. A despesa com esse benefício certamente seria uma das primeiras a serem cortadas em momentos de crise. Todavia, de acordo com o art. 458 da CLT, a alimentação fornecida *in natura* é considerada parte da remuneração dos empregados. A cessação de sua concessão representaria uma redução salarial, redução esta vedada pelo princípio da irredutibilidade, previsto no art. 7º, VI da Constituição. Ainda que o empregador fosse cadastrado no Programa de Alimentação do Trabalhador e que o café da manhã, por este motivo, fosse excluído do conceito de salário, a supressão desse benefício seria igualmente considerada ilícita, tendo em vista que a repetição da sua concessão ao longo do tempo faz com que ele se incorpore ao patrimônio jurídico dos empregados. Ainda que aceita pelos trabalhadores, a alteração dessa condição de trabalho seria nula, por força do princípio da irrenunciabilidade de direitos trabalhistas e da regra do não retrocesso contida no art. 468 Consolidado.

Como se vê, não há uma solução dentro da legalidade para as partes. Ante a impossibilidade de novação quanto às cláusulas do contrato de trabalho – que decorre do paradigma da proteção –, oferece-se como única saída o desfazimento do vínculo contratual, o "corte de pessoal", o desemprego.

Os momentos de tormenta econômica revelaram-se, assim, danosos para o emprego e para a inclusão social através dele. Ao longo das últimas décadas, constatou-se que, em tempos de crise, a manutenção do empreendimento econômico – e, com ele, do sustento do universo de direitos trabalhistas e previdenciários dos empregados – se faz com o sacrifício dos postos de trabalho de alguns. O empresário, pressionado, demite para sobreviver. Salvam-se, junto com o empreendimento, alguns postos de trabalho. Perdem-se os demais. Alguns empregados pagam o preço pela manutenção da empresa e dos empregos dos outros trabalhadores.

O paradigma da proteção é sustentado, assim, a um alto custo. Não se trata simplesmente de arcar com a gama de direitos consagrados em lei (como férias e horas extras), os quais, o mais das vezes, refletem uma história de justas conquistas e correspondem a importantes medidas de proteção à saúde e à higidez mental e psicológica do trabalhador. Trata-se de suportar uma estrutura que não oferece alternativas à empregabilidade em momentos de crise. As partes da relação de emprego estão tão engessadas dentro do modelo protetivo, que o Direito do Trabalho brasileiro não dá outra saída que não seja a ruptura da relação de trabalho diante de uma ameaça concreta à preservação da empresa.

É preciso superar o pensamento pequeno do hoje, do agora, da hora extra não paga, do empregado-indivíduo, concebido isolado do contexto social em que vive. O Direito do Trabalho precisa enxergar o futuro, o todo, os resultados que uma postura de proteção irrefletida pode trazer à coletividade sob o ponto de vista da empregabilidade. Ele tem uma missão de materializar os comandos constitucionais de máxima inserção do trabalhador no mercado de trabalho e funcionalização da propriedade e do trabalho.

A estrutura de proteção ao empregado-indivíduo traz consigo a manutenção de um alto índice de desemprego estrutural, pois ignora o seu impacto nos empregos dos demais membros da coletividade[28]. A proibição do "passo atrás" e a incerteza quanto ao futuro da saúde do empreendimento fazem com que o empregador relute antes de oferecer qualquer vantagem ao empregado além daqueles direitos mínimos previstos em lei e em normas coletivas. O paradigma protetivo desestimula, assim, até mesmo a melhoria espontânea das condições de trabalho por parte da empresa.

É este também um dos grandes motivos pelos quais as taxas de desemprego e de informalidade mantêm-se tão elevadas em nosso país: os micro e pequeno empregadores relutam em anotar a carteira de trabalho, pois receiam não terem meios de manter os custos de uma mão de obra onerada com altíssimos encargos trabalhistas e previdenciários fruto da estrutura protecionista[29].

Esse é o motivo de o Direito do Trabalho ter-se tornado um direito de minoria. Não há qualquer estímulo mais contundente à formalização de postos de trabalho. É o próprio contrassenso: um modelo de proteção que desprotege, que expulsa o trabalhador da formalidade para a informalidade. Na pretensão de alcançar um máximo de garantias ao empregado, ele acaba não assegurando sequer o emprego. Ao invés de incluir, ele exclui. Mirou as estrelas, mas não consegue embarcar o trabalhador no foguete.

3.3. A flexibilização como saída?

Neste momento de impasse, em que se reclama uma válvula de escape que proporcione alguma maleabilidade ao rigor protetivo, os livros universitários invariavelmente remetem o estudioso à negociação coletiva de trabalho como forma de solucionar tais obstáculos, por meio do recurso à flexibilização[30]. Mas a experiência revela que essas negociações geralmente não respondem satisfatoriamente às partes envolvidas na relação de emprego.

---

(28) "(...) a atual realidade socioeconômica, caracterizada pela globalização da economia, em que a competitividade entre as empresas é cada vez mais exigente, faz com que o Direito do Trabalho passe a adotar um modelo jurídico mais próximo da vida das empresas, para regular a relação de emprego, sob pena de desproteger o empregado, ao invés de protegê-lo, ao provocar o aumento do desemprego". ALMEIDA, Renato Rua de. O moderno Direito do Trabalho..., *Revista LTr*, São Paulo. 62-01, p. 37.
(29) "A ideia de que no Direito do Trabalho se pretende favorecer o trabalhador contra o empregador dificulta inclusive a criação de novos empregos, pelo receio que os empregadores têm das consequências que daí poderão advir". MARTINEZ, Pedro Romano. *Op. cit.*, p. 223.
(30) Nesse sentido, Mauricio Godinho Delgado, *Curso*..., p. 1400 e ss. e José Augusto Rodrigues Pinto, *Tratado*..., p. 72-77. Seguindo a mesma linha em Portugal, Maria do Rosário Palma Ramalho. *Direito do Trabalho*, p. 63-70.

Com efeito, tais negociações são sempre tensas, arrastadas, lentas. O que se vê nessas ocasiões, geralmente, é uma entre três situações: (I) sindicatos fazendo reivindicações descabidas e postulando por garantias incumpríveis pelo empregador, acreditando que assim estão fazendo um bem para a coletividade representada; (II) sindicatos pelegos – geralmente pouco representativos – que, em troca de promessas de contribuições adicionais aos seus cofres, aderem aos interesses patronais; ou (III) sindicatos oportunistas, que utilizam esses momentos de crise para fazer campanhas políticas de seus membros, sob o argumento da defesa dos seus representados[31].

Não é difícil perceber que em nenhuma das situações acima uma negociação séria consegue resultados eficientes.

Na primeira hipótese acima ventilada, a negociação sequer sai do papel, uma vez que a extensa pauta de reivindicações inviabiliza o diálogo. Embora nestes casos o sindicato realmente mostre-se interessado na defesa da categoria representada, o empresário, atravessando uma situação de crise, não consegue aderir aos clamores sindicais.

Na segunda situação, geralmente se obtém um acordo coletivo flexibilizador. No entanto, esse acordo não se reveste de validade porque a real vontade da categoria profissional não é levada em conta pelo sindicato, que a troca por contribuições pagas pela entidade patronal em uma espécie de "suborno velado", travestido das chamadas "taxas negociais", "contribuições negociais" e congêneres, embutidas no corpo dos acordos coletivos de trabalho dessa natureza.

Finalmente, na terceira hipótese acima ventilada, tal qual na segunda, não há verdadeiro interesse por parte do sindicato de representação da categoria profissional. Ele apenas utiliza o momento de crise para lançar plataformas políticas de seus dirigentes. As negociações, como regra, são revestidas por piquetes e carros de som decantando que a diretoria do sindicato "não se renderá às investidas do capital sobre o trabalho" em uma postura de pseudo defesa da categoria. Não é difícil imaginar o resultado: a negociação se emperra, a flexibilização não acontece, a empresa quebra, o empregado perde o emprego e o dirigente sindical, quem sabe, se elege parlamentar.

Não negamos, entretanto, que em algumas situações haja sindicatos razoáveis, sensíveis à situação econômica do empresariado e realmente preocupados em defender a base representada. Estes, por vezes, conseguem atingir um denominador quando solicitados a negociar em momentos de crise. Contudo, ainda nestes casos, a negociação coletiva toma tempo – são necessárias assembleias, formulação de pauta de reivindicações, negociações, nova assembleia etc. Quando o acordo

---

(31) "Aponta-se claramente para a via da negociação coletiva. Mas o movimento sindical brasileiro, em sua expressão majoritária, decididamente repele essa via e dá mostras de preferir a acomodação, tentando obter benefícios materiais (...)". ROMITA, Arion Sayão. *O princípio da proteção em xeque...*, p. 122.

coletivo de trabalho[32] é finalmente confeccionado, muitas vezes já é tarde demais para se tomar decisões tendentes à preservação de grande parte da empresa e dos empregos que ela gera.

Tais entraves revelados pela experiência prática demonstram que a flexibilização feita via negociação com sindicatos resolve apenas poucos casos, deixando a grande maioria ao sabor da própria sorte.

Ao lado desses entraves de ordem prática[33] (e provavelmente em sua origem), há graves problemas jurídicos na estrutura sindical brasileira, que comprometem o recurso à negociação coletiva como medida eficiente para oferecer respostas trabalhistas em épocas de crise.

Tome-se em conta, logo de início, o caráter corporativista ainda existente na estrutura sindical, caráter esse avalizado por nossa Constituição por meio do seu art. 8º. Nele há a consagração de institutos como a representação obrigatória por categoria, a contribuição compulsória e a unicidade sindical, que colidem fortemente com os preceitos de liberdade sindical efetiva, preceituados na Convenção n. 87 da OIT.

Essa estrutura permite a proliferação de sindicatos viciados em sua essência e despreocupados com os reais interesses de sua base de representação (vez que a mesma está garantida "para sempre" independentemente da eficiência da sua atuação[34]). Reflexo dessa "alienação sindical" brasileira é o fato de apenas 18% dos trabalhadores em nosso país serem formalmente filiados a sindicatos profissionais, segundo a PNAD divulgada em 2009.

Soma-se a isso o fato de o Brasil ainda não ter implementado um sistema de representação dos empregados nas empresas, a despeito de a Convenção n. 135 da OIT ter sido por nós ratificada em 1991 e de nossa Carta Magna prever tal modalidade jurídica no seu art. 11.

Ora, semelhante representação dos empregados é, a nosso ver, muito mais apta a apreender tanto a real necessidade dos trabalhadores da empresa, como a verdadeira situação econômico-financeira do empregador. Ela tem muito mais sensibilidade para imprimir o tom das negociações e saber onde avançar e quando recuar, pois está prostrada dentro da empresa, no coração do problema.

---

(32) Aludimos ao "acordo coletivo" e não à convenção por ser aquele a ferramenta geralmente mais apropriada para levar a cabo a flexibilização pretendida. Sem embargo, nada impede que de tais tratativas também surja uma convenção coletiva de trabalho.

(33) Aos quais Heilbroner soma a fragilização da consciência coletiva, fruto da pulverização da mão de obra em micro e pequenas empresas ancoradas no setor de serviços após a Revolução Tecnológica, *in verbis*: "O operariado industrial, onde o sindicalismo tem sido tradicionalmente mais forte, constitui hoje uma fração estática ou talvez em lento declínio da força de trabalho. Inversamente, a era de mais rápido crescimento de emprego é nos setores de serviços e profissões não manuais [*White-collar jobs*] onde a antipatia pelo sindicalismo tem sido tradicionalmente maior". *A formação da sociedade econômica*, p. 141-142.

(34) "A sindicalização por categoria (...) só se sustenta no Brasil graças à mentalidade dominante, que autoriza a permanência de privilégios assegurados aos exercentes do poder sindical – patronal e de trabalhadores – que em nada cedem, apegados, como ostras ao rochedo, às posições de mando das quais ninguém consegue demovê-los". ROMITA, Arion Sayão. *O princípio da proteção em xeque*..., p. 124.

Sem a implementação efetiva dessa espécie de representação, os sindicatos poucas vezes se sentem estimulados a tomar a frente dessas negociações, notadamente quando as empresas atingidas nos momentos de crise são de micro e pequeno porte – as quais, como visto, respondem pela maior parte dos postos de trabalho criados no Brasil. Aqueles sindicatos mais participativos e interessados estão invariavelmente com suas agendas lotadas em épocas de crise e demonstram, no mais das vezes, pouco ou nenhum conhecimento sobre a realidade laboral travada nas referidas empresas, conhecimento este indispensável ao sucesso de uma negociação eficiente.

Some-se a isso que as situações que reclamam solução em momentos de crise nem sempre dizem respeito a toda a coletividade de empregados. Elas muitas vezes concentram-se em setores isolados ou a um número restrito de trabalhadores. Nestes casos, foge mesmo à própria função do sindicato – de representação da categoria e de materialização da vontade coletiva – sentar-se à mesa com o empregador para solucionar problemas específicos e setorizados.

Finalmente, vale lembrar que os mesmos autores que remetem a solução dessa crise de sustentabilidade do modelo protetivo à negociação coletiva fazem coro uníssono no sentido de que essa solução não pode ter como consequência a *precarização* das condições de trabalho. Em outras palavras, uma negociação coletiva pode autorizar a *flexibilização* de tais condições, mas jamais poderá autorizar a simples redução do patrimônio jurídico do trabalhador sem que este receba uma contrapartida à altura[35].

Todavia, o que os empregados mais anseiam nos momentos de dificuldade é, principalmente, a garantia de que não perderão seus postos de trabalho e de que não ficarão ao desamparo em tempos de crise. E muitas vezes o empregador nem isso pode oferecer, haja vista que a carga de tributos e encargos sociais que é obrigado a suportar não oferece um recurso flexibilizador semelhante.

Nesta situação, a assinatura de um instrumento coletivo de trabalho que não ofereça ao menos a garantia de empregos para os trabalhadores em troca da maleabilidade quanto ao paradigma de proteção representaria precarização das condições de trabalho, sendo passível de anulação pelos tribunais. Não confere, portanto, uma solução jurídica segura aos momentos de crise econômica.

Portanto, chega-se à triste constatação – a partir da análise da estrutura jurídica atualmente existente no Brasil e dos entraves de natureza prática decorrentes dessa estrutura – que o recurso à negociação coletiva não se mostra capaz de contornar a grave crise atravessada pelo Direito do Trabalho[36]. Quem sabe ela possa ser o cami-

---

(35) "Desse modo, *ela* [negociação coletiva] *não prevalece se concretizada mediante ato estrito de renúncia (e não transação)*. É que ao processo negocial coletivo falece poderes de *renúncia* sobre direitos de terceiros (isto é, despojamento unilateral sem contrapartida do agente adverso). Cabe-lhe, essencialmente, promover *transação* (ou seja, despojamento bilateral ou multilateral, com reciprocidade entre os agentes envolvidos), hábil a gerar normas jurídicas". DELGADO, Maurício Godinho. *Curso...*, p. 1402 (grifos no original).
(36) Na verdade, a insuficiência da solução negociada não é uma realidade apenas brasileira. Tome-se novamente aqui o exemplo português, onde, segundo António Monteiro Fernandes (*Direito do Trabalho*, p. 32), "a contratação colectiva estagnou, parecendo inviável a sua renovação espontânea".

nho em um futuro distante, caso o Brasil realmente venha a concretizar o compromisso com uma real liberdade sindical e implemente de forma eficiente a representação de empregados na empresa. Mas hoje, inegavelmente, a negociação coletiva não oferece meios eficientes para modernizar o paradigma de proteção e trazer o Direito do Trabalho para a realidade contemporânea[37].

Com todos os entraves acima, quem acaba como maior prejudicado é o trabalhador, já que o paradigma protecionista só oferece ao problema o desemprego e, com ele, o aniquilamento da fonte de subsistência do empregado. A utilização desse paradigma de maneira irrefletida e pouco maleável traz como última consequência a afronta aos próprios preceitos constitucionais da valorização social do trabalho e da livre-iniciativa, do primado do trabalho e, em última instância, de dignidade humana.

É preciso, portanto, evoluir; trazer para o compasso constitucional atual o paradigma de proteção. Aplicar-lhe uma interpretação conforme a Constituição de modo a que ele deixe de ser um "quasímodo jurídico" e volte a se encaixar como engrenagem à máquina jurídica nacional.

O Direito do Trabalho precisa refletir se, hoje, com suas estruturas de pensamento, métodos de interpretação, regras e princípios está promovendo ou freando o desenvolvimento da dignidade humana do trabalhador. Será que o engessamento das condições de trabalho realmente protege o empregado? Em que consiste, na verdade, em um mundo globalizado, fragmentado, pluralista e informatizado, proteger o trabalhador? Trata-se de buscar novas conquistas? Proteger todos os direitos já alcançados e incorporados a um contrato de trabalho? Ou será que a proteção que os trabalhadores reclamam atualmente é mais abrangente, mais ampla? Como se entender, enfim, no mundo contemporâneo, o paradigma da proteção?

---

(37) Deixamos aqui registrado o nosso ceticismo quanto a qualquer mudança da estrutura sindical no Brasil. Daí a nossa restrição ao recurso à flexibilização ou à negociação coletiva para solucionar a crise do Direito do Trabalho. A nosso ver, o fato de a estrutura sindical estar fincada no rol de direitos e garantias sociais na Constituição praticamente inviabiliza qualquer mudança do status quo. Para tanto, seria necessário, em primeiro lugar, se compreender que os incisos do seu art. 8º não estão abrangidos pelo art. 60, § 4º, IV da Constituição – e, a nosso ver, não estão – para se poder cogitar uma Emenda Constitucional tendente a uma reforma séria da estrutura sindical. Em seguida – e aí reside o principal motivo de nosso ceticismo – seria necessário elaborar e aprovar, com quorum qualificado, uma Emenda Constitucional para alterar o art. 8º da Lei Maior, o que daria ensejo a uma ebulição política sem precedentes em nosso país. No Brasil, onde a democracia é mascarada, onde o voto é comprado – se não com dinheiro, com favores, com "bolsas-família", com promessas de apadrinhamento... –, onde, enfim, a grande maioria da população não tem educação nem memória, não é difícil imaginar que partidos políticos de esquerda e de direita utilizariam qualquer tentativa séria de alteração na estrutura sindical como plataforma para uma falaciosa "defesa do trabalhador". Não tardariam os chavões do tipo "querem retirar as conquistas trabalhistas do povo" e "querem acabar com os sindicatos". A nosso ver, é uma utopia imaginar que algum dia haverá o consenso político necessário a uma tal reforma e aí vai a nossa divergência à posição do professor Arion Sayão Romita quando ele aponta a "desejada e necessária reforma do texto constitucional" (*O princípio da proteção em xeque...*, p. 34) como caminho para o fortalecimento "da autonomia privada dos corpos sociais intermediários" (*ibidem*, p. 216) e, consequentemente, para a superação da estrutura pseudoprotecionista.

3.4. A superação da proteção tradicional

Uma vez constatado que a função do Direito do Trabalho constitucionalizado supera a ótica individualista, seu caráter social-humanista faz com que a proteção transcenda a figura do empregado egoisticamente considerado e se foque na universalidade de trabalhadores, sem perder de vista a necessária atenção a ser dada ao empregador na condição de criador de postos de trabalho.

Assim, com a modernização da função da disciplina, enfraquece-se a justificação dada pela doutrina tradicional à sustentação do princípio da proteção.

No Brasil, pouquíssimos autores de Direito do Trabalho ousam questionar abertamente o paradigma protecionista. O principal deles é Arion Sayão Romita, que faz uma crítica abrangente ao princípio de proteção[38].

Ele reconhece que "repugna ao ideal de justiça a proteção de um dos sujeitos de certa relação social. O ideal de justiça se realiza quando o direito compensa desigualdades iniciais pela outorga de garantias aptas a igualar as posições (ou, pelo menos, atenuar a desigualdade inicial)"[39]. Nessa linha, o autor defende não caber ao direito proteger quem quer que seja. Sua função seria apenas criar meios para equilibrar a desigualdade econômica existente entre as partes da relação de emprego[40].

Em detido estudo, o mestre fluminense afirma que a criação de uma estrutura heterônoma de proteção legitima uma situação de injustiça social e perpetua o *status* do empregado como um eterno dependente de "favores" do Poder Público. Trata-se, na sua opinião, aqui retratada em linhas gerais, de uma construção que legitima a dependência estrutural do empregado aos governantes, pois se há alguém a ser protegido, faz-se necessário alguém para proteger.

Por este motivo, Romita duvida que a intenção do Direito do Trabalho seja realmente a de proteger o trabalhador[41]. Para ele, a proteção favoreceria, na verdade, aqueles que estão no poder atuando como "defensores" da classe operária. Nesta linha, seria necessário ao Direito do Trabalho abandonar a estigma protecionista e fornecer aos empregados meios de atingir sua "maioridade social"[42]. O caminho para tanto passaria pelo fortalecimento dos sindicatos e corpos so-

---

(38) Em suas palavras, o princípio de proteção precisa ser criticado, "em nome do progresso das relações sociais no Brasil e da democratização das relações de trabalho". *Op. cit.*, p. 38.
(39) *O princípio da proteção em xeque*, p. 24.
(40) "Não constitui função do direito – de qualquer dos ramos do direito – proteger algum dos sujeitos de dada relação social. Função do direito é *regular* a relação em busca da realização do ideal de justiça. Se para dar atuação prática ao ideal de justiça for necessária a adoção de alguma providência tendente a equilibrar os polos da relação, o direito concede à parte em posição desfavorável alguma garantia, vantagem ou benefício capaz de preencher aquele requisito". *Ibidem*, p. 23 (grifo no original).
(41) "(...) a repressão à greve assim como a hostilidade à manifestação autônoma dos grupos organizados repelem a noção de proteção. Inexiste proteção, no sentido em que a doutrina quase unânime emprega o vocábulo, quanto à regulação das relações coletivas de trabalho". *Ibidem*, p. 24.
(42) "(...) o trabalhador brasileiro acha-se, ainda hoje, em situação de menoridade social. Ele é o 'sujeito protegido' do Direito do Trabalho". *Ibidem*, p. 121.

ciais intermediários, estes sim capazes de suprir uma hipossuficiência inerente à condição do empregado e fazer com que sua voz seja ecoada e respeitada pelos demais atores da relação de emprego[43].

Apesar de a crítica ao paradigma protecionista ser relativamente recente no Brasil, ela já vem sendo feita com mais veemência em outros países. Em Portugal, por exemplo, cujo Direito do Trabalho é principiologicamente semelhante ao nosso, o paradigma da proteção foi em larga medida alterado. Como explica António Monteiro Fernandes, o ordenamento trabalhista daquele país já admite que normas menos benéficas venham a ser editadas pelo Poder Público e passem a se aplicar a contratos individuais de trabalho preexistentes[44].

Além disso, já se defende com grande consistência naquele país que o princípio do *favor laboratoris* não pode mais ser aplicado sob o enfoque individualista, não servindo como regra de interpretação das relações de Direito do Trabalho, o que, de todo, parece absolutamente coerente com a realidade brasileira.

Com efeito, sustenta-se que o "favor ao empregado" representou um passo histórico para o processo de construção de uma nova disciplina em torno do trabalhador. Mas, tendo em vista que essa disciplina já foi construída e, com ela todo um arcabouço de normas, estruturas de pensamento e princípios, o *favor laboratoris* já cumpriu seu papel de consolidação do Direito do Trabalho[45]. Ele foi bem-sucedido na criação de um ramo do direito cujas normas enfocam a proteção ao trabalhador. Tendo o Direito do Trabalho se afirmado na comunidade jurídica como disciplina autônoma e editado abrangentes normas protetivas, não há mais sentido para no momento também se aplicar tais normas – que já colocam o empregado em um patamar privilegiado – ou utilizar regras de interpretação ou de integração que favoreçam o trabalhador.

---

[43] "(...) a proteção dos trabalhadores representa uma conquista do Estado social e democrático de direito. A proteção visa à eliminação da desigualdade social e econômica entre o empregado e o empregador e a substituição da noção de igualdade meramente jurídica (formal) por uma igualdade material. Longe de desconfiar dos atores sociais, o estado democrático neles deposita confiança e vê no entendimento direto das classes a melhor maneira de compor os recíprocos interesses. (...) O conflito industrial é aceito como realidade inarredável e, em lugar da solução de cima, por via autoritária, o Estado, mediante legislação de suporte, estimula a organização da classe trabalhadora para que esta alcance pela via da negociação com a classe patronal a realização de seus legítimos interesses. Não cabe ao Estado-legislador, menos ainda ao Estado-juiz, proteger o trabalhador. É a união da classe trabalhadora, sua organização em entidades sindicais livres, autênticas e representativas que protege o trabalhador. É no regime de liberdades públicas, assegurado o direito de reunião e de livre manifestação do pensamento, em suma, em regime de liberdade sindical, que o trabalhador encontra a única proteção que almeja, ou seja, a proteção derivada de sua própria força". *Ibidem*, p. 30-31.
[44] "(...) o ponto de partida da operação interpretativa-qualificativa incidente sobre a norma legal (...) não é a presunção de que essa norma admite variação em sentido mais favorável ao trabalhador, mas a de que *admite variação em qualquer dos sentidos*". *Op. cit.*, p. 124 (grifos no original).
[45] "(...) o favor laboratoris, num sistema jurídico incipiente, serve para combater a desprotecção do trabalhador, concedendo-lhe um estatuto privilegiado. (...) Antes de o Direito do Trabalho ser autonomizado, não tendo ainda normas próprias, precisava de recorrer aos preceitos de direito civil, que assentam no pressuposto de as partes se encontrarem num plano igualitário, e fazia sentido que fosse concedido ao trabalhador um estatuto privilegiado, mas hoje essa justificação não persiste". MARTINEZ, Pedro Romano. *Direito do Trabalho*, p. 222-223.

Nesse sentido, Pedro Romano Martinez sustenta que:

> (...) o princípio do tratamento mais favorável tem, contudo, de ser entendido num contexto atual. Hoje, o Direito do Trabalho, autonomizado do direito civil, continua a privilegiar a protecção do trabalhador subordinado, mas com normas próprias. As normas de Direito do Trabalho foram elaboradas tendo em vista a protecção do trabalhador, e como elas constituem, em si, um sistema coerente, retomar a ideia tradicional do *favor laboratoris* é um contrassenso. (...) É absurdo que, existindo um corpo de normas destinadas a proteger o trabalhador, se vá interpretá-las no sentido do tratamento mais favorável ao próprio trabalhador. Isso só tinha sentido quando o Direito do Trabalho era um ordenamento incipiente e se interpretavam as normas de direito civil no sentido mais favorável ao trabalhador[46].

Assim, o *favor laboratoris* deve ser entendido apenas "numa perspectiva histórica sem aplicação prática". Quando muito ele se justifica nos dias de hoje enquanto "princípio de política legislativa"[47], mas não mais como regra de interpretação ou de integração[48]. Conferir validade, atualmente, a uma regra *in dubio, pro operario* seria negar compreensão histórica à evolução do Direito do Trabalho[49]. Seria recusar que ele já alcançou uma estrutura legal madura de proteção ao trabalhador. Representaria reconhecer o fracasso da legislação na tutela do interesse do hipossuficiente, remetendo o seu intérprete a recursos meta-legais para tentar conferir uma hiperefetividade para seu comando[50].

O que se defende é que, nos dias atuais, não faz mais sentido existirem duas "couraças" em torno do empregado, uma normativa e outra metalegal. Isto porque, além das regras legais de proteção, os princípios constitucionais já lhe garantem a dignidade e o emprego. Impõem ao empregador a observância de preceitos solidaristas

---

(46) *Ibidem*, p. 223.
(47) *Idem*.
(48) Para o autor português, "(...) não há que recorrer, nem sequer em situações de dúvida, a uma interpretação mais favorável ao trabalhador, pois nada na lei permite tal conclusão". *Ibidem*, p. 224.
(49) Neste ponto, a posição de Arion Sayão Romita parece divergir da nossa. Enquanto nós admitimos que o princípio da proteção tenha tido importância histórica, aquele autor defende que "do ponto de vista diacrônico, também inadmissível é a afirmação doutrinária de um suposto 'princípio de proteção', no que diz respeito ao Direito do Trabalho brasileiro. Não há falar em 'princípio da proteção', quando se verifica que, se válido outrora, hoje ele não mais o é. Inexiste 'princípio' aplicável apenas ao passado. Princípio que hoje não existe, não existe mesmo, isto é, jamais existiu". *Op. cit.*, p. 25.
(50) Parte da jurisprudência já faz coro com essa perspectiva. Confira-se, a título de exemplo, a decisão proferida pela 8ª Turma do TST em 29.04.2009, de lavra da Min. Dora Maria da Costa nos autos do Recurso de Revista n. 1168/2003-008-18-00: "PROVA DIVIDIDA. HORAS EXTRAS. ÔNUS DA PROVA. A regra da distribuição do ônus da prova, nos termos do art. 333 do CPC, é a de que cabe ao autor a prova do fato constitutivo de seu direito, e ao réu, o da existência do fato impeditivo, modificativo ou extintivo do direito do autor. Ademais, a teor do art. 818 da CLT, a prova das alegações incumbe à parte que as fizer. Em tal contexto, o princípio *in dubio pro misero* não pode ser aplicado no presente caso, pois, ao alegar a invalidade dos registros de ponto, porque não era permitido o registro da real jornada laborada, o reclamante efetivamente atraiu para si o ônus de provar tal alegação, do qual não se desincumbiu, já que a prova testemunhal por ele apresentada foi contraditória com a que foi produzida pelo reclamado. Recurso de revista conhecido e não provido". Disponível em: <https://aplicacao.tst.jus.br/consultaunificada2/> Acesso em: 31 jul. 2009.

e a funcionalização do contrato e da própria empresa. Preveem a necessidade de uma atuação reciprocamente proba entre as partes. E colocam capital e trabalho em patamar de igualdade em nossa República. Dessa forma, conferir um tratamento privilegiado para além desses preceitos parece violar o ideal isonômico vislumbrado na realidade constitucional brasileira.

O problema do desamparo em que se encontra a maior parte da população economicamente ativa não está na *insuficiência* de normas protetivas. Está, isso sim, na questão de sua *efetividade*, de *aplicá-las* de forma eficiente e de trazer os trabalhadores para o abrigo dessa proteção[51].

Com efeito, no contexto atual de um mundo globalizado e de crises cada vez mais frequentes, uma interpretação e aplicação superprotetiva da norma trabalhista traz como inarredável efeito o desemprego (ou o não emprego) e a informalidade. Não é à toa que a Organização Internacional do Trabalho, preocupada com o impacto da modernidade nas relações de trabalho, editou em 2006 a sua Recomendação n. 198, reclamando dos países-membros a revisão de suas políticas públicas em busca de se atingir uma proteção mais efetiva aos trabalhadores.

Ora, a proteção tradicional assusta, desestimula e exclui[52]. Levado a extremo, o intuito protetivo desmedido pode levar mesmo à sua autodestruição[53].

Entretanto, embora o paradigma da proteção sofra uma inegável reformulação diante da nova função assumida pelo Direito do Trabalho, não entendemos possível afirmar que ele deixou de existir. Na verdade, ele apenas muda de formato[54] diante da projeção das normas constitucionais para dentro da disciplina trabalhista.

3.5. O princípio da proteção na perspectiva Trabalhista-Constitucional

Este novo formato é determinado inicialmente com o reconhecimento de que as expressões "norma mais favorável" e "condição mais benéfica" representam conceitos abertos e indeterminados que carecem de concretização caso a caso.

---

(51) Nesse particular, ressalte-se que a intensificação da ação fiscalizadora do Ministério do Trabalho tem se mostrado ineficaz para trazer o trabalhador para a formalidade, muito embora sua atuação seja cada vez mais reclamada pela comunidade internacional (vide, nesse sentido, os itens 15 e 16 da Recomendação n. 198 da OIT). Em primeiro lugar porque ela carece de poderes para a declaração incidental da relação de emprego. E, além disso, as sanções pecuniárias aplicadas nem de longe fazem cócegas no bolso do empregador, que acha mais barato pagar as multas decorrentes de autos de infração do que corrigir suas condutas.
(52) Talvez seja por perceber essa triste realidade que Alice Monteiro de Barros afirma que "o princípio da proteção, entretanto, vem sofrendo recortes pela própria lei, com vista a não onerar demais o empregador e impedir o progresso no campo das conquistas sociais". *Curso...*, p. 171.
(53) "(...) o desequilíbrio crónico do mercado de emprego, as novas formas de organização do trabalho e de inserção deste na estrutura dos processos produtivos, as dificuldades económicas e financeiras que caracterizaram partes das décadas de oitenta e noventa do século passado, assim como os primeiros anos do novo século, conferiram uma dimensão inusitada aos desafios da racionalidade e da compatibilidade, tornados incontornáveis pelas ameaças consistentes da perda de eficácia e mesmo de autodestruição do intento protetivo originário da lei do trabalho". FERNANDES, António Monteiro. *Op. cit.*, p. 31-32.
(54) Héctor-Hugo Barbagelata (*O particularismo...*, p. 43) já alertava no final do século passado para o fato de que "muitas mudanças aguardam o Direito do Trabalho". Cremos estar diante de um desses momentos de transição.

E o que se pode entender como "mais favorável" e "mais benéfico" à luz da Carta de 1988?

A base axiológica da Constituição Federal[55] impõe – diante dos preceitos do primado do trabalho, da busca pelo pleno emprego, da inclusão social, da dignidade humana e da função social – que a resposta seja obtida a partir da conjugação entre a tutela do empregado individualmente considerado e a proteção social da coletividade de trabalhadores em que esse empregado-indivíduo está inserido. Ao intérprete cabe verificar, no caso concreto, em qual desses dois polos os valores constitucionais serão melhor concretizados.

Não há preferências ou prevalências entre um e outro *a priori*. A norma "mais favorável" será aquela que favorecer o indivíduo *e* a coletividade de trabalhadores[56], a partir de uma justa ponderação de interesses. Se a pretensa solução "mais favorável" ou "mais benéfica" para um caso concreto mostrar-se boa apenas para o indivíduo, mas causar um mal imediato à coletividade, ela não poderá ser implementada, pois, de fato, não será a mais favorável. Com isso os critérios da condição mais benéfica e da norma mais favorável passam a ser funcionalizados, somente se justificando quando tomarem em conta a função social (e não apenas individual) que desempenham.

O novo paradigma da proteção, assim, tem como objetivo buscar o equilíbrio entre a esfera individual do trabalhador e a universalidade de empregados que podem sofrer um impacto negativo a partir de um possível enfoque egoísta da proteção pretendida. Dito em termos mais simples: se a proteção de um implicar automaticamente a desproteção e o desemprego de muitos, não haverá, na verdade, proteção. Ela será falsa, insustentável frente à nova ordem de valores brasileira e, por isso, será inconstitucional.

Naturalmente, a conjugação desse equilíbrio deve levar em conta apenas os *reflexos imediatos* que a proteção individual pode trazer na coletividade, não deixando espaços para ilações sobre potenciais problemas que poderiam vir a ser causados no futuro, de forma transversa e difusa, após a concretização, na prática, da situação considerada mais benéfica a dado trabalhador.

Em outras palavras, uma solução que se dê a determinado caso, por exemplo, reconhecendo a um empregado a incorporação de uma verba paga com habitualidade, não pode dar ensejo ao entendimento de que, por importar em um aumento de gastos para o empregador, tal incorporação não seria "mais favorável". Neste caso,

---

(55) "(...) o juízo de valor, do qual a atividade do intérprete é continuamente disseminada, terá nas normas constitucionais um ponto fixo onde se apoiar (...)". PERLINGIERI, Pietro. *O Direito Civil na legalidade constitucional*, p. 574.
(56) "Uma exegese atenta da nossa Carta permitirá que se entreveja a opção do constituinte por solução intermediária e compromissória entre o individualismo (...), e o coletivismo transpersonalista, de matriz aristotélica, que vislumbra na pessoa humana apenas uma parte no todo social, concebendo a sociedade como um organismo superior a qualquer dos membros que a compõem. Trata-se do personalismo, que considera o ser humano um valor em si mesmo, axiologicamente superior ao Estado e a qualquer coletividade à qual se integre, mas que vê na pessoa humana um ser situado, concreto, que desenvolve a sua personalidade em sociedade, no convívio com seus semelhantes". SARMENTO, Daniel. *Direitos fundamentais...*, p. 117.

não socorrerá à empresa o argumento de que tal aumento de gastos importaria em um "risco à manutenção dos empregos dos demais empregados", uma vez que este risco não é uma consequência lógica nem imediata da interpretação conferida ao caso concreto no exemplo dado.

Evidentemente, todo ato praticado em uma relação de emprego individualizada repercutirá, de alguma forma, no âmbito coletivo. A esse respeito, vale lembrar Barbagelata para quem "todo ato com relação a um conflito individual adquire projeção coletiva"[57]. No entanto, para que o interesse transindividual seja ponderável na situação individualizada, entendemos que a potencialidade de prejuízo à coletividade de trabalhadores necessita ser concreta e imediatamente perceptível.

Exemplo dessa potencialidade pode ser encontrado no caso em que se decide pela ilicitude da terceirização operada por montadoras de automóveis, que descentralizam para outras empresas partes importantes de sua linha de montagem. Partindo da premissa de que as fábricas terceirizadas possuem empregados próprios assim registrados, não se pode reconhecer que a interpretação mais favorável da Súmula n. 331 do TST seja capaz de vedar a terceirização neste caso. Isso porque a decretação da nulidade da terceirização, embora possa eventualmente beneficiar um ou outro trabalhador isoladamente considerado, importará, imediatamente, na paralisação – ou na significativa diminuição – das atividades não só da montadora como das empresas que para ela trabalham. O mal à coletividade de trabalhadores é evidente, diante da iminência de demissões em massa que essa interpretação confere. Ela seria evidentemente inconstitucional, visto que violaria suas normas de valorização social do trabalho, do primado do trabalho e da função social.

É preciso deixar claro com a vênia da repetição: não se defende que o benefício da coletividade deve preponderar sobre o interesse individual do trabalhador identificado no caso concreto. Quando a aplicação do critério do *favor* for indiferente à coletividade, ou não lhe causar impacto significativo, a conjugação do interesse individual com o interesse universal dará preferência ao primeiro. Somente nos casos em que o interesse coletivo for concretamente identificado e apreendido é que ele deverá prevalecer sobre a esfera individual do trabalhador afetado no caso concreto[58].

Esse redimensionamento do paradigma protecionista terá, ainda, imediato impacto na leitura do art. 468 da CLT, notadamente na concretização do conceito aberto de "prejuízo" invocado pelo dispositivo. Como se verá mais adiante, tal concretização a partir das diretrizes axiológicas constitucionais muitas vezes permitirá que, com a anuência do trabalhador, as condições de trabalho sejam alteradas com vistas à

---
(57) *Op. cit.*, p. 24. No mesmo sentido, Mauricio Godinho Delgado propõe que "o ser coletivo prepondera sobre o ser individual". Por este motivo, em seu entender, "deve-se considerar, no exame do cumprimento da função jurídico-trabalhista, o ser coletivo obreiro, o universo mais global de trabalhadores, independentemente dos estritos efeitos sobre o ser individual destacado". *Capitalismo...*, p. 122.
(58) A prevalência do interesse coletivo sobre o individual ocorrerá, o mais das vezes, nas "situações-limite" de que trata o item 4.4 infra.

preservação do emprego (e, com ele, da inclusão social), ainda que, provisoriamente, a alteração contratual reduza a gama patrimonial de direitos do empregado envolvido em determinada relação de trabalho.

4. Aplicações práticas de um Direito Trabalhista-Constitucional

Compreendidas as linhas-mestras de um Direito do Trabalho refuncionalizado, cremos ser possível, agora, verificar como ele passaria a incidir em situações que, no dia a dia da disciplina, reclamam solução. Trata-se de demonstrar as implicações práticas da nova leitura constitucional incidente sobre as relações de trabalho.

Importante apenas deixar claro mais uma vez que, ao trazermos os exemplos que seguirão, não temos qualquer pretensão de esgotar as inúmeras transformações que a mudança de rumos da disciplina pode proporcionar aos institutos de Direito do Trabalho. Este não poderia ser o propósito deste estudo, que é eminentemente teórico e visa a fincar as bases para a reconstrução da disciplina após a ruína do modelo típico de relação de trabalho.

Apenas almejamos apresentar algumas situações básicas em que os preceitos Trabalhista-Constitucionais são invocados e aplicados, para que estes se tornem mais palpáveis e apreensíveis ao leitor.

4.1. Despatrimonialização e remuneração digna

Uma das pedras de toque para a releitura dos institutos de Direito do Trabalho é o transporte para seu interior dos valores inseridos no princípio da dignidade da pessoa humana.

O princípio em questão impõe que os indivíduos sejam reconhecidos como merecedores de respeito em todos os aspectos atinentes à sua personalidade. Ele encerra um aspecto negativo, funcionando como um respaldo contra abusos e afrontas à dignidade do ser humano, mas também apresenta um viés positivo, representado pela obrigação de toda a sociedade na promoção das potencialidades da pessoa quando inserida no convívio social.

Outros ramos do direito – como o Direito Civil e o Direito Constitucional – atentaram para essa realidade antes da disciplina trabalhista e vêm mergulhando a fundo no estudo dos chamados "direitos da personalidade"[59]. Atualmente, é justamente no Direito Civil-Constitucional que o estudo do princípio da dignidade da pessoa humana encontra-se mais avançado sob o ponto de vista das relações privadas.

---

(59) Não concordamos com a denominação, no plural, de "direitos personalíssimos" ou "direitos" da personalidade, daí as aspas. Em nosso entendimento, não há vários "direitos" da personalidade. A personalidade, em si, é única, indissociável; manifestando-se, entretanto, sob diversos ângulos. Na verdade, acreditamos existir somente um direito "da" personalidade: o direito à personalidade digna. Este direito encerraria a proteção a diversos bens jurídicos que dela emanam, como é o caso da vida, da liberdade, da integridade física, da honra etc. Para maior aprofundamento sobre o assunto, remetemos ao nosso artigo: A nova disciplina da personalidade natural, *Doutrina Adcoas*, v. 7, n. 19, p. 370-372.

Os autores civilistas (ou civil-constitucionalistas), ao se aperceberem do novo acervo axiológico trazido pela Constituição de 1988 e, assim, constatarem que nosso ordenamento se fundamenta sobre o ser humano digno (art. 1º, III), revisitaram a base de valores estruturantes das relações jurídicas. Chegaram à acertada conclusão de que o direito somente tem razão de existir enquanto ferramenta para a promoção da pessoa em todos os seus aspectos.

Mais do que isso, perceberam que a consagração de um princípio de dignidade humana importa elevar a pessoa ao ponto máximo do ordenamento, de modo que nada pode ser mais importante para o direito do que ela. Como consequência, qualquer situação jurídica em que estejam em jogo os aspectos que a identificam e promovem enquanto ser humano (situações jurídicas existenciais) terá tratamento privilegiado pelo ordenamento em detrimento daquelas em que a pessoa seja encarada como objeto ou por outros aspectos utilitaristas[60].

Por este motivo, a grande maioria dos autores que estudam o princípio da dignidade da pessoa humana defende que as situações jurídicas existenciais devem ser merecedoras de maior tutela do que as chamadas situações jurídicas patrimoniais[61]. A lógica é simples: o homem vale mais do que o dinheiro; sua existência digna é mais importante do que qualquer bem ou negócio jurídico.

Nesse sentido Maria Celina Bodin de Moraes ensina que:

> O atual ordenamento jurídico, em vigor desde a promulgação da Constituição Federal de 5 de outubro de 1988, garante tutela especial e privilegiada a toda e qualquer pessoa humana, em suas relações extrapatrimoniais, ao estabelecer como princípio fundamental, ao lado da soberania e da cidadania, a dignidade humana. Como regra geral daí decorrente, pode-se dizer que, em todas as relações privadas nas quais venha a ocorrer um conflito entre uma situação jurídica subjetiva existencial e uma situação jurídica patrimonial, a primeira deverá prevalecer, obedecidos, dessa forma, os princípios constitucionais que estabelecem a dignidade da pessoa humana como o valor cardeal do sistema[62].

Essa proposta encontra abrigo em diversos segmentos do Direito Civil, como, por exemplo, do Direito de Família: na disputa pela guarda de menores, atualmente

---

(60) Credita-se, no Brasil, tal inspiração existencialista à doutrina italiana, que tem em Pietro Perlingieri, um de seus precursores. O autor já defendia que "propriedade e empresa", enquanto definidoras de situações patrimoniais, "não são certamente institutos nos quais a pessoa assume o papel de interesse diretamente protegido; são apenas meios indiretos de realização de tal interesse". *Perfis do Direito Civil...*, p. 170.

(61) "O reconhecimento de que tal princípio situa-se no vértice axiológico da ordem jurídica vai acarretar a consagração da primazia dos valores existenciais da pessoa humana sobre os patrimoniais no Direito Privado. (...) É nesse sentido que se fala em 'despatrimonialização' do Direito Privado". SARMENTO, Daniel. *Op. cit.*, p. 115. O autor conclui que "num sistema constitucional que põe o 'ser' antes do 'ter', os direitos patrimoniais são protegidos tão somente como meios para a concretização de valores ligados à realização existencial da pessoa e à defesa de interesses socialmente relevantes; não como um fim em si mesmo". *Ibidem*, p. 217.

(62) O conceito de dignidade humana..., In: SARLET, Ingo Wolfgang (org.). *Constituição...*, p. 143.

interessa buscar qual dos pais tem maior capacidade de proporcionar o suporte psico-afetivo ao incapaz (situação existencial) e não aquele com mais recursos materiais (situação patrimonial).

Também a teoria dos contratos sofre a influência dessa tendência despatrimonializadora. As cláusulas dos negócios jurídicos passam a ser interpretadas de acordo com esse cânone de dignidade, funcionalizando a propriedade em prol da promoção do ser humano. Assim, dispositivos contratuais (situação patrimonial) serão anulados sempre que afrontem a dignidade de um dos contratantes (situação existencial).

Mais recentemente, percebe-se a inclinação de alguns autores para se transportar o instituto da despatrimonialização para o Direito do Trabalho, sob a bandeira de proteção à dignidade do empregado[63]. Fala-se, na área trabalhista, de "desmonetização" da relação de emprego.

Assim é que se procura dar prevalência às situações jurídicas existenciais dos trabalhadores, evitando que elas sejam substituídas por indenizações e adicionais.

Nesse particular, já se conseguem encontrar algumas decisões – em especial no Tribunal Regional do Trabalho da 3ª Região – que ressaltam a necessidade de serem adotadas efetivas medidas de proteção à integridade do empregado quando este trabalha em condições de insalubridade e periculosidade[64]. Nestes casos, a tendência que começa a se desenhar na jurisprudência é o foco na efetiva eliminação dos riscos ocupacionais, em detrimento do pagamento dos respectivos adicionais legais. A situação existencial representada pelo respeito à integridade física do trabalhador somente seria realmente atendida dessa maneira e não estaria de acordo com o propósito de nosso ordenamento a sua substituição pelos adicionais legais.

---

(63) "(...) as condições da entrega da força de trabalho não refletem tão somente questões de natureza eminentemente patrimonial, senão também situações jurídicas pessoais traduzidas em direitos. Assim, por exemplo, o trabalho em local insalubre não é juridicamente relevante só enquanto um adicional legal de 40%, 20% ou 10% sobre o salário mínimo, mas especialmente como um possível e eventual dano à saúde – direito fundamental (...). A possibilidade de negociação, neste campo, deve ser extirpada (...)". COUTINHO, Aldacy Rachid. A autonomia privada..., *Ibidem*, p. 180.
(64) "ADICIONAL DE INSALUBRIDADE. MONETIZAÇÃO DO RISCO À SAÚDE DO TRABALHADOR. A conclusão da prova técnica dos autos no sentido de que a proteção realmente eficaz contra os efeitos nocivos do agente insalutífero presente no ambiente de trabalho do empregado seria a 'adoção de medidas de proteção coletiva no ambiente laboral de forma a eliminar ou diminuir a patamares aceitáveis a concentração dos contaminantes', não constatada no exame in loco do ambiente de trabalho, é consentânea com o entendimento que vem sendo adotado por larga doutrina e jurisprudência pátrias que defendem a desmonetização da saúde e segurança do trabalhador e a priorização de sua tutela específica e metaindividual, coadunando, também, com a literatura técnica acerca do tema. A ordem legal em vigor dispõe que o uso de equipamentos de proteção individual que diminuam a intensidade do agente agressivo a limites de tolerância é considerado hábil a neutralizar a insalubridade. Se a reclamada não vem dedicando atenção dirigida à redução dos níveis de insalubridade com a adoção de medidas coletivas no âmbito da sua atividade produtiva, há que dela se exigir o fornecimento de proteção adequada ao seu empregado (...)". (TRT 3ª Região; 5ª Turma; RO 00757-2002-072-03-00-0; Rel. Emerson José Alves Lage; DJMG 03.05.2003, p. 16). Disponível em: <http://as1.trt3.jus.br/jurisprudencia/acordaoNumero.do?evento=Detalhe&idAcordao=326956&codProcesso=322593&datPublicacao=03/05/2003&index=1> Acesso em: 31 jul. 2009.

Outra situação em que se verifica na prática a incidência da regra da desmonetização diz respeito ao pagamento de horas extras. O trabalho extraordinário causa ao empregado, naturalmente, um maior desgaste físico e psicológico, além de privá-lo de importantes momentos de lazer[65] e convívio social. Isso significa que a prestação de serviços para além do horário avençado no contrato de trabalho acarreta uma afronta a tais situações jurídicas existenciais do empregado. Para compensar essa afronta, remunera-se a hora trabalhada além da jornada de trabalho com um adicional, ou seja, substitui-se com dinheiro uma perda existencial do empregado, monetizando-se uma situação extrapatrimonial.

Os defensores da despatrimonialização também aqui defendem que, em vez de realizar o pagamento de horas extras, impor-se-ia ao empregador conceder o descanso do qual o trabalhador foi privado. Somente assim se respeitaria a necessidade de reposição de forças ao ser humano e se ofereceria a possibilidade de gozo de lazer, privilegiando-se a situação existencial que lhe foi retirada por força do trabalho excessivo. Daí a defesa feita por esses adeptos de institutos como a compensação de jornada e o banco de horas.

Mas aqui indagamos: é realmente possível transportar para o Direito do Trabalho a regra da despatrimonialização nos moldes aplicados pelo Direito Civil? Como naquele ramo do direito, as situações jurídicas existenciais do trabalhador sempre prevalecerão sobre as patrimoniais[66]?

A resposta à pergunta passa necessariamente pela apreensão do que se pode entender por dignidade humana do trabalhador.

Ora, o Direito do Trabalho gira em torno do trabalho humano subordinado. E este, como observamos, é um forte componente de dignidade da pessoa.

Este trabalho – componente de materialização de dignidade – desenvolve-se sob a roupagem de um contrato que tem como uma de suas características a onerosidade. Ela, inclusive, é um dos elementos que distinguem o empregado de outras figuras afins, de acordo com a regra do art. 3º da CLT.

Assim, percebe-se que o caráter patrimonial é indissociável do caráter existencial na relação de emprego. Ele, na verdade, é o próprio fundamento para a sua existência, pois o empregado só se sujeita aos desígnios de terceiros, aliena seu tempo e suas forças porque sabe que esses dois bens jurídicos que compõem sua personalidade serão transformados em uma expressão pecuniária ao final do mês. Trata-se de uma livre monetização do ser humano, consentida pela moral e pelo direito.

---

(65) A constatação da existência de um verdadeiro direito ao lazer é feita por Otávio Amaral Calvet, em sua obra *Direito ao lazer nas relações de trabalho*.
(66) Segundo Maria Celina Bodin de Moraes, no Direito Civil a despatrimonialização é sempre regra, *in verbis*: "(...) pode-se dizer que, em todas as relações privadas nas quais venha a ocorrer um conflito entre uma situação jurídica subjetiva existencial e uma situação jurídica patrimonial, a primeira deverá prevalecer, obedecidos, dessa forma, os princípios constitucionais que estabelecem a dignidade da pessoa humana como o valor cardeal do sistema". *Op. cit.*, p. 143.

É com o produto econômico do seu trabalho que o empregado conseguirá meios de prover sua subsistência, entendendo-se como tal não apenas a própria alimentação e a de sua família, mas também o provimento das demais necessidades básicas previstas no art. 6º da Constituição Federal, como a saúde, a educação e o lazer. O caráter econômico do contrato de trabalho, portanto, representa um *paradigma de essencialidade* para a relação emprego.

Disto resulta a evidente conclusão de que um trabalhador que não consegue se alimentar a partir do que recebe em troca de seu trabalho tem sua dignidade afrontada. A fome e a miséria não coadunam com o que se espera de um ser humano digno. O mesmo ocorre com o trabalhador que, com seu salário, não consegue meios de adquirir medicamentos para um momento de enfermidade, que não encontra recursos para compra de material escolar para seus filhos e que não dispõe de trocados para desfrutar momentos de lazer.

É inegável, portanto, que, na sociedade capitalista de consumo, a remuneração é um *forte componente de realização pessoal* e atua como *mecanismo concretizador*, em parte, do sentimento de dignidade humana[67]. Esse é o ângulo a partir do qual a regra da despatrimonialização necessita ser encarada pelo Direito do Trabalho.

Assim, antes de ela ser transportada irrefletidamente para a disciplina trabalhista, é necessário investigar se os patamares remuneratórios do trabalhador estão dentro dos limites considerados mínimos para que ele desfrute uma existência digna. Se o seu salário estiver neste patamar, cremos não haver maiores problemas para a incidência da regra da despatrimonialização; caso contrário, haverá um enorme risco de a sua aplicação, no afã de tentar resguardar o sentimento de dignidade, acabar por violá-lo.

Neste ponto uma pequena digressão faz-se necessária.

O estudioso do direito tem como difícil tarefa conjugar o "ser" ao "dever ser". A prevalência do "dever ser" no estudo do direito relega-o ao plano filosófico, afastando-o da realidade prática e da sua factibilidade no contexto social. Já a prevalência do "ser" pode trazer efeito oposto, jogando o estudioso a um pragmatismo atécnico e anticientífico.

Ao nos reportarmos a um conceito de salário que permita a "existência digna" somos forçados a lembrar a lição de Barbagelata, no sentido de ser "necessário continuar levantando todos os problemas a partir da realidade do mundo

---

(67) "No princípio [da dignidade da pessoa humana] está contido, ainda, e principalmente, o direito à existência digna, tendo sido previsto pelo texto constitucional, para tanto, o salário mínimo capaz de atender às necessidades vitais básicas do trabalhador e de sua família (art. 7º, IV, da Constituição Federal)". *Ibidem*, p. 125. Daniel Sarmento também reforça a importância do salário para a promoção da dignidade humana: "O direito à integridade psicofísica (...) abrangeria não apenas aspectos negativos, como a vedação da tortura e de tratamentos degradantes, como também dimensões positivas, tais como a exigência de um salário mínimo que assegure ao trabalhador uma existência digna". *Op. cit.*, p. 114.

do trabalho, mantendo-se em permanente contato com essa realidade"[68]. Neste ponto, o empirismo é inarredável, forçando-nos a analisar o plano do "ser", dos fatos como eles vêm se desenvolvendo na prática em nosso ordenamento[69], e a ler o Direito do Trabalho como um "direito das existências", conforme lição de Camerlynck e Lyon-Caen[70].

Nossa Constituição Federal, ao tratar do salário mínimo no art. 7º, IV – seguindo a diretriz traçada pela OIT por meio da Convenção n. 131 (por nós ratificada em 1983) e da Recomendação n. 135 –, prevê que ele deve ser fixado em um valor tal que proporcione ao trabalhador "atender a suas necessidades vitais básicas e às de sua família com moradia, alimentação, educação, saúde, lazer, vestuário, higiene, transporte e previdência social".

Ora, como nenhum salário pode ser fixado em valor inferior ao mínimo legal, teoricamente – no plano do "dever ser" – todos os trabalhadores no Brasil teriam de receber, no mínimo, uma remuneração capaz de conferir-lhes meios patrimoniais de concretizar o preceito de dignidade humana[71]. E assim, atendido o componente material de dignidade por intermédio de uma remuneração mensal justa, seria fácil adotar a despatrimonialização como regra para o ordenamento trabalhista, pois o pagamento de adicionais (de horas extras, de insalubridade, de periculosidade etc.) aos empregados lhes seria menos importante do que a proteção aos seus bens jurídicos existenciais (o descanso, o lazer, a higidez física etc.).

Mas o cotejo da norma legal com o plano do "ser" revela outra realidade. Basta olhar os dados divulgados pelo Departamento Intersindical de Estatísticas e Estudos Socioeconômicos (DIEESE) relativos ao preço da cesta básica para perceber que o valor fixado pelo Governo Federal para o salário mínimo está muito longe de estabelecer uma remuneração digna ao trabalhador.

---

(68) *O particularismo...*, p. 39.
(69) "Acrescento que o Direito do Trabalho no Brasil tem sido estudado de forma incorreta. Estuda-se o Direito do Trabalho como se fosse um produto da razão, constituído por categorias mentais imunes à ação do tempo, quando a visão apropriada é aquela que revela ser o Direito aderente a uma realidade social". ROMITA, Arion Sayão. *Op. cit.*, p. 113.
(70) TRAVAIL, Droit Du. 9. ed. Paris: Dalloz, 1978, p. 3; *apud* ROMITA, Arion Sayão. *Direitos fundamentais...*, *Op. cit.*, p. 221.
(71) Essa, contudo, não é a exegese dada ao preceito em Portugal por António Monteiro Fernandes. Embora o art. 59º, 2, "a", da Constituição daquele país adotar um preceito que exige do Poder Público o estabelecimento de um salário mínimo que considere "entre outros factores, as necessidades dos trabalhadores", para o autor, a garantia constitucional de um salário mínimo serviria apenas como limitador de um patamar remuneratório mínimo e não para garantir aos cidadãos conteúdo material mínimo de sobrevivência, *in verbis*: "A verdade porém é que, não obstante a aparência criada (nomeadamente por diversas passagens dos preâmbulos dos diplomas que sobre o assunto foram surgindo, ao longo dos anos), não pode dizer-se que existe um autêntico 'salário mínimo nacional'. O sentido normativo desta noção (como, de resto, ressalta do teor do preceito constitucional) engloba uma conotação de suficiência que, para ser correspondida, implicaria a correlação com um mínimo de subsistência familiar previamente determinado. Haveria, em suma, que fixar um quantitativo mínimo bastante para cobrir as necessidades tidas por essenciais dum agregado familiar com certa dimensão, face ao nível atingido pelo custo de vida. Não é, seguramente, esse o conteúdo da garantia existente: a lei fixa um quantitativo que (suficiente ou não) se tem por irredutível, obstando a que níveis remuneratórios inferiores sejam consignados na negociação colectiva ou nos contratos individuais." *Direito do Trabalho*, p. 440.

Em novembro de 2009, uma cesta básica no Município do Rio de Janeiro custava em média R$ 226,97[72]. Tal valor era de R$ 234,99 na Cidade de São Paulo, chegando a R$ 254,62 em Porto Alegre. Ou seja, um trabalhador que, à época, recebia por mês um salário mínimo (R$ 465,00) gastava mais da metade de seus vencimentos para concretizar apenas um dos preceitos a que se refere a definição constitucional de salário mínimo: a alimentação. Não é necessário grande esforço imaginativo para presumir que o que sobra nas mãos do trabalhador não é nem de longe suficiente para que ele possa proporcionar a si próprio e à sua família as demais necessidades de "moradia (...), educação, saúde, lazer, vestuário e higiene" previstas no art. 7º, IV da Constituição.

Ainda segundo estudos do DIEESE, para que o salário mínimo pudesse alcançar sua finalidade de proporcionar aos trabalhadores meios de concretizar os ditames de dignidade consubstanciados na "moradia, alimentação, educação, saúde, lazer, vestuário, higiene e previdência social", seu valor deveria ser fixado, tomando-se como base o mês de novembro de 2009, em R$ 2.139,06[73]. Isto é, o salário mínimo necessitaria ser majorado em mais de quatro vezes para viabilizar aos empregados uma existência digna. Note-se que a insuficiência do salário mínimo já foi inclusive reconhecida pelo Supremo Tribunal Federal, em ação direta de inconstitucionalidade por omissão julgada no ano de 1996[74].

---

(72) Disponível em: <www.dieese.org.br/rel/rac/racdez09.pdf> Acesso em: 14 dez. 2009.
(73) Disponível em: <http://www.dieese.org.br/rel/rac/salmindez09.xml> Acesso em: 14 dez. 2009.
(74) "Salário Mínimo – Satisfação das Necessidades Básicas – Garantia de Preservação de seu Poder Aquisitivo. A cláusula constitucional inscrita no art. 7º, IV, da Carta Política – para além da proclamação da garantia social do salário mínimo – consubstancia verdadeira imposição legiferante, que, dirigida ao Poder Público, tem por finalidade vinculá-lo à efetivação de uma prestação positiva destinada: (a) a satisfazer as necessidades essenciais do trabalhador e de sua família e (b) a preservar, mediante reajustes periódicos, o valor intrínseco dessa remuneração básica, considerando-lhe o poder aquisitivo. O legislador constituinte brasileiro delineou, no preceito consubstanciado no art. 7º, IV, da Carta Política, um nítido programa social destinado a ser desenvolvido pelo Estado, mediante atividade legislativa vinculada. Ao dever de legislar imposto ao Poder Público – e de legislar com estrita observância dos parâmetros constitucionais de índole jurídico-social e de caráter econômico-financeiro (CF, art. 7º, IV) –, corresponde o direito público subjetivo do trabalhador a uma legislação que lhe assegure, efetivamente, as necessidades vitais básicas individuais e familiares e que lhe garantam a revisão periódica do valor salarial mínimo, em ordem a preservar, em caráter permanente, o poder aquisitivo desse piso remuneratório. Salário Mínimo – Valor Insuficiente – Situação de Inconstitucionalidade por Omissão Parcial – A insuficiência do valor correspondente ao salário mínimo, definido em importância que se revele incapaz de atender as necessidades vitais básicas do trabalhador e dos membros de sua família, configura um claro descumprimento, ainda que parcial, da Constituição da República, pois o legislador, em tal hipótese, longe de atuar como o sujeito concretizante do postulado constitucional que garante à classe trabalhadora um piso geral de remuneração (CF, art. 7º, IV), estará realizando, de modo imperfeito, o programa social assumido pelo Estado na ordem jurídica. A omissão do Estado – que deixa de cumprir em maior ou menor extensão, a imposição ditada pelo texto constitucional – qualifica-se como comportamento revestido da maior gravidade político-jurídica, eis que, mediante inércia, o Poder Público também desrespeita a Constituição, também ofende direitos que nela se fundam e também impede, por ausência de medidas concretizadoras, a própria aplicabilidade dos postulados e princípios da Lei Fundamental. As situações configuradoras de omissão inconstitucional – ainda que se cuide de omissão parcial, derivada da insuficiente concretização, pelo Poder Público, do conteúdo material da norma impositiva fundada na Carta Política, de que é destinatário – refletem comportamento estatal que deve ser repelido, pois a inércia do Estado qualifica-se, perigosamente, como um dos processos informais de mudança da Constituição, expondo-se, por isso mesmo, à censura do Poder Judiciário. Inconstitucionalidade por Omissão – Descabimento de Medida Cautelar. (...) A procedência da ação direta de inconstitucionalidade por omissão, importando em reconhecimento judicial do estado de inércia do Poder Público, confere ao Supremo Tribunal Federal, unicamente, o poder

Infelizmente, é à luz dessa realidade que a regra da desmonetização tem de ser encarada na área trabalhista. Como "o valor do salário mínimo não implica dignidade da pessoa humana"[75], utilizá-la, *a priori*, como regra pode importar no afastamento do trabalhador desse preceito constitucional de dignidade. O paradigma de essencialidade do resultado patrimonial do trabalho (salário) não pode ser comparado com aquele referente a um contrato de natureza civil.

Temos para nós que a despatrimonialização só deverá prevalecer como regra nos casos em que os trabalhadores recebam uma remuneração que lhes possibilite, sozinha, atender aos preceitos do art. 7º, IV da Constituição e, assim, ser considerada digna. Em qualquer outro caso, será necessário um esforço prático para determinar, casuisticamente, qual medida atende melhor aos preceitos de dignidade humana: o pagamento de um adicional ou a preferência pela tutela do bem jurídico extrapatrimonial envolvido[76]. Por este motivo, a opção pela aplicação ou não da regra da despatrimonialização recairá invariavelmente sobre o Poder Judiciário, que deverá se socorrer de regras de ponderação de interesses[77] para determinar, no caso concreto, a conveniência da sua incidência, levando em conta os preceitos acima propostos.

O esforço do juiz, neste particular, será identificar os bens jurídicos envolvidos. De um lado, ele necessitará identificar o custo de vida do local de trabalho, o valor do salário pago ao empregado e a capacidade deste para concretizar o sentimento de dignidade. Eventuais fatores externos, como a contribuição de terceiros para o sustento do lar também poderão servir como fator de convencimento.

De outro lado, o magistrado necessitará localizar os bens jurídicos extrapatrimoniais do trabalhador colocados em risco naquela situação (o convívio familiar e a integridade física e psíquica no caso de trabalho extraordinário; a saúde, no caso de trabalho sob condições de periculosidade e insalubridade). Também aqui outros

---

de cientificar o legislador inadimplente, para que este adote as medidas necessárias à concretização do texto constitucional. Não assiste ao Supremo Tribunal Federal, contudo, em face dos próprios limites fixados pela Carta Política em tema de inconstitucionalidade por omissão (CF, art. 103, § 2º), a prerrogativa de expedir provimentos normativos com o objetivo de suprir a inatividade do órgão legislativo inadimplente". (STF, ADI-MC 1.458-7, j. 23.5.96, Rel. Min. Celso de Mello, DJ 20.9.1996, p. 34.531). Fonte: <http://www.stf.jus.br/portal/jurisprudencia/listarJurisprudencia.asp?s1=(1458.NUME.%20OU%201458.ACMS.)&base=baseAcordaos> Acesso em: 31 jul. 2009.

(75) MARTINS, Sergio Pinto. *Direitos fundamentais trabalhistas*, p. 125.

(76) Em que pese, por definição, os bens jurídicos que compõem a personalidade do ser humano (como a liberdade, a integridade física e a imagem) serem classificados como indisponíveis, intransmissíveis e irrenunciáveis, essa classificação apenas se justifica quando tais "direitos fundamentais da personalidade" são encarados sob uma perspectiva liberal, como direitos de primeira geração oponíveis contra o Estado. Nas relações privadas, o que se observa, o mais das vezes, é uma constante renúncia e alienação desses bens jurídicos. O próprio contrato de trabalho é um exemplo eloquente, vez que por meio dele o empregado abre mão de seu direito à liberdade para se submeter a desígnios patronais. Neste ponto, estamos com Virgílio Afonso da Silva, para quem "não se quer sustentar, obviamente, que seja possível, via declaração de vontade, abdicar do direito em si e a toda e qualquer possibilidade futura de exercitá-lo, mas tão somente à possibilidade de renunciar, em uma dada relação, a um determinado direito ou, ainda, negociá-lo em uma determinada situação. Os efeitos dessa renúncia são válidos para essa situação determinada. E *só pode ser assim*, quer se trate de direitos fundamentalíssimos, quer se trate de direitos patrimoniais (...)". *A Constitucionalização do Direito*..., p. 65 (grifo no original).

(77) Para noções acerca da técnica da ponderação, recomendamos a leitura de Luís Roberto Barroso. *A nova interpretação constitucional*..., passim.

fatores incidentais podem ser apreendidos, como a quantidade de horas extras prestadas (em grande ou pouca quantidade) e o grau de exposição aos agentes físicos, químicos e biológicos (se baixo, médio ou alto).

Identificados os bens jurídicos em jogo, caberá então a ponderação entre eles, a partir de um juízo de razoabilidade, justificado pelo discurso de argumentação[78]. A nosso ver, quanto maior for o risco de perecimento para os bens jurídicos existenciais do trabalhador, maiores serão as chances de se justificar a adoção da despatrimonialização. De outro lado, se tais riscos não se mostrarem tão significativos, abrir-se-á a possibilidade de se afastá-la, optando pelo pagamento do adicional correspondente.

Some-se a esse raciocínio ainda um último dado: nos casos em que o empregador cumpre sua função social e fornece utilidades que materializam parte dos elementos econômicos inerentes ao preceito de dignidade humana – como bolsas de estudo a seus funcionários, creches, alimentação, transporte, assistência médico-hospitalar etc. – cremos que a defesa da desmonetização das relações de trabalho tem seu caminho facilitado.

Portanto, é importante ter em mente que a desmonetização não pode ser aplicada como premissa, sob pena de poder se estar dificultando a promoção do trabalhador enquanto pessoa. Se a sua remuneração permite alcançar os fins colimados no art. 7º, IV da Lei Maior, ela poderá ser adotada. Em qualquer outra hipótese, somente o caso concreto revelará qual medida melhor contribuirá para identificá-lo como ser humano digno.

4.2. Deveres anexos ao contrato de trabalho

4.2.1. Deveres anexos pré-contratuais, contratuais e pós-contratuais

A segunda implicação prática que entendemos interessante trazer para ilustrar a grande importância da constitucionalização do Direito do Trabalho diz respeito ao redimensionamento das obrigações próprias do contrato de emprego.

Como ressaltado no item 4 do Terceiro capítulo deste estudo, a injeção dos preceitos de boa-fé objetiva no contrato do trabalho faz com que a *postura* adotada pelas partes da relação de emprego desloque-se de elemento incidental àquela relação ao seu cerne, adquirindo o comportamento das mesmas um caráter de centralidade no novo estudo da contratualidade trabalhista.

Compreendida a boa-fé objetiva como elemento balizador da conduta dos contratantes, impõe-se às partes da relação de emprego um verdadeiro "dever de consideração para com o *alter*"[79]. Nesse sentido, Caio Mário da Silva Pereira já afirmava que "o agente deve fazer o que estiver ao seu alcance para colaborar para que a outra parte obtenha o resultado previsto no contrato"[80].

---

(78) BARROSO, Luís Roberto (*ibidem*, p. 351-358) ressalta a necessidade do recurso à teoria da argumentação na ponderação de interesses.
(79) SILVA, Clóvis do Couto. *A obrigação como processo*, p. 33.
(80) *Instituições de Direito Civil*. v. III, p. 21.

Transportado para as relações jurídicas obrigacionais, o princípio da boa-fé objetiva possui relevante papel na criação de deveres aos contratantes, cuja observância prescinde de diplomas normativos ou disposições contratuais específicos[81]. É que, como na representação de um átomo onde existem elétrons gravitando em volta de um núcleo, em torno da obrigação principal assumida por cada parte do contrato gravitam automaticamente inúmeros outros deveres de cuidado, de informação, de ajuda e de compreensão que precisam ser observados pelos agentes envolvidos em negócios jurídicos. Trata-se dos chamados "deveres anexos", que se encontram presentes já antes da celebração do negócio jurídico (art. 422, Código Civil) e perduram para além de seu término, independentemente de expressa pactuação ou mesmo da vontade das partes[82].

Nesta medida, é possível identificar uma projeção da eficácia do contrato de trabalho em três momentos distintos: antes da contratação (eficácia pré-contratual), durante o seu curso (eficácia contratual) e após o seu encerramento (eficácia pós-contratual)[83].

A primeira modalidade – eficácia pré-contratual – é o resultado da irradiação de deveres de retidão e probidade que as partes precisam ter em conta, embora ainda não tenham se formalizado a relação de emprego[84].

Assim, por exemplo, no processo de seleção de pessoal, já se projetam obrigações oponíveis às partes, de retidão e transparência, impondo-se, de um lado, ao empregador o dever de informar ao candidato as tarefas a serem executadas, principais desafios de cada uma dessas tarefas, forma de remuneração e demais benefícios oferecidos para o cargo. É que, "apesar de o contrato ainda não ter sido concluído, durante a negociação as partes devem agir com lealdade e boa-fé"[85]. O candidato, por seu turno, tem o dever de esclarecer ao futuro empregador sua real qualificação profissional e ressalvar as restrições que tenha com relação a eventuais serviços inerentes ao cargo que pretende ocupar[86].

---

(81) Segundo Gustavo Tepedino (*Código Civil interpretado...* – v. II, p. 18), a boa-fé objetiva possui, ainda, outras duas funções: servir como cânone interpretativo-integrativo dos negócios jurídicos e funcionar como norma de limitação ao exercício de direitos subjetivos. A segunda dessas funções será mais útil para o estudo proposto no item 4.3 infra.

(82) "Como normas de criação de deveres jurídicos, a boa-fé dá origem aos chamados 'deveres laterais', também conhecidos como acessórios, ou ainda secundários, em razão de não se referirem direta e primordialmente ao objeto central da obrigação. Ao se exigir que os contratantes, quer na conclusão, quer na própria execução do contrato, 'guardem os princípios da probidade e boa-fé', o CC, muito mais do que apenas exigir um dever geral de não prejudicar, autoriza a imposição de uma série de deveres de conduta mutuamente exigíveis entre os contratantes e que independem da vontade de um e de outro". *Ibidem*, p. 19.

(83) Tivemos a oportunidade de defender a pré-eficácia e a pós-eficácia do contrato de trabalho em A eficácia do contrato de trabalho à luz do novo Código Civil, *Revista Síntese Trabalhista*, v. 14, n. 168, p. 43-44.

(84) Em posição contrária à aqui defendida, Alice Monteiro de Barros entende que os deveres pré-contratuais derivam da lei e não propriamente do contrato ainda não formalizado. Vide, nesse sentido, *Curso...*, 4. ed. 2008, p. 510.

(85) BARROS, Alice Monteiro de. *Curso...*, 2. ed., 2006, p. 622.

(86) "O empregador deve informar corretamente sobre o funcionamento do maquinário no qual trabalhará o empregado, ou prestar o treinamento necessário para a operação. Por outro lado, o empregado deve esclarecer a empresa plenamente acerca de sua experiência laboral e de sua aptidão para o desempenho de determinadas funções, ou para o manejo de determinado equipamento". ARAÚJO, Francisco Rossal de. *A boa-fé no contrato de emprego*, p. 251.

É nesse momento pré-contratual que se forma a chamada *base* do contrato de trabalho, assim entendidas as premissas sobre as quais as partes se fundam para a celebração da avença. Caso qualquer uma delas seja induzida pela outra em erro, o perfazimento do negócio jurídico "contrato de trabalho" ocorre com o vício de consentimento[87] (arts. 138 e seguintes do Código Civil), sendo portanto passível de *anulação* caso venha à tona que um dos contratantes feriu o dever de lealdade e transparência no momento do processo seletivo.

Note-se: o contrato de trabalho deverá, neste caso, ser anulado – e não rescindido. As partes deverão ser restabelecidas ao *status quo ante*[88] e não será devida qualquer compensação pela anulação promovida pela parte enganada. Esta ainda terá, a nosso ver, o direito de ser ressarcida pelos eventuais danos que a violação ao dever de agir com boa-fé na fase pré-contratual lhe houver acarretado[89].

Ainda na fase pré-contratual, o dever de boa-fé impõe que as partes respeitem seus comportamentos concludentes. Nesse sentido, a promessa de contratação do empregado tem o condão de gerar-lhe legítima expectativa na assinatura de seu contrato de trabalho. Caso a empresa decida retratar-se e não admitir o trabalhador, deverá responder pelos danos acarretados – patrimoniais[90] e extrapatrimoniais – e pela defraudação da confiança incutida no candidato. Não entendemos, todavia, que a este caiba a possibilidade de pleitear que o Poder Judiciário supra a vontade do empregador e constitua o vínculo empregatício entre as partes. Temos para nós que "uma vez iniciado o processo de contratação, é lícito ao empregador rompê-lo antes mesmo da entrada em atividade do futuro empregado"[91], dada a natureza personalíssima da avença contratual trabalhista[92].

---

(87) Nesse sentido também se posiciona Francisco Rossal de Araújo: "quem contesta indevidamente a perguntas que o empresário está autorizado a formular, pode sofrer as consequências de seu ato, inclusive a alegação de erro quanto à pessoa". *Ibidem*, p. 247.

(88) Naturalmente, quando nos referimos ao status quo ante, não ignoramos a impossibilidade prática de se devolver ao trabalhador a força de trabalho alienada e o tempo empenhado em favor da empresa. Por este motivo, da mesma forma que não há meios de o trabalhador receber de volta o suor alienado, não há como dele se exigir que restitua à empresa os salários recebidos, sob pena de enriquecimento sem causa do empregador (arts. 884 e seguintes do Código Civil). Mencionar a Teoria do "Quase-Contrato" [Romita, LTr, jan/08].

(89) Note-se que é comum aos autores de Direito do Trabalho atribuir-se à culpa *in contrahendo* o fundamento para a responsabilização por danos pré-contratuais (nesse sentido, por exemplo, Pedro Romano Martinez, *Direito do Trabalho*, p. 453). Trata-se, a nosso ver, de equívoco, devendo o fundamento de tal responsabilização ser creditado à violação de deveres contratuais derivados da eficácia vinculante do princípio da boa-fé objetiva.

(90) A doutrina é unânime ao admitir que no conceito de danos patrimoniais incluem-se não só os prejuízos efetivamente experimentados pelo candidato (como cursos de preparação, compra de roupas e uniformes, mudanças de domicílio etc.) como também os lucros cessantes decorrentes da não aceitação de eventuais outras propostas de trabalho ou do pedido de demissão de seu emprego anterior. Vide, a respeito, Francisco Rossal de Araújo. *Op. cit.*, p. 253 e BARROS, Alice Monteiro de. *Curso...*, 2. ed. 2006, p. 622.

(91) *Ibidem*, p. 241.

(92) Apesar de Alice Monteiro de Barros concordar que não é possível impor ao empregador a contratação do candidato, a autora lembra que "as negociações preliminares ou o pré-contrato não se confundem com o contrato preliminar". Embora a frustração das primeiras não dê ensejo à execução específica da obrigação de fazer, "(...) concluído o contrato preliminar e desde que não conste cláusula de arrependimento, quaisquer das partes terá o direito de exigir a celebração do contrato definitivo, conferindo prazo à outra parte para que o efetive. Esgotado o prazo, poderá o juiz, a pedido do interessado, conferir caráter definitivo ao contrato preliminar, salvo se a isto se opuser a natureza da obrigação (art. 463 e 464 do Código Civil)". *Curso...*, 2. ed. 2006, p. 489-490.

No que tange à eficácia pré-contratual do contrato de trabalho, vale registrar, por derradeiro, que o Judiciário Trabalhista já vem se mostrando sensível a essa dimensão da boa-fé objetiva. Tome-se como exemplo a decisão proferida pelo Tribunal Regional do Trabalho do Piauí, que condenou uma empresa que deixou de contratar determinado candidato a indenizá-lo pelos vencimentos que perdeu em virtude do pedido de demissão de seu emprego, motivado na justa expectativa de ser admitido após a conclusão de processo seletivo[93].

Uma vez celebrado o contrato de trabalho, um emaranhado ainda maior de deveres anexos é criado para as partes ao lado daquelas obrigações classicamente reconhecidas como principais do contrato de trabalho, que seriam, para o empregador, os deveres de fornecer o trabalho a ser executado pelo obreiro e de pagar os salários e, para o empregado, o dever de trabalhar[94]. Trata-se, neste ponto, da projeção da boa-fé objetiva na eficácia contratual trabalhista.

Assim é que em torno da obrigação patronal de pagar salários, encontra-se, por exemplo, a vedação de disponibilizar o dinheiro ao empregado em local longínquo ou de difícil acesso, ainda que na data pactuada para o pagamento. Também é imposto ao empregador o dever de discriminar as verbas que estão sendo pagas ao empregado e tirar-lhe dúvidas, prestando informações sobre eventuais valores discrepantes do habitual. Por outro lado, e considerando que a boa-fé objetiva exige dos contratantes uma postura ativa na direção do adimplemento das obrigações laborais, compete ao empregado não se recusar injustificadamente a receber o salário e assinar o respectivo recibo. Ele também está obrigado a fornecer seus dados bancários em caso de ter sido convencionado o depósito em sua conta corrente e também tem o dever de abster-se de dificultar que o pagamento se opere.

Veja-se: nada disso está escrito em lei ou no contrato. São deveres que emanam simplesmente da obrigação imposta às partes de agir com probidade, como consequência do princípio da boa-fé objetiva. Deveres anexos, que circundam a obrigação principal de pagar salários.

No que se refere ao dever de fornecer trabalho, não basta à empresa designar serviços a serem realizados pelo empregado. Estes devem, em primeiro lugar, estar dentro de contornos de licitude. Devem, igualmente, estar dentro da base contratual construída nas tratativas preliminares e das possibilidades físicas, intelectuais e profissionais do obreiro. Cabe ainda ao empregador prestar todas as informações e esclarecimentos

---

(93) "Contrato de trabalho. Fase pré-contratual. Efeitos jurídicos. As conversações preliminares travadas entre empregado e futuro empregador, apesar de não obrigarem a conclusão do contrato, produzem, em alguns casos, efeitos jurídicos, na medida em que o empregado, confiando na previsível conclusão do contrato, deixa de aceitar outra proposta de emprego, tanto ou mais vantajosa". (TRT, 22ª Região, RO 00496-2002-001-22-00-8, j. 19.11.2003; Rel. Juiz Fausto Lustosa). In: *Revista LTr*, abril/2004, p. 492.
(94) "Do mesmo modo no contrato de emprego onde as obrigações principais são trabalho (empregado) e salário (empregador). Em torno delas, e considerando o trato sucessivo das prestações, estariam obrigações acessórias como informações e esclarecimentos sobre a função a ser desempenhada, impossibilidade de concorrência desleal, deveres de cooperação e auxílio, entre outros. (...) Haverá, então, uma obrigação principal e, possivelmente, obrigações acessórias gravitando em torno da obrigação principal". ARAÚJO, Francisco Rossal de. *Op. cit.*, p. 32.

sobre a forma como o serviço deve ser realizado[95], fornecendo o devido treinamento para a execução das tarefas designadas. Gravita, finalmente, em torno da obrigação de fornecer trabalho, o dever de franquear uniformes e equipamentos de segurança, bem como a preservação do local de trabalho contra riscos ambientais[96].

Paralelamente, nasce para o empregado a obrigação de conservar esses equipamentos e demais instrumentos de trabalho contra deteriorações. O obreiro também se obriga, como decorrência dos preceitos de boa-fé objetiva, a expor ao empregador os eventuais problemas dos quais toma conhecimento na execução do serviço contratado e outros acontecimentos que possam afetar negativamente a produtividade da empresa[97].

Por seu turno, a obrigação de trabalhar exigida do trabalhador, além de abarcar os deveres acessórios acima citados, também lhe impõe o dever de dedicar-se com afinco às atividades desempenhadas[98]. Durante o curso do contrato de trabalho, o princípio da boa-fé objetiva também aconselha que o trabalhador se abstenha de divulgar informações adquiridas por força de seu contrato e de executar tarefas que representem concorrência ao empreendimento empresarial, bem como de aliciar ou influenciar outros empregados a adotarem comportamentos que possam violar a confiança existente entre as partes. Demais disso, o art. 482 da CLT já exemplifica inúmeras outras obrigações acessórias ao dever de trabalhar, como é o caso de respeito às ordens patronais, obrigação de prestar serviços assiduamente, apresentar-se para o serviço com um mínimo de cuidados com aparência e asseio pessoal etc.

Finalmente, em uma terceira vertente, a boa-fé objetiva faz com que o contrato de trabalho projete seu espectro para um momento posterior ao seu término[99], sendo possível se falar na sua pós-eficácia. Trata-se, também aqui, da consequência da irradiação de deveres anexos às obrigações decorrentes do vínculo empregatício, que não cessam automaticamente com a sua extinção[100].

---

(95) Inclusive revelar ao empregado os meios de vigilância utilizados no ambiente de trabalho, tais como a instalação de câmeras de segurança, a gravação de conversas telefônicas, o monitoramento de e-mails etc.
(96) Alessandro Severino Valle Zenni e Cláudio Rogério Teodoro de Oliveira ((Re)Significação..., p. 39) somam a esse rol exemplificativo de deveres anexos o dever de manter a integridade psíquica do empregado, evitando o assédio moral.
(97) António Monteiro Fernandes, parafraseando Boldt, lembra que o trabalhador deve, em princípio, "abster-se de qualquer acção contrária aos interesses do empregador", mas que "o dever de lealdade tem igualmente um conteúdo positivo. Assim, deve o trabalhador tomar todas as disposições necessárias (por exemplo, informar um superior hierárquico, alertar os bombeiros, a polícia, etc.) quando constata uma ameaça de prejuízo ou qualquer perturbação da exploração, ou quando vê terceiros, em particular outros trabalhadores, ocasionar danos". *Direito do Trabalho*, p. 235 (grifo no original). Entre nós, Francisco Rossal de Araújo confirma essa tendência ao afirmar "(...) compreendido dentro do dever de fidelidade está a obrigação de dar conhecimento imediato ao empregador de problemas técnicos que ocorram na execução do trabalho". *Op. cit.*, p. 262.
(98) Quanto ao tema, Francisco Rossal de Araújo alerta que "o trabalhador deve laborar com assiduidade e eficiência dentro da sua capacidade profissional" (*ibidem*, p. 257), além de "cooperar com o interesse objetivo da empresa" (*ibidem*, p. 261).
(99) Nas palavras de Francisco Rossal de Araújo, "a boa-fé (...) acompanhará todo o cumprimento do contrato, podendo, inclusive, perdurar após o seu término". *Ibidem*, p. 236. Seguindo a mesma linha, Alice Monteiro de Barros defende que "a conduta ilícita praticada pelo empregador e capaz de gerar compensação por dano moral poderá ocorrer na fase pós-contratual". *Op. cit.*, p. 623.
(100) "A particularidade mais importante de algumas das obrigações anexas é a de ainda perdurarem, mesmo depois do adimplemento da obrigação principal". SILVA, Clóvis do Couto e. *Op. cit.*, p. 91.

Tome-se a título de exemplo a obrigação que o empregado assume de manter o necessário sigilo com relação às informações confidenciais que tenha obtido por força do cargo ocupado na empresa após a cessação do vínculo laboral[101]. No mesmo sentido, o antigo empregador deve efetuar o pagamento da eventual remuneração diferida que venha a se tornar devida após o término da relação de emprego (como ocorre nos casos em que a distribuição de lucros e resultados acontece em data posterior à rescisão contratual). No mesmo sentido, ele não pode se recusar a fornecer cartas de recomendação quando não tenha uma justificativa objetiva para tanto, deve devolver todos os pertences pessoais do empregado e ainda remeter-lhe a correspondência em seu nome que eventualmente seja recebida no local de trabalho após o fim do vínculo de emprego.

Finalmente, cremos estar inserido no dever de agir com transparência a imposição às partes, caso provocadas, de informar o real motivo da despedida[102] ou do pedido de demissão, pelo fato de a crítica construtiva ser, para o trabalhador, uma oportunidade de melhoramento pessoal e, para a empresa, de aperfeiçoamento das condições de trabalho[103].

4.2.2. Classificação dos deveres anexos

Doutrinariamente, os deveres anexos decorrentes do princípio da boa-fé objetiva sofrem diversas classificações.

Judith Martins-Costa, baseada nas doutrinas alemã e portuguesa, os classifica da seguinte maneira:

> a) os deveres de cuidado, de previdência e segurança, como o dever do depositário de não apenas guardar a coisa, mas também de bem acondicionar o objeto deixado em depósito; b) os deveres de aviso e esclarecimento, como o do advogado, de aconselhar o seu cliente acerca das melhores possibilidades de cada via judicial passível de escolha para a satisfação de seu *desideratum*, o do consultor financeiro de avisar a contraparte sobre o risco que corre. Ou o do médico, de esclarecer ao paciente sobre a relação custo-benefício do tratamento escolhido, ou dos efeitos colaterais do medicamento indicado, ou ainda, na fase pré-contratual, o do sujeito que entra em negociações, de avisar o futuro contratante sobre

---

(101) "O empregado deve manter segredo relativamente à exploração e negócios do empresário. (...) Essa obrigação não se extingue com o contrato, perdurando mesmo após sua extinção". ARAÚJO, Francisco Rossal de. *Op. cit.*, p. 262.
(102) A Organização Internacional do Trabalho mostra-se favorável à transparência no processo de despedida. Reflexo dessa postura é encontrado no art. 7º da Convenção n. 158 da OIT (que, segundo a doutrina majoritária brasileira, não se encontra mais em vigor em nosso país), que impõe ao empregador o dever de avisar ao trabalhador o motivo pelo qual está sendo dispensado.
(103) A respeito do dever de informar na despedida coletiva, Renato Rua de Almeida aponta que "os deveres anexos da boa-fé objetiva são, dentre outros, o de informar e demonstrar aos trabalhadores e seus representantes a causa objetiva da despedida em massa por motivo de ordem econômico-conjuntural (art. 5º, inciso XIV, da CF/88), e de negociar as suas consequências (art. 7º, inciso XXVI da CF/88)". Subsiste...?. *Revista LTr*, São Paulo. 73-04, p. 392.

os fatos que podem ter relevo na formação da declaração negocial; c) os deveres de informação, de exponencial relevância no âmbito das relações jurídicas de consumo, seja por expressa disposição legal (CDC, arts. 12, *in fine*, 14, 18, 20, 30, 31, entre outros), seja em atenção aos mandamentos da boa-fé objetiva; d) o dever de prestar contas, que incumbe aos gestores e mandatários, em sentido amplo; e) os deveres de colaboração e cooperação, como o de colaborar para o correto adimplemento da prestação principal, ao qual se liga, pela negativa, o de não dificultar o pagamento, por parte do devedor; f) os deveres de proteção e cuidado com a pessoa e o patrimônio da contraparte, como v. g., o dever do proprietário de uma sala de espetáculos ou de um estabelecimento comercial de planejar arquitetonicamente o prédio, a fim de diminuir os riscos de acidentes; g) os deveres de omissão e de segredo, como o dever de guardar sigilo sobre atos ou fatos dos quais se teve conhecimento em razão do contrato ou de negociações preliminares[104].

Por seu turno, Clóvis do Couto e Silva sugere uma classificação, em dois grandes ramos: "deveres de indicação e esclarecimento" e "deveres de cooperação e auxílio"[105].

Entre os autores de Direito do Trabalho, é comum encontrar a menção a deveres de diligência e deveres de fidelidade[106], sem, todavia, se apontar grande precisão técnica em tal classificação[107]. Sem a pretensão de apresentar um rol taxativo, Francisco Rossal de Araújo é um dos poucos a propor a divisão dessas obrigações acessórias em categorias, propondo que elas seriam segregáveis em "deveres de esclarecimento (informação sobre o uso do bem), de proteção (evitar situações de perigo), de conservação (coisa recebida para experiência), de lealdade (equivalência das prestações), de cooperação (prática de atos necessários à realização plena dos fins visados pela outra parte)"[108].

De nossa parte, cremos ser possível dividir os deveres anexos às obrigações principais do contrato de trabalho em quatro grandes modalidades: (I) dever de transparência e informação, (II) dever de colaboração, (III) dever de dedicação e (IV) dever de cuidado e proteção.

O dever de informação é tema debatido por boa parte da doutrina estrangeira[109] e já foi tratado pela OIT por meio da Recomendação n. 129. Ele vem paulatinamente ganhando espaço nos debates nacionais, notadamente no que se refere ao processo de negociação coletiva de trabalho. Trata-se da obrigação que ambas as

---

(104) *A boa-fé no direito privado*, p. 439.
(105) *Op. cit.*, p. 94/96.
(106) Vide, nesse sentido, Alice Monteiro de Barros. *Op. cit.*, p. 587-588.
(107) Antônio Monteiro Fernandes (*Op. cit.*, p. 231) propõe que há deveres que estariam contidos nas obrigações principais, como a obediência e a diligência, e deveres que seriam laterais a tais obrigações, como a lealdade, a assiduidade e a custódia.
(108) *Op. cit.*, p. 37.
(109) Alguns ordenamentos laborais já incorporaram normas positivadas que estabelecem para as partes deveres de informação. É o caso, por exemplo, de Espanha e Portugal, que tratam do assunto, respectivamente, no art. 4, 1 "g" do Estatuto de los Trabajadores e nos arts. 95º e seguintes do Código de Trabalho.

partes têm de franquear, uma à outra, todos os dados relevantes para o desenvolvimento harmônico da relação de emprego. Elas têm o dever de "tornar clara certa circunstância de que o *alter* tem conhecimento imperfeito, ou errôneo, ou ainda ignora totalmente"[110]. Nesse particular, a conduta das partes deve se pautar sempre pela sinceridade necessária ao cultivo do elemento fiduciário recíproco que sustenta o vínculo empregatício[111].

O dever de colaboração, por seu turno, diz respeito à conduta que as partes devem adotar no curso do contrato de trabalho para se auxiliarem reciprocamente no sentido do adimplemento da obrigação principal. Ele encerra um viés positivo – pelo qual cabe ao empregador e ao empregado praticar em todos os atos necessários a conferir meios para que a outra parte cumpra com seus deveres contratuais – e outro negativo – segundo o qual esses mesmos atores devem abster-se de dificultar o adimplemento da obrigação principal.

O dever de dedicação representa muito mais um norte balizador da conduta das partes no dia a dia da relação de emprego. Esse dever impõe ao trabalhador envidar seus melhores esforços para que os serviços sejam sempre prestados com parâmetros de excelência. Já para o empregador cria-se a necessidade de, sempre que possível, investir no treinamento, aprimoramento e qualificação do trabalhador, bem como oferecer meios para que ele se desenvolva enquanto ser humano.

Por fim, o dever de cuidado impõe ao empregado a necessidade de velar pelos bens da empresa, instrumentos de trabalho e ferramentas disponibilizadas como se seus fossem. Para o empregador, encerra a necessidade de conferir sobre seus empregados um olhar mais paternal, compreendendo suas necessidades e também esforçar-se para melhorar as condições de trabalho[112]. Impõe, finalmente, a necessidade recíproca de preservação da imagem das partes envolvidas na relação de emprego.

4.2.3. *Non venire contra factum proprium*

Outra importante consequência do transporte do tecido axiológico próprio da boa-fé objetiva para o Direito do Trabalho é a proibição às partes de adoção de comportamentos contraditórios, representada pela máxima *nemo potest venire contra factum proprium*[113].

Ora, o contrato de trabalho é, por essência, um negócio jurídico de trato sucessivo. Ele se renova e se reafirma com o passar do tempo. Diante dessa característica,

---

(110) SILVA, Clóvis do Couto e. *Op. cit.*, p. 94.
(111) De acordo com parte da doutrina, estaria incluída nesse dever de informação a obrigação de franquear aos trabalhadores o acesso aos dados referentes à saúde financeira da empresa. Para Francisco Rossal de Araújo (*Op. cit.*, p. 250), trata-se de uma questão de "democratização da empresa".
(112) António Monteiro Fernandes insere esse dever de cuidado no que denomina "dever de lealdade", *in verbis*: "(...) este dever [de lealdade] lança sobre o empregador o encargo de defender o trabalhador, prestar-lhe protecção e assistência e suprimir tudo aquilo que possa causar-lhe algum prejuízo nos seus interesses". *Op. cit.*, p. 281.
(113) A regra do *non venire contra factum proprium* é creditada à obra de Franz Wieacker. Ao lado dela, o autor traz outros brocardos que exteriorizam máximas de conduta ético-jurídicas decorrentes do princípio da boa-fé objetiva. São elas: *dolo agit qui petit quod statim redditurus est, tu quoque e inciviliter agere* (Cf. ARAÚJO, Francisco Rossal de. *Op. cit.*, p. 37).

conjugada com o princípio da primazia da realidade sobre a forma consagrado em doutrina, é natural que as condições de trabalho, com o passar do tempo, acabem sofrendo algumas alterações[114].

Não há necessidade de que as partes consintam expressamente com essas modificações mediante "micronovações" contratuais. Basta que as mudanças sejam implementadas e praticadas para que passem a valer – desde que, é claro, sejam respeitados os limites do art. 468 da CLT. A habitualidade na repetição dessas novas condições faz com que elas se incorporem ao contrato de trabalho e não mais possam ser suprimidas em prejuízo ao obreiro.

Essa *aderência* contratual de condições habitualmente praticadas, normalmente explicada a partir da principiologia trabalhista, na verdade encontra justificativa nos preceitos de boa-fé objetiva. O tecnicamente mais correto seria falar simplesmente na *tutela da confiança* e na *vedação às partes de adoção de comportamento contraditório*.

Ora, a imposição aos contratantes do dever de respeito e confiança recíproca pressupõe que eles não devem se utilizar de artimanhas para confundir a outra parte. Devem, ao contrário, ser sempre transparentes e probos um com o outro. Assim, se determinado comportamento benéfico ao empregado e não previsto no contrato – ou mesmo previsto de forma diversa na sua origem – começa a ser praticado por um dos contratantes e é tolerado ou aceito pelo outro, é natural que essa outra parte, com o passar do tempo, crie uma fundada expectativa de que a contraparte continue a praticá-lo. Deixar de adotar o comportamento em questão, depois de habitualmente repetido, importará frustrar a confiança depositada na retidão da sua conduta[115].

A título de exemplo, pode-se citar o caso de um empregado que presta serviços externamente às instalações do empregador e que com ele avença que o pagamento de salário será feito na sede da empresa. A partir de dado momento, o empregador decide mandar um mensageiro até a residência do empregado entregar seus vencimentos e tomar-lhe o recibo. Essa conduta é repetida ao longo de 10 meses sem qualquer explicação, até que, ao final do 11º mês, o mensageiro não bate à porta do empregado com seu pagamento na data usual. Passados alguns dias sem receber notícias de seus vencimentos, o empregado descobre que este estava à disposição na sede da empresa.

Ora, o trabalhador viu nesse momento frustrada sua legítima expectativa de receber o salário em sua residência. O empregador fez nascer essa expectativa com a repetição prolongada de seu comportamento, ainda que, originalmente, as partes tivessem pactuado de forma diversa. A base do contrato alterou-se, não podendo ser novamente modificada abruptamente, i. e., não pode mais o empregador querer valer-se de uma prerrogativa contratual (pagamento na sede da empresa) que, embora realmente tenha sido avençada, deixou de ser praticada por força de sua própria conduta.

---

(114) Tome-se, por exemplo, da alteração de uniformes, da modificação do mobiliário de trabalho, troca de equipamentos, aumento salarial, alteração no horário de trabalho etc.
(115) "O indivíduo tem a obrigação de agir coerentemente com relação a todos os seus atos, sob pena de quebrar os princípios de segurança e confiança nas relações jurídicas". ARAÚJO, Francisco Rossal de. *Op. cit.*, p. 38.

Como se vê, a imposição de boa-fé aos contratantes gera um comando de *non venire contra factum proprium* (não agir contraditoriamente ao seu próprio comportamento). Haverá, no exemplo acima, mora salarial, mesmo que a remuneração do empregado tenha sido disponibilizada na sede da empresa.

O *non venire* vem encontrando grande espaço no ramo do Direito Civil, sendo certo que a jurisprudência apresenta-se recheada de exemplos de sua grande utilidade prática[116].

Também na área trabalhista, a adoção desse princípio de *non venire* é recorrente, ainda que de modo intuitivo. O que se vê, o mais das vezes, é o mesmo ser confundido pela doutrina com o conceito de habitualidade. Tome-se como exemplo a Súmula n. 291 do TST, que determina que o trabalhador seja indenizado em caso de supressão de horas extras prestadas habitualmente por mais de um ano. Ora, neste caso, o fundamento para a indenização ao empregado não é outro senão a frustração de sua legítima expectativa de continuar a receber o adicional de horas extras, decorrente da atitude desavisada patronal de suprimir o trabalho extraordinário. A habitualidade, aqui, é apenas um dado empírico, do mundo dos fatos, que não gera direito algum. O que faz com que a empresa não possa abruptamente suprimir o labor extraordinário é o princípio da boa-fé objetiva, desdobrado no comando *nemo potest venire contra factum proprium*[117].

Apesar de a regra do *non venire* ainda ser muitas vezes confundida com o conceito de habitualidade, já se podem verificar alguns exemplos em que o Poder Judiciário Trabalhista a ela alude expressamente. A título de exemplo, mencionamos a decisão proferida pelo TST em Recurso de Revista onde o empregado reclamava o direito de se valer das regras originais constantes do regulamento interno de seu empregador. Ele

---

(116) "Civil e Processual Civil. Embargos à Execução. Contrato de Compra e Venda dos Direitos Federativos de Atleta Profissional de Futebol. Vício na Constituição do Título Exequendo. Ausência da Assinatura do Vice--Presidente Financeiro do Clube. Imposição do Estatuto. Força Executiva Reconhecida. Teoria da Aparência. Boa-Fé Objetiva. Recurso Especial Improvido. 1. Incensurável o tratamento dado ao caso pela Corte de origem, não só pela distinção feita entre a natureza do contrato exequendo (art. 585, II, do CPC), face aos títulos executivos extrajudiciais relacionados na regra estatutária, cujo descumprimento teria o condão de inviabilizar o processo executivo, mas, principalmente, pela repulsa à invocação de suposto vício na constituição do pacto, levado a efeito pelo próprio executado, uma vez havendo o recorrido agido de boa-fé e alicerçado na teoria da aparência, que legitimava a representação social por quem se apresentava como habilitado à negociação empreendida. 2. Denota-se, assim, que a almejada declaração de nulidade do título exequendo está nitidamente em descompasso com o proceder anterior do recorrente (a ninguém é lícito venire contra factum proprium). 3. Interpretação que conferisse o desate pretendido pelo recorrente, no sentido de que se declare a inexequibilidade do contrato entabulado entre as partes, em razão de vício formal, afrontaria o princípio da razoabilidade, assim como o da própria boa-fé objetiva, que deve nortear tanto o ajuste, como o cumprimento dos negócios jurídicos em geral. 4. Recurso especial não conhecido." (STJ, 4ª Turma, REsp 681.856/RS; Rel. Min. Hélio Quaglia Barbosa; j. em 12.06.2007; DJ 06.08.2007, p. 497). Fonte: <http://www.stj.jus.br/SCON/jurisprudencia/toc.jsp?tipo_visualizacao=RESUMO&processo=681856&b=ACOR> Acesso em: 31 jul. 2009.

(117) No entanto, idêntico raciocínio inexplicavelmente deixou de ser aplicado pelo TST na Orientação Jurisprudencial n. 159, tendo o Tribunal entendido ser uma faculdade do empregador voltar a pagar salários no quinto dia útil do mês subsequente ao vencido, quando este, por liberalidade, vinha efetuando tal pagamento em data anterior. Trata-se evidentemente de um equívoco daquele Tribunal, cuja correção é uma tendência natural, a partir da absorção da cultura da boa-fé objetiva no Direito do Trabalho brasileiro.

sustentou em seu benefício – e obteve êxito na empreitada – que a empresa teria alterado as referidas regras no curso do contrato e isto representaria um comportamento contraditório, inadmissível ao direito[118].

Por fim, note-se que a regra do *non venire contra factum proprium* também se aplica ao empregado, como, por exemplo, na hipótese da secretária que decide espontaneamente servir cafezinhos na sala de reunião de seus chefes. A repetição dessa tarefa ao longo do tempo, ainda que não tenha sido expressamente incluída no rol de atividades a serem por ela desempenhadas no emprego, passa a ser inserida no conceito de "condição pessoal" a que se refere o art. 456, parágrafo único da CLT e, assim, passa a poder ser exigível pelo empregador como consequência do contrato de trabalho, ante a proibição de adoção de comportamento contraditório imposta à obreira.

4.3. Rescisão contratual arbitrária

Um terceiro tema que se revela extremamente receptivo na transposição para o Direito do Trabalho dos preceitos constitucionais estudados até o momento diz respeito ao tratamento jurídico que a resilição arbitrária do contrato de trabalho vem recebendo no Brasil.

Nosso ordenamento trabalhista positivo confere como regra ao empregador a possibilidade de rescindir unilateralmente o contrato de trabalho, não cabendo ao empregado qualquer hipótese de resistência.

Apesar da constatação de Amauri Mascaro Nascimento no sentido de que "nada impede a dispensa"[119] e de esta ser classificada como um "direito potestativo"[120] pela doutrina majoritária, fato é que ela é contrária ao espírito do nosso ordenamento, já que colide com as normas constitucionais de valorização do trabalho.

Evidência máxima de que a dispensa arbitrária é contrária ao direito está no fato de que o ato rescisório traz como consequência a obrigação de reparar o empregado

---

(118) Do voto da Ministra Relatora, lê-se: "Conforme nos ensina Karl Larenz, a boa-fé objetiva orienta no sentido de que os atos devem ser pautados pela coerência com os comportamentos anteriormente assumidos, de modo a não defraudar expectativas justificadamente geradas. É a chamada proibição do *venire contra factum proprium*. (*Derecho de Obrigaciones*. Madrid; Editorial Revista de Derecho Privado, 1958, p.151). Saliento que a função limitadora da boa-fé age sobre a autonomia coletiva, evidenciando o abuso de direito de diversas formas: dano excessivo, desproporcionalidade entre o interesse beneficiado e o afetado, intenção de prejudicar, desvio do direito da sua função social etc. Logo, a reclamada não pode privar os recorrentes da aplicação do regulamento que prevê promoções por merecimento anuais. (...) A empresa só tem discricionariedade no momento de criar as normas regulamentares, após sua criação as normas aderem aos contratos de trabalho, somente sendo permitida sua substituição por normas mais benéficas e mediante a aceitação do trabalhador. Trata-se, pois, de direito adquirido ao regulamento. Desta forma, uma cláusula regulamentar menos benéfica só pode ser aplicada aos empregados admitidos após sua edição, sob pena de ofensa ao art. 468 da CLT e contrariedade à Súmula 51/TST". (TST, 3ª Turma; RR 1803/2005-060-01-40.7, Rel. Min. Rosa Maria Weber Candiota da Rosa, j. em 11.03.2009, DEJT 17.04.2009). Fonte: <https://aplicacao.tst.jus.br/consultaunificada2/inteiroTeor.do?action=printInteiroTeor&format=html&highlight=true&numeroFormatado=RR%20%201803/2005-060-01-40.7&vobase.name=acordao&rowid=AAAdFEAAvAAAAV2AAF&dataPublicacao=07/04/2009&query=> Acesso em: 31 jul. 2009.

(119) *Curso...*, p. 771.

(120) Cf. DELGADO, Maurício Godinho. *Curso...*, p. 1153.

despedido, mediante o pagamento de uma indenização previamente tarifada, equivalendo a 40% do saldo existente na sua conta de FGTS[121].

Outros ordenamentos – vigentes em países que, como Alemanha, Espanha e França, ratificaram a Convenção n. 158 da OIT – condicionam a validade do ato jurídico rescisório ao preenchimento de certos requisitos formais, tais como a existência de motivo técnico, disciplinar ou econômico. Quando estes requisitos não são preenchidos no ato rescisório, a despedida é tida como imperfeita, trazendo como consequência a sua anulação e o restabelecimento das partes ao *status quo ante*, ou seja, a reintegração do trabalhador despedido injustamente. Nesses países, adota-se a teoria da nulidade da despedida arbitrária[122].

Mas, diante de tudo o que foi estudado até este momento, será que a escolha legislativa brasileira pela validade do ato de dispensa arbitrária é a opção mais apropriada ao nosso ordenamento? Será que ela ainda se justifica diante dos novos valores irradiados pela Constituição Federal ao Direito do Trabalho após 1988: dignidade da pessoa humana, valorização social do trabalho e da livre-iniciativa, meta do pleno emprego, primado do trabalho, função social e boa-fé objetiva?

Vejamos.

A Constituição, em seu art. 7º, I prevê ser direito dos trabalhadores urbanos e rurais a proteção contra a despedida arbitrária ou sem justa causa. Ainda que se admita que o dispositivo em questão seja dotado de eficácia apenas limitada – como quer o STF[123] – é inegável que ele materializa ao menos uma sugestão, deixando clara a opção de nosso ordenamento no sentido de se posicionar contrariamente à ruptura de relações de emprego.

A escolha axiológica presente nesse preceito constitucional não pode ser ignorada. Especialmente porque ela vai ao encontro dos princípios do pleno emprego, do valor social do trabalho, do primado do trabalho e da dignidade humana.

Ademais, a necessidade de funcionalização da empresa e da propriedade impõe ao empregador a utilização de seu empreendimento com propósitos que ultrapassem a ótica individualista, assumindo um compromisso de solidariedade com a coletividade que o cerca. A concretização desses valores se faz não só por meio da preservação de *postos de trabalho*, mas passa necessariamente pela manutenção dos próprios *empregos* sempre que isto for viável.

A distinção é relevante, pois levará à harmonização do princípio da função social com o da livre-iniciativa: a despedida pode ser feita quando a extinção de um

---

(121) Cf. art. 18 da Lei n. 8.036/90.
(122) A opção pela nulidade do ato rescisório também se encontra presente no direito brasileiro, mas em caráter de exceção. Aplica-se apenas nas hipóteses de despedidas de empregados estáveis, como é o caso, entre outros, de gestantes, cipeiros, dirigentes sindicais e empregados com menos de um ano de retorno de acidentes ou doenças vinculadas à atividade laboral.
(123) ADI-MC 1480/DF, Pleno, Rel. Min. Celso de Mello, j. em 04.09.1997, DJ 18.05.2001, p. 429. Fonte: <http://www.stf.jus.br/portal/jurisprudencia/listarJurisprudencia.asp?s1=(1480.NUME.%20OU%201480.ACMS.)&base=baseAcordaos> Acesso em: 31 jul. 2009.

posto de trabalho mostrar-se necessária. Contudo, quando se tratar apenas de rotação de mão de obra, trocando o trabalhador despedido por outro contratado para desempenhar a mesma função em seu posto, aí ela afrontará a função social da empresa, caso não haja um fundamento objetivo para a rescisão contratual.

Assim procedendo, o empregador tem respeitada a valorização de sua livre-iniciativa, pois *só ele* terá o direito de optar pela estratégia de negócios e oportunidade de extinção de um determinado estabelecimento ou setor da empresa. Mas essa livre-iniciativa agora se torna *responsável*, na medida em que ela impõe à empresa assumir o compromisso com a preservação da dignidade humana de seus empregados materializada por intermédio da inclusão social dos mesmos por meio do emprego.

Finalmente, milita contra a licitude da despedida arbitrária a irradiação dos preceitos de boa-fé objetiva, vez que eles impõem que as partes envolvidas no contrato de trabalho exerçam seus direitos com responsabilidade e comedimento, sem abusos[124].

Diante de tais valores, conclui-se que se o empregador, ao exercer um direito, excede os limites impostos pelo seu fim econômico ou social, ele comete um ato ilícito. Isso é justamente o que determina o art. 187 do Código Civil, ao tratar do instituto do abuso do direito[125].

Mutatis mutandis, temos embotada em nosso ordenamento infraconstitucional a linha de raciocínio preceituada pela Convenção n. 158 da Organização Internacional do Trabalho – que o Brasil vem infelizmente resistindo a incorporar expressamente ao seu ordenamento – o qual proíbe a despedida "sem uma causa justificada relacionada com sua capacidade ou seu comportamento ou baseada nas necessidades de funcionamento da empresa, estabelecimento ou serviço" (art. 4º).

A nosso ver, a Convenção n. 158 nada mais faz do que concretizar o conceito aberto de "limite social e econômico" de que trata o art. 187 do Código Civil.

Dito de outro modo, a partir da edição do novo Código Civil, a ratificação (ou, mais precisamente, a revogação de sua denúncia) daquela Convenção pelo Brasil tornou-se mesmo desnecessária para que os juristas tenham um mecanismo capaz de coibir a despedida arbitrária. O art. 187 em questão já condiciona o exercício do direito "potestativo" de demitir aos seus fins econômicos e sociais. Assim, antes de desfazer o vínculo de emprego, o empregador precisa adotar todas as medidas que busquem a sua manutenção, sendo a opção pela dispensa encarada apenas como último recurso[126].

---

(124) Mauricio Godinho Delgado (*Curso...*, p. 1153-1154) acrescenta um último argumento aos fundamentos constitucionais elencados. O autor afirma que o tratamento da despedida como um direito potestativo representa a expressão máxima do individualismo jurídico, pois expõe o empregado ao arbítrio (que facilmente descamba para arbitrariedade) da empresa. Diante da nítida inspiração social de nossa Constituição e da superação do paradigma individualista, Godinho conclui que não mais se sustentaria a concepção daquele instituto pura e simplesmente como um direito potestativo.

(125) No entender de Francisco Rossal de Araújo (*Op. cit.*, p. 40), "a teoria do abuso de direito constitui um triunfo da ética no campo jurídico. A rigor, no abuso do direito, há licitude e direito, mas são vulneradas pautas de exercício dos mesmos, no modo previsto no ordenamento jurídico. Há um desvio do fim moral ou econômico-social que o Direito persegue quando tutela as faculdades dos indivíduos".

(126) "(...) deverá haver a possibilidade de que outras alternativas possam ser empregadas, como de redução de

Como o espírito constitucional é voltado ao emprego, presume-se[127] que a ruptura do contrato de trabalho viola tal finalidade – que é social e econômica, como reclama o art. 187 do Código Civil. Assim, a dispensa configurará abuso de direito quando não se ancorar em uma razão econômica (como crises econômico-financeiras, a necessidade da extinção de determinada atividade por força do avanço tecnológico, ou o encerramento de certa filial ou setor da atividade que se mostrarem deficitários) ou social (como a comprovada inabilidade técnica do obreiro para o serviço ou o cometimento de faltas disciplinares)[128], tal qual previsto no art. 165 Consolidado.

Como consequência ao cometimento de um abuso de direito, a lei civil prevê que o ilícito cometido impõe à parte infratora a obrigação de reparar o dano causado (art. 927, Código Civil).

De acordo com a mais abalizada doutrina sobre o tema, essa reparação "tem por finalidade tornar *indemne* o lesado, colocar a vítima na situação em que estaria sem a ocorrência do fato danoso"[129]. Vê-se que o restabelecimento do *status quo*, portanto, é a consequência escolhida por nosso ordenamento para a reparação de que trata o art. 927 do Código Civil.

Sendo assim, é possível defender que o empregador que demite arbitrariamente fica obrigado a reparar o dano causado com esse abuso.

A reparação desse ilícito pode-se dar de duas formas distintas: a restituição das partes ao estado anterior ao momento do cometimento do abuso – por meio da reintegração do trabalhador[130] – ou a conversão dessa obrigação em perdas e danos.

---

salários, possibilidade de os empregados dispensados serem os primeiros a ser reaproveitados em casos de contratações, concessão de férias coletivas, incentivos às aposentadorias voluntárias ou às saídas espontâneas". MARTINS, Sergio Pinto. *Direitos fundamentais trabalhistas*, p. 204-205.

(127) A presunção de inexistência de um motivo econômico ou social é prática e jurídica. Prática porque "um empregado comum, que precisa do trabalho para sobreviver, não iria normalmente pedir demissão ou ser dispensado por justa causa" (*ibidem*, p. 211). Jurídica porque no direito vigora a regra de que a ninguém é dado produzir prova negativa; assim, o empregado não poderia provar que não há motivo econômico ou social para sua dispensa. A incumbência de provar que a dispensa não é arbitrária é do empregador. Note-se que esta regra está presente também no art. 9º, 2, "a" da Convenção n. 158 da OIT.

(128) "(a) capacidade do empregado, que é a aptidão do empregado para o exercício da função ou do serviço que lhe foi determinado, compreendendo inclusive inadequação técnica a novos equipamentos, trabalho deficiente, negligente, a incapacidade do empregado para o trabalho; (b) comportamento do empregado: é uma causa justificada para dispensa, que remete o intérprete ao nosso art. 482 da CLT, que trata da justa causa para a dispensa. Pode-se dizer também que compreende o inadequado cumprimento das tarefas ajustadas; (c) necessidade de funcionamento da empresa, estabelecimento ou serviço. Não há definição na Convenção n. 158 dessas questões. A Recomendação n. 119 da OIT entende que necessidade de funcionamento quer dizer excedente de mão de obra ou a redução de número de cargos por motivos econômicos ou técnicos, ou em casos de caso fortuito ou força maior. Poderiam ser aqui incluídas as hipóteses de fechamento de estabelecimento, de reforma estrutural da empresa, que constitui igualmente motivo justo para a terminação do contrato de trabalho por iniciativa do empregador, como também questões de natureza técnica, operacional, econômica e financeira, que são previstas para a dispensa do cipeiro (art. 165 da CLT) e podem ser aplicadas por analogia para outras situações". *Ibidem*, p. 198-199.

(129) CAVALIERI FILHO, Sérgio. *Programa de responsabilidade civil*, p. 26.

(130) Em sentido contrário ao aqui defendido, Sergio Pinto Martins sustenta que a Convenção n. 158 é eminentemente principiológica e que, por isso, só se concretiza à luz do direito positivo vigente no ordenamento que reclama sua aplicação. Como, em sua opinião, o Direito do Trabalho brasileiro optou por proteger o trabalhador por meio do pagamento

Evidentemente, a opção que mais coaduna com o norte valorativo constitucional seria a primeira, uma vez que ela preza pelo primado do trabalho, sua valorização social e pela busca pelo pleno emprego[131]. No entanto, nos casos em que o restabelecimento das partes ao estado anterior mostrar-se desaconselhável, sob o ponto de vista de preservação e realização da dignidade humana do trabalhador, as partes poderão optar pela conversão da obrigação de fazer em perdas e danos (art. 947 do Código Civil), sendo o valor fixado de acordo com os parâmetros previstos no art. 946 do diploma civil.

Vale ressaltar, a fim de evitar qualquer dúvida sobre a aplicabilidade da teoria do abuso de direito à seara trabalhista, que "a doutrina trabalhista continua dependendo, sob vários aspectos, da doutrina do Direito Privado"[132]. Nesse sentido, "temos como certo que a aplicação de normas civis é relevante para a evolução do Direito do Trabalho no sentido de lhe conferir maior eficácia para cumprir o seu papel"[133].

Ora, o instituto do abuso de direito não conflita com os princípios de Direito do Trabalho e se funda na teoria geral da responsabilidade civil e em normas de direito comum, que são fonte subsidiária àquele ramo do direito (art. 8º, parágrafo único, CLT). Demais disso, embora a legislação trabalhista tenha regras próprias para reger a ruptura contratual, tais regras, além de também encontrarem fonte no direito comum

---

de uma indenização – e não da manutenção do vínculo empregatício – a reintegração não poderia ser uma consequência lógica da leitura da Convenção em questão: "(...) o nosso sistema jurídico não determina a reintegração do empregado ou a estabilidade absoluta de o empregador não poder dispensar o empregado, mas protege a dispensa abusiva por meio de pagamento de indenização. (...) Se a própria norma internacional determina que a 'legislação e práticas nacionais' é que irão estabelecer a reintegração ou pagamento de indenização, o inciso I do art. 7º, da Lei Maior apenas confirma tal orientação, especificando que o nosso sistema prevê pagamento de indenização e não de reintegração" (*Op. cit.*, p. 181-182). Note-se que a posição desse autor parece refletir a jurisprudência até o momento vigente no STF, que, ao julgar, em sua composição plena, a ADI-MC n. 1480/DF afirmou a "consagração constitucional da garantia de indenização compensatória como expressão da reação estatal à demissão arbitrária do trabalhador" (vide nota 119 supra).

(131) Alguns tribunais já têm se mostrado sensíveis a esta realidade, como é o caso do TRT da 2ª Região, ao anular a despedida de empregada com trinta anos de serviço acometida por câncer: "O poder de resilição do pacto laboral encontra limitações nas garantias de emprego, assim como no respeito aos princípios que informam todo o ordenamento jurídico, em especial o princípio da dignidade da pessoa humana, insculpido no art. 1º, inciso III, da Carta Magna. Com a adoção do aludido princípio, a Constituição Federal de 1988 implantou no sistema jurídico brasileiro uma nova concepção acerca das relações contratuais pela qual as partes devem pautar suas condutas dentro da legalidade, da confiança mútua e da boa-fé. Tais premissas refletem o princípio da função social do contrato (arts. 421, Código Civil, e 8º, da CLT), o qual traduz genuína expressividade do princípio da função social da propriedade privada, consagrado nos arts. 5º, inciso XXIII, e 170, inciso III, da Constituição Federal, ou seja, o contorno é constitucional e se sobreleva à imediatidade da rescisão contratual decorrente dos interesses meramente empresariais. A dispensa de trabalhadora portadora de neoplasia após trinta anos de dedicação à empresa a toda evidência importa verdadeira negação do direito à vida e à saúde, porquanto, dentre outros dissabores, conduz à depressão, ao distanciamento do convívio social e consoante demonstram as regras de experiência, em sua maioria, ao desemprego. A despeito da inexistência de norma legal prevendo estabilidade ao portador de câncer (...), imperiosa a solução da controvérsia sob o prisma dos princípios da dignidade da pessoa humana do trabalhador e da função social do contrato. Ordem de reintegração ao emprego que ora se mantém". (TRT 2ª Região; 9ª Turma; RO 00947-2008-381-02-00-4; Ac. 20091012613; Rel. Jame Granzoto Torres da Silva, j. em 12.11.2009; DOESP 27.11.2009). Vide, no mesmo sentido, RO 00352-2005-090-15-00-1, julgado pelo TRT da 15ª Região.
(132) BARBAGELATA, Héctor-Hugo. *O particularismo...*, p. 17.
(133) MAIOR, Jorge Luiz Souto. *Relação de emprego e relação de trabalho*, p. 16-17.

(pois é ele quem dita os conceitos de mora, rescisão, indenização etc.), não excluem outras que as complementem e confiram uma concretização mais abrangente à função do próprio Direito do Trabalho[134].

Portanto, negar aplicabilidade dessa teoria à disciplina trabalhista representaria também restringir o alcance dos preceitos de dignidade humana, valorização social do trabalho e funcionalização social da propriedade, importando em uma postura francamente inconstitucional[135].

Note-se que parte da doutrina já se inclina a reconhecer o caráter unitário do ordenamento jurídico e, como consequência, o transplante dos institutos de Direito Civil para o âmbito trabalhista. Nesse sentido, tratando especificamente sobre a influência da teoria do abuso de direito no Direito do Trabalho, Barbagelata afirma que "podem ser assinaladas como particularmente interessantes as contribuições feitas pela doutrina e pela jurisprudência (...), servindo-se da teoria do abuso do direito, sobretudo com relação a institutos como (...) o término da relação de trabalho por iniciativa do empregador"[136].

Na mesma linha, Renato Rua de Almeida admite a utilização do instituto do abuso de direito no ramo trabalhista, ao defender que

> (...) não mais persiste a liberdade contratual de despedir em massa no direito brasileiro (...), já que o ato unilateral do empregador de despedir em massa está condicionado pelo direito fundamental social da proteção da relação de emprego contra a despedida arbitrária ou sem justa causa, previsto no texto constitucional, a ser efetivado pela exigência da boa-fé objetiva e de seus deveres anexos de informar e comprovar aos trabalhadores e seus representantes o motivo da causa objetiva da empresa de ordem econômico-conjuntural e de negociar com eles suas consequências, sob pena de ser abusiva a despedida em massa, que deverá ser reparada com pagamento indenizatório, a ser medido pela extensão do dano causado aos trabalhadores despedidos[137].

Importa, assim, se reconhecer que, com a irradiação dos valores constitucionais para o Direito do Trabalho, o empregador assume um concreto compromisso com a preservação do emprego, não lhe sendo mais lícito exercer o direito de rescindir contratos de trabalho sem fundamentá-lo em razões econômicas ou sociais.

---

(134) Remetemos o leitor ao Capítulo 2 supra, quando falamos da nova função do Direito do Trabalho.
(135) É justamente neste contexto que Mauricio Godinho Delgado (*Curso...*, p. 1154) critica a legalidade da despedida arbitrária afirmando existir "um claro desajuste da ordem justrabalhista infraconstitucional com princípios e regras inseridos, de modo reiterado e enfático, na Constituição Federal".
(136) *Op. cit.*, p. 88.
(137) "Subsiste...?. *Revista LTr*, São Paulo. 73-04, p. 393. Apesar de o autor não restringir a incidência da teoria do abuso de direito apenas à despedida coletiva, é possível encontrar doutrina negando sua aplicabilidade ao Direito Individual do Trabalho. É o caso de Francisco Rossal de Araújo, para quem "o tema foge ao direito individual" (*Op. cit.*, p. 41). A nosso ver, restringir o abuso de direito à esfera coletiva apequena as possibilidades do instituto e contraria o próprio espírito de aplicação dos princípios constitucionais – enquanto regras de otimização – na máxima medida do possível.

4.4. Alterações ao contrato de trabalho em situações-limite

Não podemos encerrar o presente trabalho sem demonstrar que a releitura do Direito do Trabalho sob a perspectiva constitucional oferece às partes da relação de trabalho uma solução jurídica contra os efeitos danosos que a aplicação do paradigma da proteção sob moldes ultrapassados pode lhes trazer. Referimo-nos à reinterpretação do conceito de "alteração prejudicial ao contrato de trabalho" previsto no art. 468 da CLT.

4.4.1. A ameaça à conservação do emprego

Vimos nos itens anteriores que a preservação da dignidade do trabalhador é fundamento da nossa República e que a concretização desse ditame constitucional se faz não só pela defesa e promoção das potencialidades do trabalhador isoladamente considerado, mas também com a sua inserção no meio social mediante a valorização de seu trabalho.

Nesse sentido, importa para o Direito do Trabalho, antes de tudo, que a pessoa esteja empregada para que, dentro da relação de emprego, sua condição de ser humano possa ser respeitada e promovida. Até porque sem tal relação, não há como se falar em Direito do Trabalho em primeiro lugar.

Há, todavia, situações em que a dignidade do trabalhador passa a ser ameaçada, não pelo empregador, mas por fatores externos às partes envolvidas no contrato de trabalho. É o caso, por exemplo, das crises que o sistema capitalista mundial traz embutidas em seu ventre.

Como exposto anteriormente, o capitalismo possui momentos de bonança intercalados por períodos de tormenta econômica. Esses *peaks and valleys* são próprios do sistema e, com a forte globalização da economia mundial, aliada aos sempre crescentes avanços nos ramos da tecnologia e dos meios de telecomunicação, elas tendem a ser cada vez mais frequentes. Basta ver que só na primeira década do século XXI a economia mundial já atravessou duas crises econômicas com significativos reflexos no Brasil, a última delas desencadeada no segundo semestre de 2008, precipitada pela especulação financeira imobiliária norte-americana.

O resultado imediato dessas crises é a desaceleração econômica e a necessidade de redução de gastos por parte das empresas. Essa revisão de despesas passa pela renegociação de contratos comerciais, rolagem de dívidas e corte nos gastos com insumos e com supérfluos.

Quando tais medidas não se mostram eficientes para, sozinhas, manterem a sustentabilidade empresarial, quem sofre as consequências são os trabalhadores, que têm seus contratos de trabalho unilateralmente rescindidos pelo empregador[138].

---

(138) Como lembrou José Pastore, em entrevista para o jornal *O Globo*, veiculada na edição de 12 jan. 2009, "a lei atual tem apenas duas brechas que permitem ajuste perante a crise: a redução de salários e a suspensão do contrato

A única alternativa oferecida por nosso ordenamento à manutenção do emprego nesses casos é o recurso à flexibilização das condições de trabalho por intermédio da negociação coletiva de trabalho, à qual já tivemos oportunidade de expor nossas restrições.

Ressaltamos a esse respeito apenas que o recurso à flexibilização com a participação dos sindicatos é uma saída encontrada tomando por base o modelo típico de relação de emprego desenvolvido na grande indústria, que não atenta para o novo mundo do trabalho desenhado a partir do final do século XX. Tome-se como exemplo os micro e pequenos empregadores, que respondem, atualmente, por mais de 55% dos postos de trabalho formal criados no Brasil. Eles não encontram êxito em tais negociações com vistas à flexibilização, por não possuírem poder de barganha perante os sindicatos profissionais. Assim, sequer a consideram como alternativa contra demissões de seus empregados em períodos negativos. Para eles é mais rápido dispensá-los e também mais barato, já que eles fogem das famosas "taxas negociais" e "contribuições adicionais" que sempre são inseridas nos acordos coletivos de trabalho dessa natureza.

Todavia, essa realidade não nos exime, enquanto operadores do direito, de buscar alternativas jurídicas a essas situações em que a ameaça à dignidade do trabalhador – representada pelo risco da perda do emprego – é levada ao extremo[139]. Nessas situações – que chamaremos situações-limite –, a dimensão coletiva do trabalho é ameaçada, visto que o fracasso empresarial acarreta forçosamente a perda de inúmeros postos de ocupação e resulta na exclusão social dos trabalhadores desempregados. Põe-se em perigo, assim, além dos preceitos de dignidade humana, a eficácia das normas constitucionais de valorização social do trabalho, do primado do trabalho e da busca do pleno emprego.

A nosso ver, o enfrentamento dessa questão deve ser feito com base na aceitação de que a moderna função do Direito do Trabalho não impõe uma preferência entre o valor social do trabalho e o valor social da livre-iniciativa, colocando empregados e empregadores em igual patamar de importância para nossa República (art. 1º, IV, CF). A solução para essas situações críticas pressupõe que a disciplina trabalhista existe para proporcionar um convívio minimamente harmônico entre capital e trabalho, admitindo-se que um não existe sem o outro.

Nessa perspectiva, passa a ser interesse do Direito do Trabalho criar *mecanismos de proteção à sobrevivência da empresa* ao lado dos existentes para proteger os

---

de trabalho. (...) Isso é muito antiquado, pois, diante de qualquer problema sério, as empresas são forçadas a demitir ou a jogar os trabalhadores na informalidade. O Brasil moderno, que é urbano, industrial e concorrente, sofre pressão de fora pra dentro e precisaria ter um quadro jurídico no qual o espaço para negociação fosse multiplicado por 20 a 30 vezes" (p. 16).

(139) "(...) se deve compreender o direito como experiência concreta, isto é, mais operacional do que conceitual, visando à concreção jurídica, de modo a garantir o senso histórico de justiça da comunidade, que atualmente, no mundo do trabalho, é a empregabilidade a ser garantida (...)". ALMEIDA, Renato Rua de. A pequena empresa..., *Revista LTr*, 64-10, p. 1253.

empregados, de modo a conferir aos atores trabalhistas condições de se adequarem em situações-limite, com vistas à preservação dos postos de trabalho. Trata-se, aliás, de iniciativa já adotada em países como a Espanha, onde *Estatuto de los Trabajadores* (arts. 41 e 47) prevê a possibilidade do ajuste das condições de trabalho em situações em que seja necessário "mejorar la situación de la empresa a través de una más adecuada organización de sus recursos, que favorezca su posición competitiva en el mercado o una mejor respuesta a las exigencias de la demanda".

A compreensão da real necessidade de se oferecer uma resposta aos atores trabalhistas em momentos em que a ameaça à empresa – entendida como fonte criadora e mantenedora de empregos – se faz concreta impõe a interpretação do art. 468 da CLT sob a ótica axiológica constitucional, notadamente no que diz respeito ao conceito aberto de "prejuízo" nele previsto[140].

Nesse sentido, surge a inarredável pergunta: em situações-limite de crise, será que a proibição de alterações às condições de trabalho – que, sob uma visão exclusivamente individualista, poderiam aparentar uma imediata redução da gama patrimonial de direitos ao trabalhador, mas que, sob uma ótica solidarista, tem como objetivo a preservação dos empregos de todos os funcionários – realmente protege o empregado? Ou, em outros termos, o que lhe é mais prejudicial: o desemprego ou uma diminuição temporária de privilégios trabalhistas?

A resposta não é difícil. Basta olhar para a pesquisa feita em 4 de fevereiro de 2009 junto aos trabalhadores da região do ABC em São Paulo[141], cujo parque industrial foi fortemente atingido pela crise mundial desencadeada no segundo semestre de 2008. Perguntou-se se eles estariam de acordo com a redução de seus salários em troca da manutenção de seus empregos durante o período de instabilidade econômica. A aceitação alcançou um patamar superior aos 75%.

É essencial analisar o problema de frente. A doutrina já admite que, no atual momento, "o *Direito do Trabalho* perdeu forças, em troca do *direito ao trabalho*"[142].

Essa nova realidade inspirará a releitura do art. 468 da CLT. Ele necessita, em situações-limite, ser reinterpretado para que esteja em compasso com os valores socioculturais vigentes na atualidade[143].

---

(140) A melhor doutrina lembra que a técnica legislativa contemporânea tende a dar preferência às cláusulas jurídicas abertas. Isto porque elas constantemente carecem de concretização, sendo abertas aos valores sociais apreendidos pelo intérprete no momento de sua concretização. Vide, nesse sentido, Gustavo Tepedino, Premissas metodológicas..., In: *Temas de Direito Civil*, p. 19 e ss. Entre os autores trabalhistas, destacamos Francisco Rossal de Araújo, para quem "não há dúvida de que as cláusulas gerais e os conceitos jurídicos indeterminados representam uma evolução na ciência do Direito, no sentido de que possibilitam a aproximação da lei ao caso concreto e à realização da Justiça material". *Op. cit.*, p. 45-46.
(141) Divulgada pela Rádio Band News FM no dia seguinte. Disponível em: <http://bandnewsfm.band.com.br/conteudo.asp?ID=101521> Acesso em: 15 abr. 2009.
(142) ROMITA, Arion Sayão. *O princípio da proteção em xeque...*, p. 236.
(143) A respeito da receptividade do Direito do Trabalho às modificações sociais através das cláusulas abertas, Barbagelata (*O particularismo...*, p. 94-95) aponta que "muitas definições estão cheias de termos em si mesmo vagos, como, para não ir mais longe, o de subordinação ou dependência (...), onde só excepcionalmente se

Ora, o conceito de "prejuízo" presente no artigo em questão é relativo e indeterminado. O que é prejuízo para uns pode não ser para outros.

Tomemos como exemplo um caso verídico ao qual tivemos acesso recentemente. Em maio de 2009, um executivo em férias decidiu viajar para a França. Planejou toda a viagem, mas no trajeto entre sua residência e o aeroporto enfrentou grande congestionamento. Perdeu seu voo, que saía no início da noite. Naturalmente, aborreceu-se. Viu-se obrigado a comprar outra passagem aérea para o próximo voo, que só saía de manhã. O executivo teve um prejuízo com seu atraso. Entretanto, na manhã do dia seguinte, os meios de comunicação noticiaram a trágica queda de um avião da companhia Air France que fazia o trajeto Rio de Janeiro-Paris. Não houve sobreviventes. Era o voo perdido pelo executivo. Não é difícil admitir que o prejuízo material com a compra de novas passagens foi rapidamente esquecido pelo executivo, tendo em vista o prejuízo maior que ele teria sofrido caso entrasse em seu voo original.

Acreditamos que, em momentos de crise, caberá ao estudioso do Direito do Trabalho fazer semelhante comparação: qual o menor prejuízo? Como evitar o maior dano para o empregado?

Tendo em vista essa multiplicidade de interpretações possíveis para o conceito de prejuízo, faz-se necessário apreender qual o seu sentido a partir de uma interpretação conforme a Constituição, de modo a que fiquem excluídas as demais concretizações do mesmo conceito que contrariem seu espírito[144].

Nesse sentido, a melhor doutrina ensina ser possível "buscar uma interpretação que não seja a que decorre da leitura mais óbvia do dispositivo"[145] infraconstitucional, desde que essa interpretação mais óbvia acabe por contrariar o espírito constitucional.

---

procura especificar seu conteúdo. (...) se pretende apenas chamar a atenção para a inevitável incerteza que, sobre o alcance das disposições da normativa correspondente, operam as mudanças econômicas, culturais e de qualquer outra ordem que afetam o mundo do trabalho". Igual lição é encontrada em Alice Monteiro de Barros, que, ao tratar do princípio da adequação social, expõe que ele "está compreendido no conceito segundo o qual as normas trabalhistas deverão ser interpretadas e aplicadas de acordo com o sentir social dominante de cada realidade positiva, em cada momento histórico, e as condutas dos sujeitos terão de ser avaliadas em função de sua adequação às exigências sociais" (De La Villa Gil, Luis Enrique; Cumbre, Lourdes López. O princípio de adeqcuacion social y los conceptos jurídicos indeterminados en el Derecho del Trabajo. In Los principios del Derecho del Trabajo. Directores: Luis Enrique de la Villa Gil e Lourdes López Cumbre. Madrid: Centro de Estudios Financieros, 2003, p. 393). A jurisprudência tem que reconhecer a cada momento as inovações do direito legislado e as aspirações sociais, quando compatíveis com os textos legais. Logo, em muitas situações, para realizar a função interpretativa não são suficientes os métodos gramatical, lógico e sistemático; é necessário considerar também o elemento sociológico, ao qual serão incorporados fatores de ordem política, econômica e moral que revelam os anseios da comunidade no momento da aplicação da lei. Lembre-se, entretanto, que esses fatores não autorizam o Juiz a modificar ou deixar de aplicar a norma vigente, mas a suavizá-la até onde o texto legal o permitir". *Curso...*, 2. ed. 2006, p. 179.
(144) "Foi objeto de menção anterior a constatação de Canotilho de que a interpretação conforme a Constituição só é legítima quando existe um espaço de decisão onde são admissíveis várias possibilidades interpretativas". Luís Roberto Barroso. *Interpretação e aplicação...*, p. 178.
(145) *Ibidem*, p. 174.

Na verdade, para que a concretização do conceito aberto de prejuízo esteja em conformidade com a Constituição, ele precisa (a) manter a harmonia entre a norma interpretada e Constituição, em meio a outras possibilidades interpretativas que o preceito admita; (b) buscar encontrar um sentido possível para a norma, que não seja resultado mais evidente de sua leitura e (c) excluir outras linhas de interpretação possíveis, que conduzam a um resultado contrastante com a Constituição[146].

Duas podem ser as interpretações do conceito de prejuízo presente no art. 468 da CLT. De um lado, pode-se proceder a uma análise sob enfoque imediatista, compreendendo que *qualquer* diminuição ao patrimônio de empregado representará prejuízo. Por outro lado, pode-se fazer uma interpretação compreendendo que tais reduções patrimoniais podem não representar prejuízo, se servirem de mecanismo eficiente para salvaguardar um bem jurídico mais importante, o seu emprego.

Vejamos quais dessas linhas de pensar mais se amolda ao tecido constitucional em situações-limite.

O art. 1º, III da Lei Maior consagra o princípio da dignidade da pessoa humana. A primeira linha de interpretação acima sugerida pode argumentar que a preservação do *status quo* dos empregados é feita como resistência a ameaças à sua dignidade. No entanto, vimos linhas atrás que o componente de dignidade do empregado extrapola o conteúdo patrimonial da relação de emprego. Ele assume uma dimensão de promoção também de seus aspectos existenciais, sendo necessária uma justa ponderação entre ambos no caso concreto. A nosso ver, a primeira linha de interpretação peca por enxergar as situações-limite de uma maneira mais simplista. Se o sentido do art. 468 da CLT é proteger o trabalhador em sua dignidade, não pode ser sua intenção impor-lhe uma rigidez que ameace a continuidade do emprego. A proteção, nesse sentido, para ser consentânea com sua dignidade, deve buscar mantê-lo empregado.

Neste ponto, voltamos à Constituição e encaramos os arts. 1º, IV, 6º, 170 e 193. A primeira linha de interpretação exposta não atenta para esses preceitos de valorização social do trabalho. A segunda, ao contrário, os toma em conta quando percebe que, em situações-limite, proteger o empregado é, em primeiro lugar, assegurar seu mecanismo de inserção social e de realização pessoal. E ainda reconhecer que essa postura contribuirá para a construção da sociedade com base no primado do trabalho.

Nossa Constituição inspira, ainda, a adoção no direito privado de um princípio de boa-fé que exige, em sua vertente mais moderna, a manutenção do equilíbrio econômico dos contratos[147]. Com efeito, a inflexibilidade da primeira proposta de interpretação sugerida colide com esse preceito, visto que nega às partes a possibilidade de lidar com situações de onerosidade excessiva, ainda que momentaneamente, em momentos de crise.

---

(146) Cf. *ibidem*, p. 174-175.
(147) Sobre este tema, vide Teresa Negreiros. *Teoria dos contratos...*, p. 154 e ss.

Finalmente, milita em favor da segunda linha interpretativa o art. 3º da Constituição Federal, que traça os objetivos da República. A primeira forma de concretizar o conceito de prejuízo proposta acima encara o empregado sob o viés individualista, já superado pelo espírito constitucional de solidariedade, igualdade e de justiça social[148]. Em contrapartida, a segunda proposta interpretativa leva em consideração também o impacto sobre os demais empregados que uma pseudo proteção irrefletida pode acarretar, deslocando o foco do "indivíduo isolado" para o "indivíduo situado" em uma coletividade[149].

Assim, o art. 468 da CLT interpretado conforme a Constituição afastará do conceito de prejuízo os pequenos sacrifícios momentaneamente feitos pelo empregado em situações-limite voltados à preservação de seu emprego. Trata-se da "interpretação evolutiva"[150] dessa cláusula geral existente na legislação trabalhista.

Note-se bem: não estamos defendendo qualquer espécie de precarização. O que acreditamos é que, em situações pontuais, críticas e inevitáveis, o rigor interpretativo que atualmente inspira a doutrina majoritária seja atenuado, em prol de um benefício maior. Igualmente não defendemos a renúncia a qualquer direito adquirido pelo trabalhador ao longo da relação de emprego. Eventuais reduções momentâneas ao patrimônio jurídico do trabalhador podem ser restituídas quando as situações-limite estejam dissipadas.

O que se pretende, portanto, é que se reconheça que a verificação do benefício da alteração contratual passa a ser feito a partir de um contexto muito mais abrangente e metaindividual.

Mas como definir, no caso concreto, até onde pode ser modificado o contrato de trabalho nessas situações-limite? Como saber a direção a se tomar no momento de concretizar o conceito de prejuízo previsto no art. 468 da CLT? O que, enfim, melhor materializará o princípio da dignidade da pessoa humana, o valor social do trabalho e a valorização da iniciativa privada na realidade prática?

Não há uma fórmula apriorística para responder a essas perguntas. A solução passará, via de regra, por um juízo de razoabilidade das partes envolvidas na relação de emprego, do Ministério Público do Trabalho (quando exercer sua função de *custos legis*) e do Poder Judiciário, quando invocado, julgar casos desse tipo. De toda sorte,

---

(148) É de Franz Wieacker a lição de que "o pathos da sociedade de hoje (...) é o da solidariedade: ou seja, da responsabilidade, não apenas dos poderes públicos, mas também da sociedade e de cada um dos seus membros individuais, pela existência social (e mesmo cada vez mais pelo bem-estar) de cada um dos membros da mesma sociedade". *A história do direito privado moderno*. Trad. A. M. Botelho Hespanha. 2. ed. Lisboa: Fundação Calouste Gulbenkian, 1980 *apud* SARMENTO, Daniel. *Op. cit.*, p. 119.
(149) Nesse sentido, Maria Celina Bodin de Moraes lembra que "a expressa referência à solidariedade, feita pelo legislador constituinte, estabelece em nosso ordenamento um princípio jurídico inovador, a ser levado em conta não só no momento da elaboração da legislação ordinária e na execução de políticas públicas, mas também nos momentos de interpretação e aplicação do Direito, por seus operadores e demais destinatários, isto é, por todos os membros da sociedade". O conceito de dignidade humana..., In: SARLET, Ingo Wolfgang (org.). *Constituição*..., p. 138.
(150) Cf. BARROSO, Luís Roberto. *Interpretação e aplicação*..., p. 137.

pesará sempre sobre o intérprete o ônus da argumentação capaz de justificar a escolha por uma ou por outra linha de interpretação[151].

Sem embargo, cremos ser possível criar parâmetros de ponderação para tais situações. Abaixo exporemos, em linhas gerais, as características dessas situações-limite e o tratamento jurídico que reputamos seja mais adequado ao seu enfrentamento.

4.4.2. Situações-limite: caracterização e tratamento jurídico

4.4.2.1. Caracterização: crise econômica e boa-fé objetiva

Em primeiro lugar, para que se possa falar na existência de uma situação que autorize a releitura do conceito de prejuízo presente no art. 468 da CLT, é necessário ser cabalmente demonstrado que o empregador está experimentando momentos de dificuldade econômica.

Não é qualquer dificuldade econômica que dará ensejo à configuração de uma situação-limite. É mister que haja uma relação de causalidade com um fenômeno objetivo conjuntural que atinja o empregador. Crises financeiras e dificuldades do segmento do mercado ocupado são geralmente exemplos contundentes desse cenário.

Portanto uma situação-limite não se caracteriza com pequenas turbulências econômicas ou com prejuízos empresariais momentâneos decorrentes de má gestão.

Além desse elemento objetivo – notória dificuldade econômico-financeira decorrente de crise –, faz-se mister, para que a situação-limite seja configurada, que o empregador aja em conformidade com parâmetros de transparência, apresentando aos trabalhadores documentos capazes de provar a sua real situação financeira e demonstrar que não existem outros meios de redução de custos, que não sejam o corte de pessoal[152].

O dever de transparência decorrente da boa-fé objetiva impõe, ainda, que aos trabalhadores sejam entregues cópias desses demonstrativos e prazo razoável, para muni-los de meios de checar junto a especialistas a alegada situação de insustentabilidade do empregador.

4.4.2.2. Conduta funcionalizada empresarial

Uma vez constatada a existência de uma situação-limite, deve-se passar a verificar a conduta do empregador na condução do seu empreendimento ao longo do tempo.

---

(151) "A norma, clara ou não, deve ser conforme aos princípios e aos valores do ordenamento e deve resultar de um processo argumentativo não somente lógico, mas axiologicamente conforme às escolhas de fundo do ordenamento". PERLINGIERI, Pietro. *O Direito Civil na legalidade constitucional*, p. 597.

(152) A regra aqui proposta é semelhante à existente no segundo parágrafo do art. 47, 1 do Estatuto de los Trabajadores espanhol, que exige, para autorizar a suspensão unilateral dos contratos de trabalho por motivo econômico, técnico, organizacional ou de produção, a comprovação documental da situação do empregador, bem como que "de la documentación obrante en el expediente se desprenda razonablemente que tal medida temporal es necesaria para la superación de una situación de carácter coyuntural de la actividad de la empresa".

Ora, é sabido que com a elevação do princípio da função social ao *status* constitucional a utilização das faculdades que o empregador tem sobre sua propriedade não pode mais ser compreendida sob um enfoque unilateral. Passa a ter relevância a preocupação que o proprietário tem perante a coletividade. A forma como ele utiliza seu empreendimento vai determinar se o seu direito de propriedade será ou não merecedor de tutela por parte do ordenamento.

No Direito do Trabalho, a forma como o empregador utiliza as faculdades inerentes à sua propriedade está intimamente relacionada com o seu poder diretivo.

O empregador que pauta seu poder diretivo de acordo com a função social de sua propriedade – em benefício não apenas de si próprio, mas também da coletividade – e que transporta para as relações de emprego essa dimensão solidarista – concedendo benefícios sociais aos trabalhadores, como, *e. g.*, educação e saúde – certamente poderá reivindicar um tratamento diferenciado por parte do ordenamento em situações-limite.

Aquele que, por outro lado, exerce sua atividade empresarial focado exclusivamente no lucro, ignorando que a base de justificação deste está no benefício proporcionado à coletividade, não merecerá tratamento privilegiado nas situações-limite.

Trata-se da aplicação dos preceitos de isonomia material, que impõem o tratamento igual aos iguais, e desigual aos desiguais, na proporção de suas diferenças. Eles devem nortear os parâmetros de razoabilidade no momento da escolha do peso a ser colocado na balança durante a ponderação de interesses aqui proposta.

Assim, os empregadores mais comprometidos com a funcionalização da empresa e de sua propriedade terão mais argumentos para justificar eventuais alterações contratuais em prol da preservação da sua capacidade de gerar empregos. Já àqueles descompromissados com esse sentido faltará tal argumento; afinal, se jamais se preocuparam com o bem-estar coletivo antes da situação-limite, por que haveria de ser diferente no momento crítico?

Importante ressaltar que a análise acerca do cumprimento da função social pela empresa deve ter em conta a sua real capacidade de contribuir para o bem-estar da coletividade e de seus funcionários. Exige-se mais de quem pode dar mais e menos de quem tem menores recursos. Assim, o porte do empregador deverá ser tomado em conta na avaliação desse requisito.

Finalmente, vale anotar que a adoção desse critério para a ponderação ora proposta traz a evidente vantagem de estimular o empregador a modificar sua postura na condução de seus negócios e no tratamento conferido aos trabalhadores. Ela impulsiona esses agentes sociais intermediários a contribuírem para a melhoria da vida das pessoas que os cercam e, assim, auxiliarem o Poder Público na construção de uma sociedade mais justa e menos desigual.

4.4.2.3. Perifericidade, minimalidade e precariedade

Constatados (a) a existência de uma situação-limite e (b) que o empregador atende à função social no desenvolvimento do seu empreendimento, estarão as partes – o empregador e a coletividade de trabalhadores[153] – autorizadas a traçar, em conjunto, a saída para a manutenção dos postos de trabalho existentes.

Alterações nos contratos individuais de trabalho poderão, assim, ser encetadas por iniciativa de ambas as partes. A intervenção sindical é bem-vinda, porém desnecessária, a nosso ver[154].

Cremos, todavia, que as alterações contratuais que resultarem das tratativas das partes devem obedecer a um critério de perifericidade e de minimalidade, para não conflitarem com a principiologia constitucional. Além disso, elas apresentarão como terceira característica essencial a precariedade.

Nesse sentido, o alvo das alterações deve recair sobre os benefícios concedidos espontaneamente pelo empregador, que constituam vantagens adicionais aos elementos essenciais do contrato de trabalho impostos por lei ou por normas coletivas. Assim, se, *e. g.*, uma empresa tem gastos elevados porque custeia o plano de saúde de seus trabalhadores, cremos que este benefício poderá sofrer alterações em situações-limite, posto que ele é fruto de uma liberalidade patronal. O mesmo ocorrerá com a entrega de cestas básicas, concessão de cafés da manhã, abonos de faltas sem atestados médicos adequados etc. A alteração de benefícios legais ou convencionais, todavia, não há, por ora, como ser feita sem a intervenção sindical, sob pena de afronta às regras constitucionais acerca da flexibilização trabalhista (arts. 7º, VI e XIV, por exemplo).

Além de se concentrar nesses elementos periféricos da relação de emprego, tais alterações deverão guardar relação com as reais necessidades empresariais, preservando-se ao máximo as condições de trabalho originais. Em outras palavras, elas deverão ocorrer na menor escala possível, de modo que, no exemplo dado acima, a migração para um plano de saúde com cobertura inferior ou a troca da seguradora seriam as primeiras medidas a serem estudadas pelas partes, antes de se cogitar a supressão do benefício. Este requisito da minimalidade exige, ainda, que as alterações se restrinjam à menor quantidade de trabalhadores possível[155].

---

[153] Concordamos com o professor Romita quando ele afirma que "a negociação almejada (...) é coletiva. Vai interessar a toda a coletividade, não apenas a este ou àquele reclamante, atomizado, considerado individualmente. O nível da negociação se altera: de individual torna-se coletivo. Os interesses dos trabalhadores serão considerados não como objeto de uma negociação individual processada em juízo, mas como fonte de direito, envolvendo os de toda uma coletividade". *O princípio da proteção em xeque...*, p. 37. Entretanto, o autor dá prevalência à negociação intermediada por sindicatos, enquanto nós não seguimos este caminho.

[154] Levando em consideração a experiência norte-americana, Héctor-Hugo Barbagelata lembra que "o enfraquecimento das organizações de trabalhadores chegou a tornar possível a ampliação da área da negociação individual das referidas condições". *O particularismo...*, p. 141. Apesar de não ignorarmos as significativas diferenças entre o sistema sindical norte-americano e o brasileiro, a nosso ver o fenômeno do enfraquecimento sindical não é tão diferente nos dois países, daí entendermos ser possível semelhante ampliação das hipóteses de negociação individual.

[155] Também no Estatuto de los Trabajadores pode ser encontrada uma disposição semelhante, no tópico relativo à alteração unilateral dos contratos de trabalho. Seu art. 41 faculta ao empregador a proceder "modificaciones

Somente nas hipóteses em que comprovadamente não haja como manter o benefício periférico este poderá ser suprimido. Mas, por obediência aos princípios de dignidade humana e de boa-fé objetiva no trato contratual, tal supressão deverá ser feita necessariamente em caráter precário, sendo o benefício restabelecido tão logo a situação-limite deixe de existir. Daí poder ser possível falar em um terceiro requisito (precariedade) balizador da alteração contratual nestas hipóteses.

Com o restabelecimento da saúde financeira empresarial, os trabalhadores deverão ser restituídos também de eventuais valores a que tenham sido privados com as eventuais alterações contratuais. Por questão de razoabilidade, no entanto, acreditamos que nada impede o parcelamento dos mesmos, de modo a que sua quitação não interfira negativamente no curso dos negócios do empregador.

4.4.2.4. Controle jurisdicional

Finalmente, a alteração contratual trabalhista ocorrida em situações-limite se sujeita ao controle judicial no que se refere à validade do ato jurídico praticado.

Sendo assim, caberá ao Poder Judiciário, caso provocado por qualquer interessado, emitir seu juízo sobre o respeito ou não aos critérios expostos acima – existência de uma situação-limite, concretização dos ditames da função social e observância dos critérios da perifericidade, minimalidade e precariedade –, sendo-lhe facultado anular qualquer alteração contratual feita sem tal observância.

O fundamento para a anulação, no caso de violação do primeiro critério (existência de uma situação-limite), será a inexistência de um risco de prejuízo ao empregador ou à coletividade que reclame a ponderação do conceito de "prejuízo" existente no art. 468 da CLT.

A anulação do ato em decorrência da inobservância ao segundo critério (cumprimento pelo empregador do princípio da função social) se fundamentará na falta de legitimidade empresarial para valer-se do expediente negocial aqui proposto.

Finalmente, a inobservância do terceiro requisito importará na anulação do ato com base na afronta aos dispositivos constitucionais que limitam as hipóteses de flexibilização trabalhista (se se tratar do descumprimento dos requisitos da perifericidade ou da minimalidade), ou na violação do dever de lealdade decorrente do princípio de boa-fé objetiva que permeia o ordenamento trabalhista (se se referir ao descumprimento do requisito da precariedade).

---

sustanciales de las condiciones de trabajo", quando existam "probadas razones económicas, técnicas, organizativas o de producción" e as referidas alterações contribuam "a mejorar la situación de la empresa a través de una más adecuada organización de sus recursos, que favorezca su posición competitiva en el mercado o una mejor respuesta a las exigencias de la demanda". O requisito de minimalidade é expressamente previsto no item 4, primeiro parágrafo, desse artigo, o qual impõe que a decisão empresarial de alterar os contratos de trabalho, antes de ser implementada, deve tomar em conta a possibilidade de terem seus efeitos reduzidos para atenuar as consequências sobre os trabalhadores afetados.

Como consequência da anulação das alterações contratuais realizadas em situações-limite, ficará o empregador obrigado a restabelecer os empregados afetados ao *status quo ante*. Isto é, o negócio jurídico praticado será tratado como se nunca houvesse existido, o que tornará os empregados credores dos direitos que eventualmente tenham sido reduzidos ou retirados dos seus contratos de trabalho.

4.4.3. Vantagens do tratamento Trabalhista-Constitucional às situações-limite

Como se vê, o enfrentamento das situações-limite e a redefinição do conceito de "prejuízo" presente no art. 468 da CLT conferem à disciplina trabalhista mecanismos de abertura para a inclusão de uma maior quantidade de trabalhadores ao seu abrigo, concretizando os preceitos de pleno emprego, primado do trabalho e valor social do trabalho. Igualmente, incentiva empregadores a um maior compromisso com o bem-estar de seus empregados e da coletividade que os cerca, diante da compreensão da utilidade prática que a funcionalização de sua propriedade e do contrato de trabalho os poderá gerar. Finalmente, promove a dignidade humana a partir do estímulo à participação do empregado à resolução de questões corporativas, da preservação de sua inserção no convívio social e da manutenção da sua principal ferramenta para a subsistência própria e de sua família: o emprego.

Conclusão

Demonstramos neste trabalho as premissas históricas que proporcionaram o surgimento do Direito do Trabalho. Vimos que ele nasceu com a transformação da conjuntura econômico-social decorrente da Revolução Industrial e que tinha como propósito resguardar para o trabalhador um mínimo de dignidade em face das investidas do capital.

Constatamos, então, que esse ramo do direito surgiu com uma função essencial de proteção ao operário hipossuficiente, cujo perfil era relativamente uniforme: trabalhava na grande indústria e estava fortemente subordinado ao empregador em uma estrutura hierárquica rígida.

A partir dessa concepção, o Direito do Trabalho foi abrindo suas asas. Elaboraram-se normas e princípios próprios que o consolidaram como disciplina autônoma. Mas essa estrutura jurídica ruiu ao final do último século, em decorrência das profundas mudanças sofridas no cenário tecnológico e econômico. O Direito do Trabalho, então, entrou em crise.

Neste trabalho, sugerimos uma alternativa para tentar solucionar essa crise a partir da constitucionalização do Direito do Trabalho.

Ela parte do reconhecimento do caráter de centralidade que a Constituição Federal ocupa para o ordenamento trabalhista, tendo sido demonstrado ao longo do presente estudo o equívoco de se explicar a teoria das fontes do Direito do Trabalho utilizando o critério da norma mais favorável.

Ora, se o ordenamento jurídico brasileiro é uno e a Constituição está no ápice hierárquico da pirâmide das suas fontes, é imprescindível que as diversas disciplinas nele existentes sejam lidas em harmonia com a Lei Fundamental, que consagra os principais valores e escolhas culturais da nação.

Isso impõe ao estudioso do Direito do Trabalho o dever de revisitar os conceitos e institutos trabalhistas, uma vez que construídos em momento anterior à promulgação da atual Constituição Federal.

Não se trata apenas de verificar se os artigos da Carta Magna contrariam normas existentes na CLT ou em outras leis editadas antes de 1988. Embora isto seja também necessário, tal esforço é apenas uma pequena parte do caminho a percorrer e, em larga medida, já foi realizado pela doutrina e jurisprudência nacionais.

A constitucionalização do Direito do Trabalho exige o abandono dessa perspectiva positivista, que se ocupa apenas da análise da compatibilidade entre regras jurídicas. Na verdade, é a partir do reconhecimento dos valores subjacentes às normas constitucionais que se deve verificar a constitucionalidade desses institutos trabalhistas.

Não é difícil constatar que a Constituição Federal é cheia de vida. Em seu interior pulsam valores como a preservação da dignidade humana e a exigência de construção de uma sociedade mais igual e justa. Ela valoriza o trabalho como nenhuma outra, estabelecendo que ele, juntamente com a iniciativa privada, constitui fundamento da República.

Além disso, a Constituição demonstra uma clara preocupação com a questão de solidariedade social; isto é demonstrado com a consagração do princípio da função social, o qual impõe a todas as pessoas o exercício do direito de propriedade e de contratar tomando em conta o impacto que o mesmo trará na coletividade. E a preocupação constitucional com uma sociedade mais fraterna exige de todos que ajam com boa-fé nos seus tratos sociais.

Se a Constituição é uma norma jurídica e produz efeitos, não há mais como negar também eficácia vinculante aos seus princípios que encerram tais axiomas, sob pena de negar validade à Lei mais importante de toda a nação.

Estes princípios constitucionais – presentes em larga escala nos direitos fundamentais, que são invocáveis nas relações de Direito do Trabalho – é que devem inspirar a disciplina trabalhista atual. Seus institutos devem, a todo o momento, servir de espelho para a tábua axiológica da Constituição, sob pena de uma inconstitucional afronta ao espírito do ordenamento.

O que propomos é que este recurso à Constituição na leitura do Direito do Trabalho proporcionará à disciplina maior maleabilidade e adaptabilidade a situações para as quais ela não consegue mais oferecer respostas, dentro do nível de exigência atual dos atores trabalhistas. Isto conferirá meios para que ela se atualize e, assim, consiga caminhar no sentido contrário à crise que lhe acompanha.

Os exemplos trazidos na Parte final deste trabalho servem para tentar demonstrar que a constitucionalização da disciplina trabalhista pode ser um caminho para solucionar a sua crise: a máxima da desmonetização do Direito do Trabalho é repensada para evitar danos à dignidade do trabalhador; os contratos de trabalho passam a conter deveres anexos, mesmo sem serem previamente pactuados pelas partes; a despedida arbitrária passa a ser impedida; e se abre a possibilidade de alterações nos contratos de trabalho para salvar os empregos em tempos de crise. Tudo isso a partir da simples leitura das regras de Direito do Trabalho sob o prisma da Constituição, sem a necessidade de alterar a legislação trabalhista vigente.

Repensar o Direito do Trabalho sob esse enfoque confere a esperança de que, no futuro, esse ramo do direito efetivamente possa vangloriar-se de ter contribuído para a melhoria das condições sociais e não para o aprofundamento de suas diferenças ou para a exclusão, como vem hoje fazendo.

Não há mais tempo a ser perdido por nós, operadores do direito. Algo há que ser feito e o momento é agora. Cabe-nos a coragem de assumir o papel de renovadores do antigo Direito do Trabalho e trazê-lo para modernidade. Na condição de conhecedores da triste realidade que a sua aplicação sob arquétipos ultrapassados vem causando, temos o dever de descruzar nossos braços e fazer algo para que, no futuro, nosso Estado Democrático possa, finalmente, caminhar em direção da construção da almejada "sociedade justa e solidária".

Bibliografia

ALEXY, Robert. *Teoria dos direitos fundamentais*. Trad. Virgílio Afonso da Silva, 5. ed. alemã Theorie der Grundrechte. São Paulo: Malheiros, 2008.

ALMEIDA, Renato Rua de. O moderno Direito do Trabalho e a empresa: negociação coletiva, representação dos empregados, direito à informação, participação nos lucros e regulamento interno. *Revista LTr*. São Paulo: LTr, v. 62-01, p. 37-41, jan. 1998.

_____. A pequena empresa e os novos paradigmas do Direito do Trabalho. *Revista LTr*. São Paulo: LTr, v. 64-10, p. 1249-1254, out. 2000.

_____. A teoria da empresa e a regulação da relação de emprego no contexto da empresa. *Revista LTr*. São Paulo: LTr., v. 69-05, [p. 577-580], maio 2005.

_____. Visão histórica da liberdade sindical. *Revista LTr*. São Paulo: LTr, v. 70-03, p. 363-366, mar. 2006.

_____. Subsiste no Brasil o direito potestativo do empregador nas despedidas em massa? *Revista LTr*. São Paulo: LTr, v. 73-04, p. 391-393, abr. 2009.

ARAÚJO, Francisco Rossal de. *A boa-fé no contrato de emprego*. São Paulo: LTr, 1996.

ÁVILA, Humberto Bergmann. *Teoria dos princípios:* da definição à aplicação dos princípios jurídicos. 3. ed. São Paulo: Malheiros, 2004.

BARBAGELATA, Héctor-Hugo. *O particularismo do Direito do Trabalho*. Trad. Edilson Alkmin Cunha. São Paulo: LTr, 1996.

BARROS, Alice Monteiro de. *Curso de Direito do Trabalho*. 2. ed. São Paulo: LTr, 2006.

_____. _____. 4. ed. rev. atual. São Paulo: LTr, 2008.

BARROSO, Luís Roberto. *Interpretação e aplicação da Constituição*. São Paulo: Saraiva, 1996.

_____. *O controle de constitucionalidade no direito brasileiro*. São Paulo: Saraiva, 2004.

BARROSO, Luís Roberto (org.). *A nova interpretação constitucional:* ponderação, direitos fundamentais e relações privadas. 2. ed. Rio de Janeiro: Renovar, 2006.

BASTOS, Celso Ribeiro; MEYER-PFLUG, Samantha. A interpretação como fator de desenvolvimento e atualização das normas constitucionais. In: SILVA, Luís Virgílio Affonso da (org.). *Interpretação Constitucional*. São Paulo: Malheiros. 2005. p. 143-165.

BITELLI, Marco Alberto Sant'Anna. Da função social para a responsabilidade da empresa. In: VIANA, Rui Geraldo Camargo; NERY, Rosa Maria de Andrade (coord.). *Temas atuais de Direito Civil na Constituição Federal*. São Paulo: Revista dos Tribunais. 2000. p. 229-270.

BRASIL. Ministério do Planejamento, Orçamento e Gestão. Instituto Brasileiro de Geografia e Estatística. *Cadastro central de empresas*. Brasília: Ministério do Planejamento, Orçamento e Gestão, 2008.

BRASIL. Ministério do Planejamento, Orçamento e Gestão. Instituto Brasileiro de Geografia e Estatística. *Pesquisa nacional por amostra de domicílios*. Brasília: Ministério do Planejamento, Orçamento e Gestão, 2008.

CALVET, Otávio Amaral. *Direito ao lazer nas relações de trabalho*. São Paulo: LTr, 2006.

CASSAR, Vólia Bomfim. *Direito do Trabalho*. Niterói: Impetus, 2007.

CAVALIERI FILHO, Sérgio. *Programa de responsabilidade civil*. 6. ed. São Paulo: Malheiros, 2004.

CESARINO JUNIOR, A. F. *Direito Social Brasileiro*. 3. ed. Rio de Janeiro: Freitas Bastos, 1953.

COUTINHO, Aldacy Rachid. A autonomia privada: em busca da defesa dos direitos fundamentais dos trabalhadores. In: SARLET, Ingo Wolfgang (org.). *Constituição, direitos fundamentais e direito privado*. Porto Alegre: Livraria do Advogado. 2003. p. 165-183.

DELGADO, Mauricio Godinho. *Capitalismo, trabalho e emprego*: entre o paradigma da destruição e os caminhos da reconstrução. São Paulo: LTr, 2006.

_____. *Curso de Direito do Trabalho*. 5. ed. São Paulo: LTr, 2006.

DEPARTAMENTO INTERSINDICAL DE ESTATÍSTICAS E ESTUDOS SOCIOECONÔMICOS. *Indicadores do mês*: cesta básica nacional. Disponível em: <www.dieese.org.br/rel/rac/racdez09.xml> Acesso em: 14 dez. 2009.

DEPARTAMENTO INTERSINDICAL DE ESTATÍSTICAS E ESTUDOS SOCIOECONÔMICOS. *Indicadores do mês*: emprego e desemprego. Disponível em: <http://www.dieese.org.br/rel/rac/salmindez09.xml> Acesso em: 14 dez. 2009.

DWORKIN, Ronald. *Levando os direitos a sério*. s/ ed. São Paulo: Martins Fontes, 2008.

ERMIDA URIARTE, Oscar. A Constituição e o Direito do Trabalho. In: PLÁ RODRIGUEZ, Américo (coord.). *Estudo sobre as fontes do Direito do Trabalho*. São Paulo: LTr, 1998. p. 67-77.

FACCHINI NETO, Eugênio. Reflexões histórico-evolutivas sobre a constitucionalização do direito privado. In: SARLET, Ingo Wolfgang (org.). *Constituição, direitos fundamentais e direito privado*. Porto Alegre: Livraria do Advogado. 2003. p. 11-57.

FERNANDES, António Monteiro. *Direito do Trabalho*. 13. ed. Coimbra: Almedina, 2008.

FREITAS JUNIOR, Antônio Rodrigues de. *Direito do Trabalho na era do desemprego*: instrumentos jurídicos em políticas públicas de fomento à ocupação. São Paulo: LTr, 1999.

GEDIEL, José Antônio Peres. A irrenunciabilidade a direitos da personalidade pelo trabalhador. In: SARLET, Ingo Wolfgang (org.). *Constituição, direitos fundamentais e direito privado*. Porto Alegre: Livraria do Advogado. 2003. p.149-164.

GIORGIANNI, Michele. O direito privado e suas atuais fronteiras. *Revista dos Tribunais*. São Paulo: RT, v. 747. [s.d.] p. 25-51.

GÓIS, Luiz Marcelo Figueiras de. A eficácia do contrato de trabalho à luz do novo Código Civil. *Revista Síntese Trabalhista*. Porto Alegre: Síntese, v. 14, n. 168. 2003. p. 40-45.

_____. A nova disciplina da personalidade natural. *Doutrina Adcoas*. São Paulo: Adcoas, v. 7, n. 19, p. 370-372, 1. quinz. out. 2004.

HEILBRONER, Robert L. *A formação da sociedade econômica*. 5. ed. Rio de Janeiro: Guanabara [s.d.].

LARENZ, Karl. *Metodologia do Direito*. Trad. José Lamego. 6. ed. Lisboa: Fundação Calouste Gulbenkian, 1991.

LOBATO, Marthius Sávio Cavalcante. *O valor constitucional para a efetividade dos direitos sociais nas relações de trabalho*. São Paulo: LTr, 2006.

MARTINEZ, Pedro Romano. *Direito do trabalho*. 4. ed. Coimbra: Almedina, 2007.

MARTINS, Sergio Pinto. *Direitos fundamentais trabalhistas*. São Paulo: Atlas, 2008.

MARTINS-COSTA, Judith. *A boa-fé no direito privado*. Rio de Janeiro: Renovar [s.d.].

MORAES, Evaristo de. *Apontamentos de direito operário*. 2. ed. São Paulo: LTr, 1971.

MORAES, Maria Celina Bodin de. O conceito de dignidade humana: substrato axiológico e conteúdo normativo. In: SARLET, Ingo Wolfgang (org.). *Constituição, direitos fundamentais e direito privado*. Porto Alegre: Livraria do Advogado. 2003. p. 105-147.

NASCIMENTO, Amauri Mascaro. *Curso de Direito do Trabalho*. 21. ed. São Paulo: Saraiva, 2006.

NEGREIROS, Teresa. *Teoria dos contratos*: novos paradigmas. Rio de Janeiro: Renovar, 2002.

NUNES, Rizzato. *Manual da monografia jurídica*: como se faz: uma monografia, uma dissertação, uma tese. 7. ed. rev. e atual. São Paulo: Saraiva, 2009.

PASTORE, José. *As mudanças no mundo do trabalho*: leituras de sociologia do trabalho. São Paulo: LTr, 2006.

PEREIRA, Caio Mario da Silva. *Instituições de direito civil*: v. III: contratos. 11. ed. Rio de Janeiro: Forense, 2003.

PEREIRA, Cícero Ruffino. *Efetividade dos direitos humanos trabalhistas:* O Ministério Público do Trabalho e o tráfico de pessoas: o Protocolo de Palermo, a Convenção n. 169 da OIT, o trabalho escravo, a jornada exaustiva. São Paulo: LTr, 2007.

PERLINGIERI, Pietro. *O direito civil na legalidade constitucional*. Trad. Maria Cristina de Cicco. Rio de Janeiro: Renovar, 2008.

_____. *Perfis do direito civil:* introdução ao direito civil-constitucional. 2. ed. Trad. Maria Cristina de Cicco. Rio de Janeiro: Renovar, 2002.

PINTO, José Augusto Rodrigues. *Tratado de direito material do trabalho*. São Paulo: LTr, 2007.

PLÁ RODRIGUEZ, Américo. *Princípios de Direito do Trabalho*. 4ª Tiragem. Trad. Wagner D. Giglio. São Paulo: LTr, 1996.

PROSCURCIN, Pedro. *Compêndio de Direito do Trabalho:* introdução às relações de trabalho em transição à nova era tecnológica. São Paulo: LTr, 2007.

RAMALHO, Maria do Rosário Palma. *Direito do trabalho:* parte I. Coimbra: Almedina, 2005.

ROMITA, Arion Sayão. *O princípio da proteção em xeque e outros ensaios*. São Paulo: LTr, 2003.

_____. *Direitos fundamentais nas relações de trabalho*. 2. ed. São Paulo: LTr, 2009.

SARLET, Ingo Wolfgang. Direitos fundamentais e direito privado: algumas considerações em torno da vinculação dos particulares aos direitos fundamentais. In: SARLET, Ingo Wolfgang (Org.). *A constituição concretizada*. Porto Alegre: Livraria do Advogado. 2000. p. 103-163.

SARMENTO, Daniel. *Direitos fundamentais e relações privadas*. Rio de Janeiro: Lumen Júris, 2004.

SEGADAS VIANNA, José de. Reflexos da CLT na vida social e econômica brasileira. *Revista LTr*. São Paulo: LTr, n. 32, 1968. p. 61 e ss.

SILVA, Clóvis V. do Couto e. *A obrigação como processo*. Rio de Janeiro: FGV, 2006.

SILVA, Luís Virgílio Affonso da. *A constitucionalização do direito:* os direitos fundamentais nas relações entre particulares. São Paulo: Malheiros, 2005.

SLAWINSKI, Célia. *Contornos dogmáticos e a eficácia da boa-fé objetiva:* o princípio da boa-fé no ordenamento jurídico brasileiro. Rio de Janeiro: Lúmen Júris, 2002.

SOUTO MAIOR, Jorge Luiz. *Relação de emprego e Direito do Trabalho:* no contexto da ampliação da competência da justiça do trabalho. São Paulo: LTr, 2007.

SÜSSEKIND, Arnaldo. *Direito constitucional do trabalho*. 5. ed. Rio de Janeiro: Renovar, 2004.

SÜSSEKIND, Arnaldo *et al*. *Instituições de Direito do Trabalho*. 22. ed. atual. por Arnaldo Süssekind e João de Lima Teixeira Filho. São Paulo: LTr, 2005.

TEPEDINO, Gustavo. Crise das fontes normativas e técnica legislativa na Parte Geral do Código Civil de 2002. In: TEPEDINO, Gustavo (org.). *A parte geral do novo Código Civil:* estudos na perspectiva civil-constitucional. 2. ed. Rio de Janeiro: Renovar. 2003. p. 13-46.

_____. *Temas de direito civil*. 4. ed. Rio de Janeiro: Renovar, 2008.

TEPEDINO, Gustavo; BARBOZA, Heloísa Helena; MORAES, Maria Celina Bodin de. *Código Civil interpretado conforme a constituição da república:* v. II. Rio de Janeiro: Renovar, 2006.

UBALDI, Pietro. *A grande síntese:* síntese e solução dos problemas da ciência e do espírito. 22. ed. Trad. Carlos Torres Pastorino e Paulo Vieira da Silva. Campos dos Goytacazes: Pietro Ubaldi Editora, 2007.

ZENNI, Alessandro Severino Valler; OLIVEIRA, Cláudio Rogério Teodoro de. *(Re) Significação dos princípios de Direito do Trabalho*. Porto Alegre: Sérgio Antonio Fabris Editor, 2009.

Produção Gráfica e Editoração Eletrônica: **Estúdio DDR Comunicação Ltda.**
Design de Capa: **Fábio Giglio**
Impressão: **Assahi Gráfica e Editora**